Introdução à Teoria da Contabilidade

O GEN | Grupo Editorial Nacional – maior plataforma editorial brasileira no segmento científico, técnico e profissional – publica conteúdos nas áreas de ciências sociais aplicadas, exatas, humanas, jurídicas e da saúde, além de prover serviços direcionados à educação continuada e à preparação para concursos.

As editoras que integram o GEN, das mais respeitadas no mercado editorial, construíram catálogos inigualáveis, com obras decisivas para a formação acadêmica e o aperfeiçoamento de várias gerações de profissionais e estudantes, tendo se tornado sinônimo de qualidade e seriedade.

A missão do GEN e dos núcleos de conteúdo que o compõem é prover a melhor informação científica e distribuí-la de maneira flexível e conveniente, a preços justos, gerando benefícios e servindo a autores, docentes, livreiros, funcionários, colaboradores e acionistas.

Nosso comportamento ético incondicional e nossa responsabilidade social e ambiental são reforçados pela natureza educacional de nossa atividade e dão sustentabilidade ao crescimento contínuo e à rentabilidade do grupo.

SÉRGIO DE IUDÍCIBUS
JOSÉ CARLOS MARION
ANA CRISTINA DE FARIA

Introdução à Teoria da Contabilidade

PARA GRADUAÇÃO

DE ACORDO COM OS CPCs
E AS NORMAS INTERNACIONAIS
DE CONTABILIDADE

6ª edição

Os autores e a editora empenharam-se para citar adequadamente e dar o devido crédito a todos os detentores dos direitos autorais de qualquer material utilizado neste livro, dispondo-se a possíveis acertos caso, inadvertidamente, a identificação de algum deles tenha sido omitida.

Não é responsabilidade da editora nem dos autores a ocorrência de eventuais perdas ou danos a pessoas ou bens que tenham origem no uso desta publicação.

Apesar dos melhores esforços dos autores, do editor e dos revisores, é inevitável que surjam erros no texto. Assim, são bem-vindas as comunicações de usuários sobre correções ou sugestões referentes ao conteúdo ou ao nível pedagógico que auxiliem o aprimoramento de edições futuras. Os comentários dos leitores podem ser encaminhados à **Editora Atlas Ltda.** pelo e-mail faleconosco@grupogen.com.br.

Direitos exclusivos para a língua portuguesa
Copyright © 2017 by
Editora Atlas Ltda.
Uma editora integrante do GEN | Grupo Editorial Nacional

Reservados todos os direitos. É proibida a duplicação ou reprodução deste volume, no todo ou em parte, sob quaisquer formas ou por quaisquer meios (eletrônico, mecânico, gravação, fotocópia, distribuição na internet ou outros), sem permissão expressa da editora.

Rua Conselheiro Nébias, 1384
Campos Elísios, São Paulo, SP — CEP 01203-904
Tels.: 21-3543-0770/11-5080-0770
faleconosco@grupogen.com.br
www.grupogen.com.br

Designer de capa: Caio Cardoso
Imagem de capa: Askin Dursun KAMBEROGLU | iStockphoto
Editoração Eletrônica: Formato Editora e Serviços

Dados Internacionais de Catalogação na Publicação (CIP)
(Câmara Brasileira do Livro, SP, Brasil)

Iudícibus, Sérgio de
Introdução à teoria da contabilidade: para graduação / Sérgio de Iudícibus, José Carlos Marion, Ana Cristina de Faria. – 6. ed. – [2. Reimpr.]. – São Paulo: Atlas, 2018.

Bibliografia.
ISBN 978-85-97-01142-5

1. Contabilidade 2. Contabilidade – Teoria I. Marion, José Carlos. II. Título.

99-0435   CDD-657

Índice para catálogo sistemático:

1. Contabilidade 657

UMA BREVE VISÃO DO LIVRO

Parte I
A PROFISSÃO CONTÁBIL

1. A Evolução da Contabilidade
2. A Contabilidade e o Contador
3. Os Objetivos da Contabilidade

Parte II
O PRODUTO FINAL DA CONTABILIDADE

4. Qualidade e Característica da Informação Contábil
5. Relatórios Contábeis

Parte III
PRINCÍPIOS DE CONTABILIDADE

6. Os Princípios de Contabilidade – Introdução
7. Os Princípios de Contabilidade – A Entidade e a Continuidade
8. Os Princípios de Contabilidade – O Custo, a Moeda, a Competência e a Essência
9. Convenções Contábeis – Características Qualitativas da Informação Contábil

Parte IV
PATRIMÔNIO E RESULTADO

10. Definição e Critérios de Avaliação de Ativo
11. Definição e Critérios de Avaliação de Passivo e de Patrimônio Líquido
12. Receitas, Despesas, Ganhos e Perdas

Parte V
RELATÓRIOS CONTÁBEIS

13. O Balanço Patrimonial
14. A Demonstração do Resultado do Exercício
15. A Demonstração das Mutações do Patrimônio Líquido (DMPL)
16. Demonstração dos Fluxos de Caixa
17. Demonstração do Valor Adicionado (DVA)

Parte VI
TEORIAS SOBRE ESCRITURAÇÃO CONTÁBIL

18. Aspectos sobre Escrituração Contábil
19. As Normas do Conselho de Contabilidade sobre Escrituração Contábil

Parte VII
PESQUISA E PERSPECTIVAS

20. Metodologias e Enfoques da Pesquisa Contábil
21. Contabilidade – Perspectivas

SUMÁRIO

Prefácio à 6ª edição, xiii

Prefácio, xv

Parte I – A profissão contábil, 1

1 A EVOLUÇÃO DA CONTABILIDADE, 3

1.1 A Contabilidade na época em que não existiam moeda, escrita e números, 3

1.2 Contabilidade na Bíblia, 7

1.3 Contabilidade despertando como ciência, 8

1.4 Como tudo começou, 10

1.5 Início da era moderna na Contabilidade: o tratado de Luca Pacioli, 12

1.6 Comentários sobre a evolução da Contabilidade no século XIX e inícios do século XX, 13

1.7 A Contabilidade no Brasil, 16

Leitura Complementar: O notável Franciscano, 18

Atividades Práticas, 20

2 A CONTABILIDADE E O CONTADOR, 22

2.1 A tomada de decisão, 22

2.2 A função do contador, 24

2.3 A Contabilidade como profissão, 25

2.4 A Contabilidade em outros cursos, 28

Leitura Complementar: Preparando-se para a profissão do futuro, 30

Atividades Práticas, 33

viii INTRODUÇÃO À TEORIA DA CONTABILIDADE

3 OS OBJETIVOS DA CONTABILIDADE, 35

3.1 Objetivos da Contabilidade e utilização da informação contábil, 35

3.2 Utilização da informação contábil e campo de atuação da Contabilidade, 37

Leitura Complementar: Estrutura Conceitual para Elaboração e Divulgação de Relatório Contábil-Financeiro (CPC 00), 39

Atividades Práticas, 42

Parte II – O produto final da contabilidade, 45

4 QUALIDADE E CARACTERÍSTICA DA INFORMAÇÃO CONTÁBIL, 47

4.1 Introdução, 47

4.2 Compreensibilidade, 48

4.3 Relevância, 49

4.4 Confiabilidade, 50

4.5 Comparabilidade, 51

Leitura Complementar: 15º Prêmio ANEFAC-FIPECAFI-SERASA EXPERIAN 2011, 54

Atividades Práticas, 56

5 RELATÓRIOS CONTÁBEIS, 58

5.1 Relatórios contábeis obrigatórios, 59

5.2 Complementação às demonstrações financeiras, 61

5.3 Modelo para publicação das demonstrações financeiras e evidenciações, 65

Atividades Práticas, 66

Parte III – Princípios de contabilidade, 67

6 OS PRINCÍPIOS DE CONTABILIDADE – INTRODUÇÃO, 69

6.1 Generalidades, 69

6.2 Órgãos regulamentadores, 70

Atividades Práticas, 72

7 OS PRINCÍPIOS DE CONTABILIDADE – A ENTIDADE E A CONTINUIDADE, 73

7.1 O princípio da entidade, 73

7.2 O princípio da continuidade, 76

Leitura Complementar: Como ter uma visão global dos Princípios Contábeis – Parte 1, 81

Atividades Práticas, 85

8 OS PRINCÍPIOS DE CONTABILIDADE – O CUSTO, A MOEDA, A COMPETÊNCIA E A ESSÊNCIA, 86

8.1 Custo original como base de valor ou princípio do valor original, 86

8.2 O princípio do denominador comum monetário ou atualização monetária, 88

8.3 Princípio da competência, 91

8.4 Oportunidade, 103

8.5 Essência sobre a forma, 103

8.6 Prudência, 106

Leitura Complementar: Princípios Contábeis conforme as Resoluções do CFC 750/93 e 1.282/10, 106

Atividades Práticas, 108

9 CONVENÇÕES CONTÁBEIS – CARACTERÍSTICAS QUALITATIVAS DA INFORMAÇÃO CONTÁBIL, 110

9.1 Objetividade, 110

9.2 Consistência ou comparabilidade, 111

9.3 Materialidade e relevância, 113

9.4 Conservadorismo ou prudência, 114

9.5 Outras convenções ou características qualitativas, 114

Leitura Complementar: Como ter uma visão global dos Princípios Contábeis – Parte 2, 117

Atividades Práticas, 120

Parte IV – Patrimônio e resultado, 121

10 DEFINIÇÃO E CRITÉRIOS DE AVALIAÇÃO DE ATIVO, 123

10.1 Conceituação de Ativo, 123

10.2 Avaliação do Ativo e outras características, 126

Leitura Complementar: Reflexões sobre o ativo intangível, 138

Atividades Práticas, 144

11 DEFINIÇÃO E CRITÉRIOS DE AVALIAÇÃO DE PASSIVO E DE PATRIMÔNIO LÍQUIDO, 145

11.1 Passivo (exigibilidades), 145

x INTRODUÇÃO À TEORIA DA CONTABILIDADE

11.2 Outras classificações do Passivo, 148

11.3 Patrimônio Líquido, 149

Leitura Complementar:

A)   Critérios de avaliação do Ativo conforme as Leis das Sociedades por Ações (Leis 6.404/76 e 11.638/07), 153

B)   Critérios de avaliação do Passivo conforme as Leis das Sociedades por Ações (Leis 6.404/76 e 11.638/07), 155

Atividades Práticas, 155

12 RECEITAS, DESPESAS, GANHOS E PERDAS, 157

12.1 Generalidades, 157

12.2 As receitas: conceituação e mensuração, 159

12.3 As despesas e as perdas, 162

Leitura Complementar: Aspectos gerais dos termos subtrativos na DRE, 166

Atividades Práticas, 168

Parte V – Relatórios contábeis, 171

13 O BALANÇO PATRIMONIAL, 173

13.1 Introdução, 173

13.2 Poder preditivo do Balanço Patrimonial, 174

13.3 Uma estrutura de balanços não usada entre nós, 176

13.4 Evolução da estrutura do Balanço Patrimonial no Brasil, 177

Leitura Complementar: Balanço Patrimonial – NBC TG 1000 – Seção 4, 180

Leitura Complementar: Balanço Patrimonial (Leis 6.404/76 e 11.638/07 – Artigos 178 a 182), 184

Atividades Práticas, 187

14 A DEMONSTRAÇÃO DO RESULTADO DO EXERCÍCIO, 188

14.1 Introdução, 188

14.2 Poder preditivo da Demonstração de Resultados (DRE), 189

14.3 A estrutura da apresentação da Demonstração de Resultado, 190

14.4 Demonstração de Resultado (DRE) e Demonstração do Resultado Abrangente (DRA), 191

14.5 Modelo ideal da DRE, 194

Atividades Práticas, 196

15 A DEMONSTRAÇÃO DAS MUTAÇÕES DO PATRIMÔNIO LÍQUIDO (DMPL), 197

15.1 Introdução, 197

15.2 Poder preditivo da Demonstração das Mutações do Patrimônio Líquido, 198

15.3 Estrutura de apresentação da Demonstração das Mutações do Patrimônio Líquido, 198

15.4 As normas brasileiras de Contabilidade sobre a Demonstração de Lucros ou Prejuízos Acumulados e a Demonstração das Mutações do Patrimônio Líquido, 199

Leitura Complementar: As NBCs, 200

15.5 Modelo Simplificado da DMPL, 202

Atividades Práticas, 204

16 DEMONSTRAÇÃO DOS FLUXOS DE CAIXA, 205

16.1 Introdução, 205

16.2 Qual a importância da DFC?, 206

16.3 Quais as limitações da DFC?, 207

16.4 Os métodos de elaboração da Demonstração dos Fluxos de Caixa, 209

16.5 As informações fornecidas pela DFC substituem as evidenciadas na DOAR?, 211

Leitura Complementar: NBC-T-3.8 – Demonstração dos Fluxos de Caixa, 212

Atividades Práticas, 218

17 DEMONSTRAÇÃO DO VALOR ADICIONADO (DVA), 219

17.1 Introdução, 219

17.2 Elaboração da DVA, 220

17.3 Balanço Social e Valor Adicionado, 223

Leitura Complementar: Exemplo de Balanço Social de uma Pequena Empresa, 227

Atividades Práticas, 230

Parte VI – Teorias sobre Escrituração Contábil, 233

18 ASPECTOS SOBRE ESCRITURAÇÃO CONTÁBIL, 235

18.1 As principais teorias da escola europeia, 235

18.2 O pragmatismo da escola norte-americana, 244

xii INTRODUÇÃO À TEORIA DA CONTABILIDADE

Leitura Complementar: Escola Europeia *versus* Americana, 248
Atividades Práticas, 251

19 AS NORMAS DO CONSELHO DE CONTABILIDADE SOBRE ESCRITURAÇÃO CONTÁBIL, 253

19.1 Introdução, 253

19.2 Outras considerações, 255

19.3 As NBCs, 256

Leitura Complementar: Pronunciamentos Contábeis – Leis das Sociedades por Ações (Leis 6.404/76 e 11.638/07), 266

Atividades Práticas, 267

Parte VII – Pesquisa e perspectivas, 269

20 METODOLOGIAS E ENFOQUES DA PESQUISA CONTÁBIL, 271

20.1 Metodologia científica, 271

20.2 Abordagens diversas, 273

Leitura Complementar: Pesquisas nas Universidades, 278

Atividades Práticas, 281

21 CONTABILIDADE – PERSPECTIVAS, 283

21.1 Tendências para a teoria da contabilidade, 283

21.2 O processo de harmonização contábil, 284

21.3 Necessidades emergentes, 286

Leitura Complementar: O Sacristão e o Contador, 287

Atividades Práticas, 289

Bibliografia, 291

PREFÁCIO À 6ª EDIÇÃO

Com a Lei 11.638/07 (que reforma a Lei 6.404/76 – conhecida como Lei das Sociedades por Ações), tivemos a abertura para a adoção das Normas Internacionais de Contabilidade, conhecidas como IFRS.

As IFRS vigoram no Brasil através dos pronunciamentos do Comitê de Pronunciamentos Contábeis (CPC) validados pelas Resoluções do Conselho Federal de Contabilidade e de outras entidades reguladoras. Dessa forma, passamos a ter no Brasil uma Contabilidade Normatizada.

Esta normatização abrange, inclusive, conteúdos de tópicos que tratávamos costumeiramente como Teoria da Contabilidade. A própria Estrutura Conceitual Básica da Contabilidade, comumente tratada pela Teoria da Contabilidade, foi normatizada pelo CPC, por deliberação da CVM e por resolução do CFC.

Dessa forma, nós, autores, decidimos acrescentar neste livro esta Teoria Normatizada, sem que, com isto, abandonássemos aquilo que chamamos de Teoria Pura, que se desenvolve nas demandas ambientais de uma ciência social como é a Contabilidade.

Em outras palavras, procuramos harmonizar aquilo que está normatizado com a ciência social que está em constante mudança (bem diferente de uma ciência exata que permanece intacta ao longo de muito tempo). Na verdade, não podemos desestimular a classe contábil, sejam estudantes ou profissionais, de ser formada por "pensadores críticos" que tanto enriquecem a Ciência Contábil.

Assim, este texto, embora, basicamente, de Teoria Pura para estudantes dos cursos de graduação, também abarca princípios e normas da entidade normatizadora (CPC), muitas vezes para comparação.

Frequentemente, a essência entre Teoria Pura e normas do CPC não é tão divergente como se poderia pensar à primeira vista, pois no IASB e no CPC militam grandes conhecedores de Teoria.

São Paulo, Julho de 2016.

Os Autores

PREFÁCIO

1 Introdução

A partir de 1994, a disciplina Teoria da Contabilidade tornou-se obrigatória nos currículos dos cursos de graduação em Contabilidade. Até então, por ser facultativa, poucas Instituições de Ensino Superior ofereciam essa disciplina, que costumava ser ministrada nos cursos de pós-graduação em Contabilidade, quer no *stricto*, quer no *lato sensu*.

A introdução obrigatória dessa disciplina veio, sem dúvida, trazer enorme contribuição para a formação dos estudantes de graduação na área contábil. Ao ministrar essa disciplina pela primeira vez na graduação, sentimos alguma resistência por parte dos alunos. A principal foi a de se afirmar que o curso de Contabilidade deveria ser eminentemente prático e que a teoria seria uma abstração, sendo mais compatível para os pesquisadores, tratadistas e graduados em busca de carreira acadêmica.

Encarando essa resistência (e outras), tivemos diversos desafios a enfrentar:

a) preparar um conteúdo programático em nível de graduação sem ser tão profundo como a **Teoria da Contabilidade**, ministrada no mestrado, e a Teoria Avançada da Contabilidade, ministrada no doutoramento;

Como professores que somos de Teoria da Contabilidade Avançada em nível de doutoramento e Teoria da Contabilidade em nível de Graduação e Mestrado, nossa primeira preocupação foi diferenciar um conteúdo que melhor se ajustasse para o curso de graduação.

b) definir um material bibliográfico adequado para dar suporte ao curso. Esse material, escasso em português, não poderia ser predominantemente em inglês ou outra língua, já que não é comum o aluno de graduação dominar outra língua;

Já ministrando esta disciplina na graduação a partir de 1996, pudemos recorrer a uma base bibliográfica que melhor se adequasse à demanda da graduação. Assim, a pesquisa bibliográfica deste livro abrange importantes autores e pesquisadores desta área.

c) estabelecer qual seria o melhor momento para ministrar esta disciplina, ao longo dos quatro anos de curso noturno de Contabilidade. Seria melhor no início, no meio ou no fim do curso?

Entendemos que o melhor momento para ministrar esta disciplina é no final de curso, pois ali o aluno já dispõe de diversos conhecimentos práticos que serão explicados pela Teoria. Seria a mesma coisa querer ensinar gramática para uma criança de um pouco mais de um ano aprendendo a falar. Primeiro ele aprende a falar, comunicando-se, muitas vezes, de forma imperfeita, para, depois, quando adquirir mais maturidade, aprender, na gramática da língua, como se expressar de forma adequada e o porquê das regras gramaticais.

Todavia, em nossa pesquisa, constatamos que grande parte das Instituições de Ensino destacou a disciplina Teoria da Contabilidade na primeira metade do Curso de Contabilidade em seus currículos. Daí a ideia de fazer um livro de INTRODUÇÃO À TEORIA DA CONTABILIDADE, adequando-se melhor a essa realidade. Estamos conscientes de que se esta disciplina fosse ministrada na segunda metade do curso, o livro Teoria da Contabilidade *(Iudícibus) seria o ideal.*

d) manter acesa a chama do interesse pela disciplina: quais recursos didáticos seriam adequados para não existir abstração e evidenciar a importância desta matéria para o profissional contábil.

Procuramos dar uma atenção especial para o lado metodológico na ministração desta matéria. A ênfase é um cuidado especial na explicação dos Relatórios Contábeis, como explicamos no item 4 deste Prefácio em "Sequência Didática".

2 Importância da Teoria da Contabilidade no curso de graduação (segundo a experiência de um dos autores)

Quando fazia o mestrado em Contabilidade na FEA/USP, fui convidado a dar uma palestra sobre Contabilidade Rural na Universidade Estadual de Londrina.

A princípio rejeitei contundentemente, pois estava só iniciando uma pesquisa sobre este assunto, que mais tarde se tornaria minha dissertação de mestrado. Como o professor da UEL era um grande amigo e, com sua insistência, acabou me convencendo de que deveria aceitar o convite, pelo menos para discutir o assunto com um grupo de interessados no tema naquela região.

Ao chegar à universidade, constatei que estava em sérios apuros. O "professor amigo" informou-me que a procura pela palestra foi tanta que fora necessário alugar o maior auditório da cidade.

Como as pessoas estavam vindo de muito longe, resolvera estender a palestra, inicialmente programada para uma hora, para o sábado inteiro. Em outras palavras, eram quase mil pessoas que queriam ouvir-me por oito horas sobre um assunto em que estava apenas me iniciando.

Com muito esforço, consegui falar até a hora do almoço. Propus, então, que a tarde fosse preenchida por perguntas e respostas. Quando as secretárias começaram a recolher as perguntas, estremeci, pois eram dezenas e dezenas de dúvidas contábeis na área rural cuja solução ansiava aquele público.

À medida que as questões eram lidas pelo moderador, vi que tinha condições de responder a muitas delas com base em um recurso recém-adquirido no mestrado em Contabilidade e, ainda não explorado adequadamente em termos profissionais: a disciplina Teoria da Contabilidade.

A cada questão lembrava-me do enfoque que meu professor havia dado àquela disciplina (Teoria da Contabilidade) no sentido genérico, plenamente aplicável na área rural. À medida que as questões específicas nessa área surgiam, meu conhecimento de Teoria de Contabilidade dava-me subsídios suficientes para responder, de maneira convincente, àquelas questões. Foi a partir desse momento que entendi a importância da Teoria para o desempenho de qualquer atividade contábil.

3 A nossa realidade

De maneira geral, nota-se que o profissional contábil dispõe muito mais de conhecimento prático-mecânico da Contabilidade do que de raciocínio contábil.

Isso é notório quando surgem novidades na área contábil (que são comuns) no que tange à lei societária, Imposto de Renda, CVM (como a Correção Integral, extinta em 1994), derivativos etc., e muitos profissionais correm atrás de cursos, de consultores, de órgãos de consulta etc., com o objetivo de entender melhor as recentes disposições.

Em outras palavras, sair da rotina das normas habituais leva parte dos profissionais da área a buscar socorro em diversas fontes. Será que estas novas disposições são tão complexas assim ou estaria faltando embasamento teórico para interpretá-las?

É possível que, até então, se esteja dando ênfase exagerada à prática contábil sem explicar os porquês dos procedimentos.

É de assustar a dificuldade que muitos profissionais têm para explicar aspectos contábeis que, com base na teoria, seriam muito simples. Por exemplo, a dificuldade que até mesmo contadores tinham para explicar o Saldo Credor da Correção Monetária ou o Lucro Inflacionário, até 1994, quando houve a extinção da Correção Monetária. Há quem diga que as disposições contábeis (quase todas geradas nos órgãos governamentais) estão acima da qualidade média do profissional contábil no Brasil. É uma afirmação forte que nos leva a pelo menos refletir sobre qual é nossa base teórica para entender essas disposições.

Talvez o desempenho médio do profissional contábil não seja tão destacável por falta do ensino de uma estrutura conceitual básica, que inexistiu de maneira formal até 1994. Todavia, vivemos um novo tempo, olhando para a Teoria como indispensável para a boa formação dos estudantes.

4 Sequência didática

O ponto principal é manter acesa a chama do interesse por esta disciplina, já que, como foi abordado, o estudante tem seu interesse reduzido quando se fala em Teoria.

Um dos aspectos importantes em termos de estar sempre motivando o aluno é mostrar que o objetivo principal da Contabilidade é o de permitir ao usuário a avaliação da situação econômica e financeira da entidade, possibilitando-lhe fazer inferências sobre suas tendências. Em outras palavras, a Contabilidade é um poderoso instrumento para a tomada de decisões, seja qual for o tipo de usuário.

Podemos mostrar durante o tempo que a teoria está dando suporte para que a Contabilidade exerça o seu papel como um sistema de informação e avaliação destinado a prover seus usuários com demonstrações e análises de natureza econômica, financeira, física e de produtividade, atendendo a seu principal objetivo.

Mostrando que a Teoria está constantemente contribuindo com a arte de bem informar o usuário e explicando como isso se processa, esse procedimento se torna, a nosso ver, um dos principais recursos didáticos para a Teoria da Contabilidade.

Ao entrarmos na história da Contabilidade, quatro mil anos a.C., sem moeda, sem escrita formal e até mesmo sem os números, podemos imaginar um homem, cuja atividade fosse o pastoreio, executando a Contabilidade da forma mais rudimentar possível.

Imaginem esse homem, num inverno rigoroso, guardando seu rebanho na neve, em sua caverna, numa monotonia muito grande, fazendo-se a seguinte pergunta: "quanto meu rebanho cresceu desde a última vez (o inverno anterior) em que eu estive recolhido nesta mesma caverna?"

Em seguida, esse homem se lembra de que, na mesma época da neve anterior (hoje poderíamos dizer um ano atrás), ele havia separado uma pedrinha para cada ovelha e que o conjunto de pedrinhas estava guardado num lugar especial na caverna. Entusiasmado com a ideia, separa novamente uma pedrinha para cada ovelha. Toma o conjunto de pedrinhas desse inverno e compara-o com o conjunto do inverno anterior. Constata, para sua alegria, que há mais pedrinhas na contagem mais recente que no conjunto anterior. Sorri e diz: "Meu rebanho cresceu."

A rigor, o homem fez um inventário há um ano e outro inventário agora. Na comparação, viu que houve crescimento. De forma muito rudimentar, não poderíamos dizer que os inventários estariam correspondendo aos balanços anuais e que a diferença entre os inventários seria a apuração do

xx INTRODUÇÃO À TEORIA DA CONTABILIDADE

resultado do período? Não poderíamos dizer que o "homem ambicioso", por natureza, tem muito interesse em avaliar sua riqueza ou pelo menos o crescimento dela?

Aí, surgem os objetivos da Contabilidade: avaliar a riqueza, medir a variação da riqueza e proporcionar dados para a tomada de decisão. O homem fez a Contabilidade e tornou-se seu próprio usuário. E assim vai sendo formado um cenário primitivo da Contabilidade.

Todavia, com o objetivo de ter informação cada vez mais correta e reveladora, os sucessores desse homem vão criando um corpo doutrinário que, constantemente, está evoluindo e aperfeiçoando-se com o tempo, em função das mudanças ambientais. Assim, surgem os princípios fundamentais que precisam ser seguidos na prática, a fim de que se produzam informações que atendam ao objetivo de bem informar. Na explicação de cada princípio fundamental, é possível relacioná-lo com o produto final da Contabilidade, ou seja, os relatórios que serão os instrumentos para a tomada de decisões dos usuários.

Gradativamente, vai-se formando um edifício, um arcabouço, um esqueleto denominado de Estrutura Conceitual Básica da Contabilidade. Essa composição visa basicamente à estruturação dos relatórios contábeis. Aí, então, a Teoria vem constituir, explicar, delimitar esses relatórios.

O principal deles, sem dúvida, é o Balanço Patrimonial. Os conceitos de Ativo, Passivo e Patrimônio Líquido são de uma riqueza insondável para o objetivo principal da Contabilidade: a tomada de decisões.

5 Enfoque da Teoria da Contabilidade

Um dos pontos fundamentais no ensino da Teoria da Contabilidade é como o professor entende o que é uma teoria para expor aos alunos. Poderíamos perguntar: o que é, de fato, uma Teoria? Talvez pudéssemos encarar a Teoria de diversas formas:

a) uma simples apresentação, com terminologia mais rebuscada, de práticas mais comuns nas grandes empresas. Essa foi a essência dos primeiros trabalhos sobre Princípios Contábeis que datam de 1930;

b) a busca de doutrinas esotéricas, sem nenhum vínculo com o usuário, viciada em endogenismo e pelo hermafroditismo contábil. Construções bizantinas que satisfazem ao formulador e nada adicionam ao usuário. Exemplos: Teoria Universalista das Contas etc.;

c) a enunciação de uma teoria válida, mas que se resume aos Princípios Fundamentais, deixando os alunos meio perplexos sobre como se comportar em situações reais;

d) um conjunto coerente (ainda assim sem a pretensão da exatidão) de postulados, princípios e convenções, qualidades de informação contábil; o todo subordinado aos objetivos das demonstrações contábeis e não fugindo da crítica questão da avaliação do Ativo, Passivo, Patrimônio Líquido, bem como outros aprofundamentos, capaz de:

- orientar, decisivamente, o profissional em questões práticas de transcendental dificuldade, frequentemente enfrentadas por *controllers*, contadores de custos, auditores independentes de alto nível e pareceristas. Alguns exemplos vividos profissionalmente:

1) como tratar a ressalva ou ênfase de Continuidade, principalmente em instituições financeiras (casos dos Bancos Econômico e Nacional);

2) conceituação de "contas nacionais" das empresas supranacionais (Constituição brasileira) – Itaipu Binacional, Contabilidade de Fundos etc.;

3) a questão de benfeitorias em propriedade de terceiros;

4) ganho ou perda na conversão em Real de investimentos em subsidiárias etc.;

- além de orientar e explicar a prática, uma boa Teoria deve ser capaz de, dados certos insumos, ter o caráter preditivo, como, por exemplo: qual o impacto, na lucratividade futura, de uma política agressiva de provisionamento de devedores duvidosos; qual o impacto não só na lucratividade como também na percepção do mercado e sua reação às informações contábeis quanto a se adotar esse ou aquele critério de avaliação de estoques etc.;

– uma terceira dimensão de uma teoria, aberta somente aos iluminados, seria prever as estruturas conceituais que deverão atender às evoluções futuras das instituições econômicas, sociais e políticas. Seria o caso de a Teoria adiantar-se à prática e ao mundo dos negócios, em vez de responder aos desafios, tentar predizer cenários. Normalmente, todas as iniciativas nesse sentido não têm sido bem-sucedidas (veja os autores italianos do final do século passado). Parece que a Contabilidade responde aos desafios melhor do que procura imaginar cenários futuros. Entretanto, esta dimensão da Teoria não pode ser desprezada.

Entendemos que os três primeiros enfoques (*a, b* e *c*), abordados da Teoria, podem trazer prejuízos irreparáveis para o futuro profissional contábil.

Somos nitidamente favoráveis ao quarto enfoque (*d*), em que o ensino da Teoria da Contabilidade permite tranquilamente orientar e explicar a prática dos assuntos mais complexos e, incipientemente, ajudar a exploração do caráter preditivo de uma teoria.

6 Como usar este livro

Cabe ao professor, em função do conteúdo programático estabelecido para o curso Teoria da Contabilidade, evidenciar os capítulos que serão estudados em sala de aula.

Os capítulos não abrangidos na exposição didática do professor poderiam muito bem ser alvos de resumo por parte dos alunos como uma atividade extra sala de aula, de preferência, valendo nota.

Há capítulos neste livro que rigorosamente não fazem parte do contexto Teoria da Contabilidade, como o Capítulo 2, parte do Capítulo 5 e parte de alguns outros que poderiam ser solicitados como leitura para os alunos.

Como é praxe, estamos abertos para opiniões e sugestões que possam melhorar este trabalho. Escrevam-nos.

7 Atividades práticas

A *primeira* atividade prática é a *pausa para reflexão*. É o momento em que o aluno medita sobre um aspecto relevante do tópico que está sendo tratado. Se for aula expositiva, o professor pode interromper momentaneamente a aula para estimular o aluno a refletir e discutir rapidamente com seus pares.

A *segunda* atividade prática é o *trabalho de pesquisa*. Tanto quanto possível o processo ensino-aprendizagem deveria ser centrado no aluno como agente ativo nesse processo. Esta é uma forma de o aluno buscar por conta própria respostas para suas dúvidas, descobrir informações por sua iniciativa. Sugere-se arquivar essas pesquisas em uma pasta para futura avaliação.

Exercícios (*Questionários*) em geral completam a *terceira* atividade prática. Uma *primeira* bateria (questões e/ou exercícios e/ou estudo de caso) para ser resolvida em sala de aula, em grupo, proporcionando discussão entre os alunos, também poderá ser feita como dever de casa – *homework*. Uma *segunda* bateria sugerida é para resolução extrassala de aula, sendo indicados outros livros, dicionários etc.

A PROFISSÃO CONTÁBIL

- O Profissional Contábil tem hoje uma posição bem definida na economia global, um campo de trabalho bastante amplo e diversificado, e objetivos bem claros de onde ele pretende chegar.
- Esta estabilidade profissional, estes horizontes bem definidos têm uma longa história.

A EVOLUÇÃO DA CONTABILIDADE

1.1 A Contabilidade na época em que não existiam moeda, escrita e números

Imagine um homem, na antiguidade, sem conhecer números e, muito menos, a escrita, exercendo a atividade de pastoreio. O inverno está chegando. O homem prepara toda a provisão para o sustento do seu rebanho de ovelhas olhando para um período longo de muito frio que está se aproximando. Ainda que ele nunca tenha aprendido sobre os meses do ano, ele sabe que a neve está se aproximando, pois as folhas das árvores ficaram amarelas, e caíram, e assim ocorreu no passado por inúmeras vezes. Ele não sabia o que eram as estações do ano, mas tinha experiência: árvores secando, frio chegando.

A Contabilidade no início de tudo

Antes que caísse a primeira neve ele recolhia seu rebanho num aprisco para protegê-lo do frio que matava. Era um período de monotonia, de ociosidade. Depois de tosquiar as ovelhas, não se tinha nada para fazer a não ser olhar pelas frestas a neve caindo. O que fazer nesse período?

De repente, o homem se questiona: "Quanto será que o meu rebanho cresceu desde o último frio até hoje? Será que o meu cresceu mais que do Floreto?" (Floreto era o pastor de ovelhas vizinho mais próximo deste homem na antiguidade). Este homem, assim como qualquer um, era ambicioso, tinha desafios e queria ver sua riqueza aumentando.

Aqui entra a função da Contabilidade já no início da civilização: avaliar a riqueza do homem; avaliar os acréscimos ou decréscimos dessa riqueza. Como o homem naturalmente é ambicioso, a Contabilidade existe desde o início da civilização. Alguns teóricos preferem dizer que ela existe, pelo menos, desde 4.000 antes de Cristo.

Como contar o rebanho e avaliar seu crescimento se não existiam números (da forma que sabemos hoje), nem escrita e, muito menos, moeda? Na monotonia do inverno, entre os balidos ininterruptos das ovelhas, o homem tem uma ideia. Havendo um pequeno monte de pedrinhas ao seu lado, o homem separa uma pedrinha para cada cabeça de ovelha, executando assim o que o contabilista chamaria hoje de inventário. Após o término dessa missão, o homem separa o conjunto de pedrinhas, guardando-as com muito cuidado, pois o conjunto representava a sua riqueza em determinado momento.

Um processo que se repete

Finalmente a neve derretia, o sol voltava a aquecer a montanha do homem do pastoreio. A superfície da montanha voltava a ficar verde e lá ia ele dirigindo o seu rebanho, protegendo-o contra os predadores, administrando, assim, a sua riqueza. Passado algum tempo, novas ovelhinhas surgiram e já se percebia que o nascimento era maior que a mortalidade e o descarte. A lã era tirada e parte dela negociada em troca de alguns equipamentos rudimentares de caça e pesca.

O tempo passava. Novamente as folhas das árvores voltavam a ficar amarelas e começavam a cair. Hoje, chamamos esse fenômeno de outono. Para aquele homem era momento de fazer a provisão para sustentar sua riqueza no período da seca do inverno.

Novamente a neve caía. No aprisco (uma grande caverna no alto da montanha), estavam de volta o pastor e seu rebanho. Nada mais natural que fazer nova contagem do rebanho. Um novo conjunto de pedrinhas era separado, uma pedrinha por cabeça de ovelha:

Resultado da contagem

Cada símbolo (pedrinha) corresponde a uma cabeça de ovelha		
Primeiro Inverno	**Segundo Inverno**	**Comparação entre 2 invernos**
● ● ● ● ● ● ● ● ● ● ● ● ● ● ● ● ● ●	■ ■ ■ ■ ■ ■ ■ ■ ■ ■ ■ ■ ■ ■ ■ ■ ■ ■ ■ ■	● ● ● ● ● ■ ■ ● ● ● ● ● ■ ■ ● ● ● ● ● ■
1º Inventário	2º Inventário	Acréscimo de cabeças de ovelhas

Resultado positivo = lucro?

Ao comparar o atual conjunto de pedrinhas com o anterior, feito no inverno passado, o pastor constata que houve um excedente de pedrinhas (para nós, cinco pedrinhas) e isso representava que ele tinha sido bem-sucedido naquele período, ou seja, houve um acréscimo real no seu rebanho (um resultado positivo).

Todavia, o pastor não estava satisfeito pelo fato de apenas avaliar o crescimento do plantel. Ele sabia que seu rebanho havia produzido lã naquele período. A lã proporcionara não só agasalho para proteger sua família como também fora utilizada como meio de troca na aquisição de instrumentos de caça e pesca.

Além disso, havia uma quantidade de lã recém-obtida no processo de tosquiamento neste inverno.

Um inventário completo

O homem estima que se fosse trocar ovelhas por agasalho, precisaria de pelo menos duas cabeças para suprir sua família neste inverno. Como seu próprio rebanho havia produzido, ele separa duas novas pedrinhas correspondentes a duas ovelhas, representando aquele adicional de riqueza da sua família. Os instrumentos de caça e pesca obtidos equivalem a três ovelhas.

Toda a lã estocada corresponderia a pelo menos quatro ovelhas, ou seja, ele conseguiria trocar seu depósito de lã por quatro cabeças. Assim, ele

6 CAPÍTULO 1

teria um novo conjunto de nove pedrinhas para acrescentar à contagem realizada neste segundo inverno. Dessa forma, a situação seria a seguinte:

	Acréscimo do Período			
1º Inverno	2º Inverno	Agasalhos	Inst. Caça/Pesca	Estoque de Lã
● ● ● ● ● ● ● ● ● ● ● ● ● ● ●	■ ■ ■ ■ ■	○ ○	Δ Δ Δ	▽ ▽ ▽ ▽
1º Inventário	2º Inventário	Corresponde a 2 ovelhas	Corresponde a 3 ovelhas	Corresponde a 4 ovelhas
Total do Rebanho		Resultado da Produção do Período		
Total da Riqueza à disposição do Pastor				

Se houvesse números e escrita, poderíamos apresentar um relatório da riqueza do pastor:

Relatório contábil

Itens	Inverno Anterior	Inverno Atual
Rebanho de Ovelhas	15 ovelhas	20 ovelhas
Estoque de lã	–	4 ovelhas
Agasalhos de lã	–	2 ovelhas
Instrumentos Caça/Pesca	–	3 ovelhas
Total	15 ovelhas	29 ovelhas

O acréscimo do primeiro para o segundo inverno foi o correspondente a 14 ovelhas que, num sentido econômico, podemos chamar de lucro. O pastor da antiguidade certamente iria vibrar, pois sua riqueza praticamente dobrou no período analisado.

Sem escrita, sem número e sem moeda

Se nós tivéssemos moeda, o denominador comum não seria ovelhas, mas sim o valor em dinheiro. Todavia, o que fica bem claro é que mesmo sem moeda, escrita e número, a Contabilidade, como inventário, já existia, ficando evidenciado que ela é tão antiga quanto a existência do homem em atividade econômica, ou melhor, quem sabe, do homem sapiente. Esta pode ser chamada de fase empírica da Contabilidade, em que se utilizavam desenhos, figuras, imagens para identificar o patrimônio existente.

Com o passar do tempo, o homem começa a fazer marcas em árvores e pedras, podendo, assim, conferir seu rebanho em termos de crescimento, de extravio (perdas) de ovelhas, mortes etc.

Pausa e Reflexão

Assim, conclui-se que, desde os povos mais primitivos, a Contabilidade já existia em função da necessidade de controlar, medir e preservar o patrimônio familiar e, até mesmo, em função de trocar bens para maior satisfação das pessoas. Quais são os objetivos iniciais da Contabilidade?

1.2 Contabilidade na Bíblia

O livro de Jó, ainda que não seja o primeiro da Bíblia, é considerado o mais antigo. Jó era um homem muito rico e justo, da terra de Uz no Oriente, que, certamente, tinha um bom contador, pois na descrição de sua riqueza, no versículo três do primeiro capítulo, observa-se:

> *"E era o seu gado sete mil ovelhas, e três mil camelos, e quinhentas juntas de bois e quinhentas jumentas."*

A relação de bens de Jó demonstra um cuidado no controle do seu patrimônio pessoal. Por questões espirituais, um dia, Jó perde toda sua fortuna, tornando-se um homem pobre, sem nenhum bem.

No final do livro de Jó, algo inesperado acontece... Por motivos espirituais, ele recupera sua fortuna e não deixa de reencontrar um contador que, num certo momento, apresenta um relatório surpreendente: sua riqueza estava duplicada em relação ao primeiro inventário:

> *"E assim abençoou o Senhor o último estado de Jó, mais do que o primeiro; porque teve catorze mil ovelhas, e seis mil camelos, e mil*

juntas de bois e mil jumentas" (descrito no capítulo 42, versículo 12, do Livro de Jó).

Esse e diversos exemplos mostram que a Contabilidade já existia com o primitivismo dos povos, ainda que os conhecimentos da matemática, das letras, dos negócios e até mesmo de patrimônio fossem limitados.

Talvez na época de Jó, já se introduzisse o período Mnemônico da Contabilidade por meio de cuneiformes, ou seja, símbolos gravados em barro ou placa de argila, dando-se os primeiros passos para os registros. As próprias placas de argila serviam como relatórios. Outras evoluções foram observadas, principalmente nas escritas em papiro descoberto pelos egípcios.

Pausa e Reflexão

É interessante que a Contabilidade vai iniciar a sua fase adulta, fase racional, exatamente no aperfeiçoamento da Imprensa por Gutenberg, na Alemanha, no século XV d.C. Por que a invenção da imprensa alavancará a Contabilidade?

1.3 Contabilidade despertando como ciência

Ainda que a Contabilidade, como já vimos, existisse desde o princípio da civilização, nota-se um desenvolvimento muito lento ao longo dos séculos.

Praticamente no século XIII é que os números indo-arábicos (0, 1, 2, 3, ...) vieram substituir os sistemas greco-romano (I, II, III, IV, ...) e hebraico, que usavam letras para contar e calcular (desconheciam o zero).

A história dos números no Ocidente começa com o livro *Liber Abaci* (Livro do Ábaco), escrito em 1202 por Leonardo Pisano, conhecido como Fibonacci ("cabeça dura"). Esse livro, entre inúmeras contribuições, inclui Contabilidade (cálculo de margem de lucro, moedas, câmbio etc.) e juros.

Somente em torno do século XV (com presença relevante no século XIII), isto é, praticamente após 5.500 anos (partindo-se da hipótese de que ela existe desde 4.000 a.C.), é que a Contabilidade atinge um nível de desenvolvimento notório, sendo chamada de fase lógico-racional ou até mesmo a fase pré-científica da Contabilidade.

Pausa e Reflexão

Este é o grande impulso de que a Contabilidade precisava. Já imaginou a Contabilidade sem os números arábicos, sem o zero, só com letras?

Do Renascimento para a ciência

O que toda história tem mostrado é que a Contabilidade torna-se importante à medida que há desenvolvimento econômico. Hoje, por exemplo, a profissão é muito valorizada nos países do primeiro mundo. No Brasil, até a década de 1960, este profissional era chamado de "guarda-livros", a nosso ver, título pejorativo e pouco indicador. Todavia, com o milagre econômico na década de 1970, essa expressão desapareceu e observou-se um excelente e valorizado mercado de trabalho para os contabilistas.

Na Idade Moderna, em torno dos séculos XIV a XVI, principalmente no Renascimento, diversos acontecimentos no mundo das artes, na economia, nas nações proporcionaram um impulso espetacular das Ciências Contábeis, sobretudo na Itália. Em torno desse período tivemos, sem a preocupação de ordem cronológica, *Copérnico, Galileu e Newton*, revolucionando a visão da humanidade, o aperfeiçoamento da Imprensa por *Gutenberg* (já referido), *Colombo* iniciando as grandes descobertas, o mercantilismo, o surgimento da burguesia, o protestantismo, a descoberta de diversos campos de conhecimento etc.

O frade franciscano

Todavia, o marco, neste período, foi a primeira literatura contábil relevante pelo Frei Luca Pacioli em 1494, consolidando o método das partidas dobradas, expressando a causa efeito do fenômeno patrimonial com os termos débito e crédito (esse método já era conhecido antes de Pacioli: era praticado no século XIII).

10 CAPÍTULO 1

A obra de Pacioli pode muito bem ser vista como início do pensamento científico da Contabilidade. (Veja outras informações sobre Pacioli na Leitura Complementar deste capítulo.)

> **Pausa e Reflexão**
>
> Doutrinadores contábeis, sucessores de Pacioli, na Europa (principalmente na Itália), nos séculos seguintes, vão dar um cunho científico para a Contabilidade e origem à (denominada posteriormente) Escola Contábil Europeia, ou, mais especificamente, Escola Contábil Italiana. A Itália pode ser chamada de Berço da Contabilidade?

1.4 Como tudo começou

A Contabilidade não é uma ciência exata. Ela é uma ciência social aplicada, pois é a ação humana que gera e modifica o fenômeno patrimonial. Todavia, a Contabilidade utiliza os métodos quantitativos (matemática e estatística) como sua principal ferramenta.

Aliás, em tudo que fazemos na vida, precisamos dos métodos quantitativos, dos números. Desde o momento em que levantamos submetemo-nos aos números: identificamos no relógio que horas são; o nosso café está sujeito a uma quantidade de colheres de açúcar ou gotas de adoçante; a velocidade do carro; o nosso salário; recebimentos e pagamentos; o canal de televisão; as vantagens e desvantagens, em tudo envolvem-se números.

Pode-se afirmar, com certa segurança, que a origem do campo de conhecimento do que mais tarde se consubstanciaria como Contabilidade (*Accounting* em inglês, *Ragioneria* em italiano) situa-se em torno de 4.000 anos a.C. Alguns historiadores fazem remontar a bem antes, por volta do sexto milênio a.C.

Números

Na verdade, não se pode falar em Contabilidade, mesmo que rudimentar, sem a invenção da escrita e, dentro dela, da habilidade de contar, ou seja, antes das primeiras manifestações da capacidade matemática do ser humano.

Moeda

Outro fator que impulsionou enormemente o progresso das formas rudimentares de Contabilidade (que, até o aparecimento da partida dobrada, nada mais era do que uma espécie de inventário de bens, direitos e obrigações) é o aparecimento da moeda (em forma de moeda mesmo), como base de troca, por volta, aproximadamente, do ano 2000 a.C. (embora certos metais preciosos fossem utilizados, como moeda, desde bem antes).

Antes mesmo da partida dobrada que, como visto, somente apareceria bem mais tarde, provavelmente na Itália, a Contabilidade, em sua forma rudimentar, era capaz de avaliar bens, direitos e obrigações, periodicamente, derivar, portanto, o Patrimônio Líquido das entidades.

Balanço

O resultado dos períodos possivelmente era computado por diferença entre os patrimônios líquidos em datas distintas, sem grande preocupação em identificar as causas das variações do mesmo. Assim, uma forma rudimentar de Balanço Geral foi a primeira exteriorização do trabalho contábil.

A forma sistêmica de registro que, em sua fase final, produziria as demonstrações contábeis somente apareceria mais tarde, de forma desconexa e episódica (partidas simples), até o advento das partidas dobradas e dos processos de escrituração.

A história no ensino

Assim, de certa forma, pode-se dizer que as demonstrações contábeis finais nasceram antes dos processos de registro sistemático que hoje lhes têm precedência no tempo. Por esse motivo, alguns livros, dedicados a apresentar ao iniciante as primeiras noções de Contabilidade, preferem fazê-lo demonstrando de forma simples primeiramente os balanços levantados após cada operação (estática patrimonial), em lugar de apresentar os registros analíticos nos livros contábeis (Diário e Razão, principalmente).

> **Pausa e Reflexão**
>
> É correto pensar que o ensino da Contabilidade deveria se dar primeiro na base dos relatórios e depois nos registros contábeis? Por quê?

1.5 Início da era moderna na Contabilidade: o tratado de Luca Pacioli

Frei Franciscano

Luca Pacioli publicou, em Veneza, a *Summa de arithmetica, geometria, proportioni et proportionalità*, em 1494, texto no qual se distingue, para a história da Contabilidade, o *Tractatus de computis et scripturis*, talvez a primeira exposição sistemática e completa dos procedimentos contábeis, as partidas dobradas, de que se tem notícia (embora alguns autores chineses recentes defendam que as partidas dobradas já eram praticadas na China antes do que na Itália, e que os italianos teriam aprendido com eles – o que não tira os méritos da obra de Pacioli).

Note-se que Luca Pacioli, um frade franciscano, era um matemático e que o mecanismo das partidas dobradas é, basicamente, um mecanismo algébrico, com premissas iniciais convencionais (o fato de o lado esquerdo do Balanço ser, por convenção, o lado do Ativo força a que, como consequência, o lado esquerdo de uma conta de Ativo deva ser debitado pela criação de Ativos ou por seus incrementos).

Antes do trabalho de Pacioli, entretanto, é preciso ressaltar que alguns autores, os quais tratavam principalmente de práticas comerciais da época e de matemática comercial e financeira, tiveram grande importância como precursores de seu trabalho. Destacamos os seguintes:

1202

Leonardo Fibonacci lança seu *Liber abaci*, um compêndio sobre cálculo comercial que, na verdade, pode ser considerado o marco que separa a Contabilidade antiga da moderna.

1340

Francesco di Balduccio Pegolotti escreve *La pratica della mercatura*, uma espécie de Manual do comerciante de então e uma obra muito importante para a análise da evolução da Contabilidade e, principalmente, dos usos e costumes comerciais.

1458

Benedetto Cotrugu lança *Della mercatura et del mercante perfeto*, que o famoso historiador Federigo Meus considera como o mais perfeito trabalho sobre práticas comerciais, antes de Pacioli.

Como se vê, aparece cerca de um trabalho de fundamental importância mais ou menos a cada cem anos, até a obra de Pacioli; e assim ocorre aproximadamente até o século XIX quando, pelo menos, uma dezena de grandes obras marca o século, tão importante para a caracterização científica da Contabilidade.

Pausa e Reflexão

Tente responder. Como pode um frei franciscano que por convicção se abstém de qualquer riqueza ter sido o pai dos registros contábeis que controlam a riqueza?

1.6 Comentários sobre a evolução da Contabilidade no século XIX e inícios do século XX

Grandes mestres

A Contabilidade, que até meados do século XIX era tida e tratada como um método de escrituração, passa a receber roupagem científica a partir das obras de renomados escritores, como Francesco Villa (*La contabilità applicata alle amministrazioni private e pubbliche*, 1840), Francesco Marchi (*I cinquecontisti: ovvero la ingannevole teoria che viene insegnata intorno al sistema di scritture a partita doppia* e *Nuovo saggio per la facile intelligenza ed applicazione di quel sistema*, 1867), Giuseppe Cerboni (*Primi saggi di logismografia*, 1886).

O maior mestre

Fechando o século de forma ciclópica, surge o vulto de Fabio Besta (1891 – *La ragioneria* – apenas o primeiro volume). Os três volumes da obra completa somente aparecem em 1909-1910. Besta, apenas para ficarmos nos autores italianos, sem dúvida os mais famosos da época, define Contabilidade como "[...] a Ciência do Controle Econômico das Entidades [...]", talvez ainda hoje a mais concisa e, ao mesmo tempo, perfeita e abrangente definição de nossa disciplina, antecipando em pelo menos uns 30 a 40 anos as modernas noções e conceitos de Controladoria.

O século XIX caracteriza-se como uma fase de grande progresso da disciplina, na qual pelo menos nas intenções e, em parte, nas realizações, esse campo de conhecimento se transforma em algo de interesse para uma melhor administração das entidades e digno de uma metodologia científica.

Correntes europeias recentes

O século XX foi ainda mais profícuo no surgimento de grandes autores e doutrinas contábeis, já que Besta havia deixado uma base muito sólida, encerrando o século XIX e abrindo o XX. Surgem grandes autores e correntes liderados por Gino Zappa, Vincenzo Masi e, mais recentemente, Aldo Amaduzzi, na Itália; na Alemanha, Schmalenbach e Fritz se salientam, incursionando inclusive nos problemas das variações de preços; na Holanda e em outros países nomes de vulto também surgem.

Correntes americanas recentes

O desenvolvimento contábil acompanha de perto o desenvolvimento econômico. Com a ascensão econômica do colosso norte-americano, o mundo contábil volta sua atenção para os Estados Unidos, principalmente a partir de 1920, dando origem ao que alguns chamam de Escola Contábil Norte-americana.

O surgimento das gigantescas *corporations*, principalmente no início do século XX, aliado ao formidável desenvolvimento do mercado de capitais e ao extraordinário ritmo de desenvolvimento que aquele país experimentou e ainda experimenta, constitui um campo fértil para o avanço das teorias e práticas contábeis norte-americanas. Não podemos nos esquecer, também, de que os Estados Unidos herdaram da Inglaterra uma excelente tradição no campo da auditoria, criando lá sólidas raízes.

De maneira geral, poderíamos dizer que o início do século XX presenciou a queda da chamada Escola Europeia (mais especificamente a Italiana) e a ascensão da chamada Escola Norte-americana no mundo contábil.

Nos Estados Unidos apareceram Hatfield, Paton, Littleton, Moonitz, Anthony, Horngren, Edwards e Bell, apenas para ficarmos com alguns dos autores que marcaram a primeira metade do século XX com suas obras de grande impacto. Obras que se inserem de forma válida no contexto da avaliação de entidades, divisões e aspectos micro e macro da Contabilidade; enfim, no vasto campo de estudos e aplicação abrangido por essa disciplina.

Essa citação é parcial, não só no que se refere aos nomes de autores, como a de países. Hoje em dia fervilham, principalmente nas grandes universidades, as pesquisas contábeis, levando a disciplina a fronteiras avançadas nunca antes imaginadas.

Sem pretender esgotar o tema, apresentamos alguns motivos que levaram à mudança do cenário internacional da Contabilidade, no que diz respeito às razões da queda da Escola Europeia e a ascensão da Escola Norte-americana.

Quadro 1.1   Comparação de duas escolas.

Algumas razões da queda da Escola Europeia (especificamente Italiana)	Algumas razões da ascensão da Escola Norte-americana
1. **Excessivo Culto à Personalidade:** grandes mestres e pensadores da Contabilidade ganharam tanta notoriedade que passaram a ser vistos como "oráculos" da verdade contábil.	1. **Ênfase ao Usuário da Informação Contábil:** a Contabilidade é apresentada como algo útil para a tomada de decisões, evitando-se endeusar demasiadamente a Contabilidade; atender os usuários é o grande objetivo.
2. **Ênfase em uma Contabilidade Teórica:** as mentes privilegiadas produziam trabalhos excessivamente teóricos, apenas pelo gosto de serem teóricos, difundindo-se ideias com pouca aplicação prática.	2. **Ênfase na Contabilidade Aplicada:** principalmente a Contabilidade Gerencial. Ao contrário dos europeus, não havia uma preocupação com a teoria das contas, ou querer provar que a Contabilidade é uma ciência.

16 CAPÍTULO 1

Algumas razões da queda da Escola Europeia (especificamente Italiana)	Algumas razões da ascensão da Escola Norte-americana
3. **Pouca importância dada à Auditoria:** principalmente na legislação italiana, o grau de confiabilidade e a importância da auditagem não eram enfatizados.	3. **Bastante Importância dada à Auditoria:** como herança dos ingleses e transparência para os investidores das Sociedades Anônimas (e outros usuários) nos relatórios contábeis, a Auditoria é muito enfatizada.
4. **Queda do nível das principais faculdades:** principalmente as faculdades italianas, superpovoadas de alunos.	4. **Universidades em busca de qualidade:** grandes quantias para as pesquisas no campo contábil, o professor em dedicação exclusiva, o aluno em período integral valorizaram o ensino nos Estados Unidos.

Pausa e Reflexão

Você acha que a Contabilidade no Brasil, hoje, assemelha-se mais à Escola Italiana ou à Americana?

Hoje em dia, entretanto, a tendência é rumo à harmonização dos padrões contábeis internacionais, visando à eliminação das diferenças nas práticas contábeis e formas de apresentação das demonstrações contábeis entre os países do globo.

1.7 A Contabilidade no Brasil

O Brasil é um país extremamente interessante para o estudo da evolução da Contabilidade, principalmente para os demais países em desenvolvimento.

Sociedades Anônimas (S.A.) no Brasil

Pode-se afirmar, sem medo de errar, que nossa legislação contábil, no que se refere às demonstrações contábeis que devem ser publicadas todo ano, principalmente para as sociedades de capital aberto, é uma das mais aperfeiçoadas do mundo.

A inflação

Adicionalmente, devido ao fenômeno inflacionário crônico entre nós vivido até 1994, desenvolvemos técnicas de correção avançadas, destacando-se a Correção Monetária Integral, que é um aperfeiçoamento dos ajustamentos pela variação do poder aquisitivo da moeda (*Price Level Accounting*), que hoje é adotado pelo Comitê de Normas Contábeis Internacionais (IASC), e até pela ONU.

A USP avançando

Vários autores destacam-se no panorama contábil brasileiro, dentre eles Carlos de Carvalho, Francisco D'Auria, Frederico Herrmann Junior, Hilário Franco, Antonio Lopes de Sá, Américo Mateus Florentino e, mais recentemente, professores da Universidade de São Paulo, apenas para ficarmos com os mais famosos e conhecidos. Na avaliação global das contribuições de cada um, diríamos que, principalmente na Europa, D'Auria ainda é o nome mais conhecido da Contabilidade brasileira.

Entidades contábeis e as Normas Internacionais de Contabilidade

As entidades mais atuantes no campo contábil têm sido, tradicionalmente, o Conselho Federal de Contabilidade (CFC) (de cujas normas técnicas e resoluções trataremos mais adiante), o Instituto Brasileiro de Contadores (IBRACON), a Comissão de Valores Mobiliários (CVM), o CPC (Comitê de Pronunciamentos Contábeis) e a entrada das Normas Internacionais de Contabilidade. Assinam, talvez, os melhores pronunciamentos e contribuições mais recentes para a Contabilidade.

A partir de 2007, com a promulgação da Lei 11.638, seguida pela Lei 11.941/09, que veio alterar em alguns aspectos a Lei 6.404/76, a Lei das Sociedades por Ações, foi constituído o Comitê de Pronunciamentos Contábeis (CPC), com membros de diversas entidades relevantes à Contabilidade no Brasil (ABRASCA; APIMEC Nacional; BOVESPA; CFC; FIPECAFI; IBRACON). O CPC vem divulgando alguns pronunciamentos

18 CAPÍTULO 1

relevantes e que estão se tornando Instruções da CVM e Normas Brasileiras de Contabilidade. O Banco Central e a Receita Federal também têm tido atuação nas legislações contábeis.

A Contabilidade, no Brasil, tem todas as condições para, entre as mais avançadas do mundo, formar bons profissionais, faltando um investimento maior na área educacional e de pesquisa.

Pausa e Reflexão

Pesquise alguns itens que poderiam fazer parte da chamada Contabilidade Brasileira, ou seja, aspectos contábeis criados no Brasil.

Leitura Complementar

O notável Franciscano

Em seu livro *Desafio aos Deuses,* Bernstein (1997) relata, entre outras citações, no Capítulo 3, "O Jogador do Renascimento", um breve resumo sobre Luca Pacioli:

"O Renascimento foi uma época de descobertas. Colombo içou as velas no ano da morte de Piero della Francesca; pouco depois, Copérnico revolucionou a visão da humanidade em relação ao próprio firmamento. As realizações de Copérnico exigiram um nível de habilidade matemática, e durante o século XVI os avanços na matemática foram rápidos e empolgantes, sobretudo na Itália. Após a introdução da imprensa com tipos móveis, ao redor de 1450, muitos dos clássicos da matemática foram traduzidos para o italiano e publicados em latim ou no vernáculo. Os matemáticos entregaram-se a animados debates públicos sobre as soluções de complexas equações algébricas, enquanto as multidões incentivavam seus favoritos.

O estímulo de grande parte desse interesse data de 1494, com a publicação de um notável livro de um monge franciscano chamado Luca Pacioli. Pacioli nasceu por volta de 1445, em Borgo San Sepolcro, cidade natal de Piero della Francesca. Embora a família exortasse o menino a se preparar para uma carreira nos negócios, Piero ensinou-lhe literatura, arte e história e recomendou que frequentasse a famosa biblioteca da corte vizinha de Urbino. Ali, os estudos de Pacioli formaram a base da fama subsequente como matemático.

Aos vinte anos, Pacioli conseguiu um emprego em Veneza como preceptor dos filhos de um mercador rico. Ele comparecia às preleções públicas sobre filosofia e teologia e estudou matemática com um professor particular. Hábil estudante, escreveu sua primeira obra de matemática publicada na estada em Veneza. Seu tio Benedetto, oficial do exército baseado em Veneza, ensinou a Pacioli arquitetura e questões militares.

Em 1470, Pacioli transferiu-se para Roma a fim de prosseguir os estudos e, aos 27 anos, tornou-se monge franciscano. Entretanto, ele continuou suas perambulações. Lecionou matemática em Perugia, Roma, Nápoles, Pisa e Veneza, antes de se fixar como professor em Milão, em 1496. Dez anos antes recebera o título de *magister*, equivalente a um doutorado.

A obra-prima de pacioli, *Summa de arithmetica, geometria et proportionalità* (as obras acadêmicas mais sérias ainda eram escritas em latim), apareceu em 1494. Escrito em elogio à 'imensa abstração e sutileza da Matemática', a *Summa* reconhece a dívida de Pacioli para com *Liber abaci*, de Fibonacci, elaborado quase trezentos anos antes. A *Summa* fixa os princípios básicos da álgebra e contém todas as tabuadas de multiplicação até 60×60, um recurso útil em uma época em que a imprensa vulgarizou o uso do novo sistema de numeração.

Uma das contribuições mais notáveis do livro foi sua apresentação da Contabilidade por partidas dobradas. Embora não fosse inventada por Pacioli, recebeu o mais extenso tratamento até então. A noção de Contabilidade por partidas dobradas já se esboçara no *Liber abaci*, de Fibonacci, e aparecera em um livro publicado em torno de 1305 pela filial londrina de uma empresa italiana. **Qualquer que seja sua origem, essa inovação revolucionária nos métodos contábeis teve importantes consequências econômicas, comparáveis à descoberta da máquina a vapor trezentos anos depois.** [grifo nosso]

Em sua estada em Milão, Pacioli entrou em contato com Leonardo da Vinci, que se tornou seu amigo íntimo. Pacioli ficou impressionadíssimo com os talentos de Leonardo e comentou sobre sua 'inestimável obra sobre o movimento espacial, a percussão, o peso e todas as forças'. Eles devem ter tido muito em comum, pois Pacioli se interessava pelas inter-relações entre matemática e arte. Certa vez, ele observou que 'se diz que a música satisfaz a audição, um

20 CAPÍTULO 1

dos sentidos naturais ... (a perspectiva) fará o mesmo para a visão, que é muito mais valiosa por ser a principal porta do intelecto'.

Leonardo sabia pouca matemática até conhecer Pacioli, embora fosse dotado de um senso intuitivo de proporção e geometria. Seus cadernos de notas estão repletos de desenhos feitos com régua e compasso, mas Pacioli encorajou-o a dominar os conceitos que vinha usando intuitivamente. Martin Kemp, um dos biógrafos de Leonardo, afirma que Pacioli 'forneceu o estímulo para uma transformação súbita nas ambições matemáticas de Leonardo, efetuando uma reorientação no interesse de Leonardo que nenhum outro pensador da época conseguiu'. Leonardo, por sua vez, forneceu desenhos complexos para a outra grande obra de Pacioli, *De divine proportione,* que apareceu em dois belos manuscritos em 1498. A edição impressa veio a lume em 1509.

Leonardo possuía um exemplar da *Summa* e deve tê-la estudado com grande afinco. Seus cadernos registram várias tentativas de compreender os múltiplos e as frações como uma ajuda para o seu uso da proporção. Em certo ponto, ele se propõe a 'aprender a multiplicação das raízes com mestre Luca'. Atualmente, Leonardo mal conseguiria acompanhar uma aula de aritmética do terceiro ano primário.

Pacioli decifrou um enigma que permitiu, pela primeira vez, que pessoas tomassem decisão e previssem o futuro com ajuda dos números."

Atividades Práticas

1. Pesquisa

Relacione três livros que se destaquem sobre Pacioli. Desses livros pesquisados, após citá-los, selecione um texto de um deles, transcreva-o explicando por que você o escolheu.

O rosto de Pacioli foi pintado por Leonardo Da Vinci. Você ainda deverá xerocar este retrato de Pacioli e, em seguida, começar sua pasta de pesquisa, arquivando essas tarefas.

2. Questionário – sala de aula ou *Homework*

1. Por que a Contabilidade trabalha com números, mas não é tratada como uma Ciência Exata? O que é Ciência Social?

2. Qual é o momento em que a Contabilidade é vista como Ciência? O que se poderia entender como Ciência?

A evolução da contabilidade **21**

3. Pode-se dizer que Pacioli é o criador do método das partidas dobradas? Explique.

4. Quais são as vantagens da Escola Contábil Norte-americana em relação à Europeia?

5. Como fenômenos na Idade Média como protestantismo, mercantilismo e burguesia puderam alavancar a Contabilidade?

6. Por que a realidade inflacionária no Brasil até 1994 trouxe grandes contribuições à Contabilidade?

7. Faça um breve resumo de como surgiu a Contabilidade no princípio.

3. Atividade extrassala de aula (Biblioteca)

1. Busque em dicionários os sinônimos para: aprisco, argila, mnemônico, Renascimento, métodos, ábaco, *corporation* e auditoria.

2. Os termos *Accounting* em inglês e *Ragioneria* em italiano significam Contabilidade. Pesquise como é o termo em alemão, francês, espanhol, japonês e chinês.

3. No item 2.9 (Questionário) do Livro *Teoria da contabilidade* – Iudícibus/GEN |Atlas, final do Capítulo 2, há dez questões sobre a Evolução da Contabilidade. Escolha três questões para responder.

2

A CONTABILIDADE E O CONTADOR[1]

2.1 A tomada de decisão

Frequentemente estamos tomando decisões: em que horário iremos levantar, que roupa iremos vestir, qual tipo de comida iremos almoçar, a que programa iremos assistir, qual trabalho iremos desenvolver durante o dia etc. Algumas vezes, são decisões importantíssimas: o casamento, a carreira que escolhemos, a aquisição de casa própria, para exemplificar.

Evidentemente, essas decisões mais importantes requerem um cuidado maior, uma análise mais profunda sobre os elementos (dados) disponíveis, sobre os critérios racionais, pois uma decisão importante mal tomada pode prejudicar toda uma vida.

Tomada de decisão na empresa

Dentro de uma empresa, a situação não é diferente. Frequentemente, os responsáveis pela administração estão tomando decisões, quase todas importantes, vitais para o sucesso do negócio. Por isso, há necessidade de informações corretas, de subsídios que contribuam para uma boa tomada de decisão. Decisões tais como comprar ou alugar uma máquina, se

---

[1] Este capítulo é para dar uma ideia geral sobre o campo de atuação do contador.

devemos ou não terceirizar uma atividade, formar o preço de um produto, contrair uma dívida no longo ou curto prazos, quanto de dívida contrairemos, que quantidade de material para estoque deveremos comprar, reduzir custos, produzir mais etc.

A Contabilidade é o grande instrumento que auxilia a Alta Administração a tomar decisões. Na verdade, ela coleta todos os dados econômicos, mensurando-os monetariamente, registrando-os e sumarizando-os em forma de relatórios, que contribuem sobremaneira para a tomada de decisões.

A má gestão

Observamos com certa frequência que várias empresas, principalmente as pequenas, têm falido ou enfrentam sérios problemas de sobrevivência. Ouvimos empresários que criticam a carga tributária, os encargos sociais, a falta de recursos, os juros altos etc., fatores estes que, sem dúvida, contribuem para debilitar a empresa. Entretanto, aprofundando em nossas investigações, constatamos que, muitas vezes, a "célula cancerosa" não repousa naquelas críticas, mas na má gerência, nas decisões tomadas sem respaldo, sem dados confiáveis. Por fim, observamos nesses casos uma Contabilidade irreal, distorcida, em consequência de ter sido elaborada, única e exclusivamente, para atender às exigências fiscais.

Vivemos um momento em que "aplicar os recursos escassos disponíveis com a máxima eficiência" tornou-se, dadas as dificuldades econômicas (concorrência, globalização etc.), uma tarefa nada fácil. A experiência e o *feeling* do administrador não são mais fatores decisivos no quadro atual; exige-se um elenco de informações reais, que norteiem tais decisões. E essas informações estão contidas nos relatórios elaborados pela Contabilidade.

Tomada de decisão fora dos limites da empresa

Evidentemente, o processo decisório decorrente das informações apuradas pela Contabilidade não se restringe apenas aos limites da empresa, aos administradores e gestores (usuários internos), mas também a outros segmentos, quais sejam, usuários externos.

24 CAPÍTULO 2

- **Investidores**: É por meio dos relatórios contábeis que se identifica a situação econômico-financeira da empresa; dessa forma, o investidor tem às mãos os elementos necessários para decidir sobre as melhores alternativas de investimentos. Os relatórios evidenciam a capacidade da empresa em gerar lucros e outras informações.

- **Fornecedores de bens e serviços a crédito**: Usam os relatórios para analisar a capacidade de pagamento da empresa compradora.

- **Bancos**: Utilizam os relatórios para aprovar empréstimos, limite de crédito etc.

- **Governo**: Não só usa os relatórios com a finalidade de arrecadação de impostos como também para dados estatísticos, no sentido de melhor redimensionar a economia (IBGE, por exemplo).

- **Sindicatos**: Utilizam os relatórios para determinar a produtividade do setor, fator preponderante para reajuste de salários.

- **Clientes**: Verificam se a empresa fornecedora tem condições de atender seus pedidos.

- **Outros interessados**: Funcionários (estes, usuários internos), órgãos de classe, pessoas e diversos institutos, como a CVM, o CRC etc.

Pausa e Reflexão

Por que os pequenos empresários não utilizam a Contabilidade de maneira adequada? Por que se diz que contador é o médico da empresa?

2.2 A função do contador

Diante de um leque diversificado de atividades, podemos dizer que a tarefa básica do contador é produzir e/ou gerenciar informações úteis aos usuários da Contabilidade para a tomada de decisões. Ressalte-se, entretanto, que, em nosso país, em alguns segmentos da nossa economia, principalmente na pequena empresa, a função do contador foi distorcida (infelizmente), estando voltada quase que exclusivamente para satisfazer às exigências do fisco.

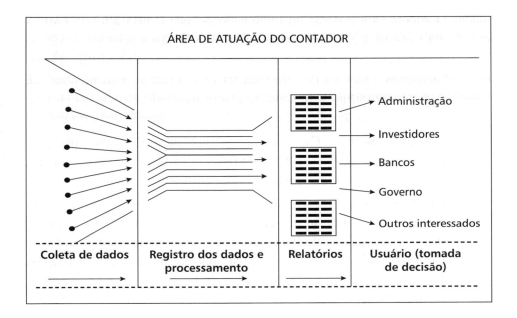

Pausa e Reflexão

O registro de dados ou a escrituração contábil estão em extinção? Escriturar é uma atividade agradável?

2.3 A Contabilidade como profissão

A Contabilidade é uma das áreas que mais proporcionam oportunidades para o profissional. O estudante que optou por um curso superior de Contabilidade terá inúmeras alternativas, entre as quais citaremos as seguintes:

CONTADOR. É o profissional que exerce as funções contábeis, com formação superior de ensino contábil (Bacharel em Ciências Contábeis).

- **Contabilidade Financeira**: é a Contabilidade Geral, necessária a todas as empresas. Fornece informações básicas aos seus usuários externos e é obrigatória conforme a legislação comercial.

    A Contabilidade Financeira, de acordo com a área ou a atividade em que é aplicada, recebe várias denominações: Contabilidade

Agrícola (aplicada às empresas agrícolas); Contabilidade Bancária (aplicada aos bancos); Contabilidade Comercial (aplicada às empresas comerciais); Contabilidade Hospitalar (aplicada aos hospitais); Contabilidade Industrial (aplicada às indústrias); e mais: Contabilidade Imobiliária, Contabilidade Agrícola ou Rural, Contabilidade Pública, Contabilidade de Seguros, Atuária etc.

- **Contabilidade de Custos**: está voltada para o cálculo, interpretação e controle dos custos dos bens fabricados ou comercializados, ou dos serviços prestados pela empresa.

- **Contabilidade Gerencial**: voltada para fins internos, procura suprir os gestores de um elenco maior de informações, exclusivamente para a tomada de decisões. Diferencia-se dos tipos de Contabilidades já abordadas, pois não se prende aos Princípios Fundamentais da Contabilidade. O profissional que exerce a Contabilidade Gerencial também é conhecido como *controller*.

AUDITOR. Auditoria é o exame, a verificação da exatidão dos procedimentos contábeis.

- **Auditor Independente**: é o profissional que não é empregado da empresa em que está realizando o trabalho de Auditoria. É um profissional liberal, embora possa estar vinculado a uma empresa de Auditoria.

    O registro definitivo de Auditor Independente é conferido ao contador que estiver registrado no Conselho Regional de Contabilidade e tiver exercido atividade de Auditoria por período não inferior a cinco anos (podendo ser reduzido para três anos, após conclusão do curso de especialização em Auditoria Contábil, em nível de pós-graduação) e aprovação em Exame de Qualificação Técnica aplicado pelo CFC.

- **Auditor Interno**: é o auditor que é empregado (ou dependente econômico), preocupado principalmente com o Controle Interno da empresa.

ANALISTA ECONÔMICO-FINANCEIRO. Analisa a situação econômico-financeira da empresa por meio de relatórios fornecidos pela

Contabilidade. A análise pode ter os mais diversos fins: avaliação de desempenho, concessão de crédito, investimentos etc.

PERITO CONTÁBIL. A perícia judicial é motivada por uma questão judicial, solicitada pela justiça. O contador fará uma verificação na exatidão dos registros contábeis e em outros aspectos – daí a designação Perito Contábil.

CONSULTOR CONTÁBIL. A consultoria, em franco desenvolvimento em nosso país, não se restringe especificamente à parte contábil e financeira, mas também – e aqui houve um grande avanço da profissão – à consultoria fiscal (Imposto de Renda, IPI, ICMS e outros), nas áreas de Processamento de Dados, Comércio Exterior, Custos e Formação de Preços etc.

PROFESSOR DE CONTABILIDADE. Exerce o magistério no ensino médio ou superior (neste caso há necessidade de pós-graduação), não só na área Contábil, como também em cursos de Ciências Econômicas, de Administração etc.

PESQUISADOR CONTÁBIL. Para aqueles que optaram pela carreira universitária, e que normalmente dedicam um período maior à universidade, há um campo pouco explorado no Brasil, ou seja, a investigação científica na Contabilidade. Em novembro de 2015, pelo sítio da Coordenação de Aperfeiçoamento de Pessoal de Nível Superior (CAPES), havia 27 Mestrados (acadêmicos e profissionais) e 13 Doutorados reconhecidos nesta área (FEA/USP, FURB e UnB). Todas as instituições que mantêm esses cursos têm apoiado e motivado o desenvolvimento de muitas pesquisas na área contábil.

CARGOS PÚBLICOS. Em muitos concursos, tais como para Fiscal de Renda, tanto na área federal quanto na estadual e na municipal, tem havido grande contingente de contadores aprovados.

CARGOS ADMINISTRATIVOS. Observamos, ainda, contadores que exercem cargos de assessoria, elevados postos de chefia, de gerência e, até mesmo, de diretoria, com relativo sucesso. O contador é um profissional gabaritado para tais cargos, pois, no exercício de sua atividade, entra em contato com todos os setores da empresa. É comum afirmar-se que o elemento que mais conhece a empresa é o contador. Por fim, ainda encontramos contadores que exercem a função de executivos, tal como a de *controller*.

28 CAPÍTULO 2

Outras áreas ainda ocupadas pelo contador: Investigador de Fraude, Escritor, Parecerista, Avaliador de Empresas, Conselheiro Fiscal, Mediador e Árbitro etc.

> **Pausa e Reflexão**
>
> Tente ressaltar outras profissões que tenham um leque tão grande de alternativas quanto a do profissional contábil.

2.4 A Contabilidade em outros cursos

Áreas afins à Contabilidade, como Economia e Administração de Empresas, utilizam com muita frequência a Contabilidade. Poderíamos dizer que essas duas ciências estão intimamente ligadas à Contabilidade, que lhes expõe quantitativa e qualitativamente os dados econômicos.

Entretanto, não são apenas os cursos de Economia e de Administração de Empresas que têm em seus currículos as disciplinas de Contabilidade. Na Faculdade de Direito, para os estudantes que se especializam em Direito Comercial, ministra-se a disciplina Contabilidade Empresarial; na Faculdade de Higiene e Saúde, observamos a disciplina Custos Hospitalares; na Faculdade de Comunicações, dão-se noções de Contabilidade para que o futuro profissional possa interpretar melhor a situação econômico-financeira das empresas; alunos do curso de Estatística já fazem optativamente Contabilidade, para melhor aplicar aquela disciplina aos dados econômicos dentro da empresa; em diversas especificações dos cursos de Engenharia, principalmente aquelas ligadas diretamente à indústria, já se ministra a Contabilidade; cursos de Processamento de Dados incorporaram disciplinas de Contabilidade; cursos de Educação Física também a utilizam, quando o estudante se especializa em Administração Esportiva; por fim, na grande maioria das profissões liberais, em que o profissional irá desenvolver atividade em seu próprio escritório ou consultório (médico, dentista, advogado etc.), são necessários conhecimentos, mesmo que elementares, de Contabilidade.

A contabilidade e o contador

Quadro 2.1 Visão geral da Profissão Contábil.

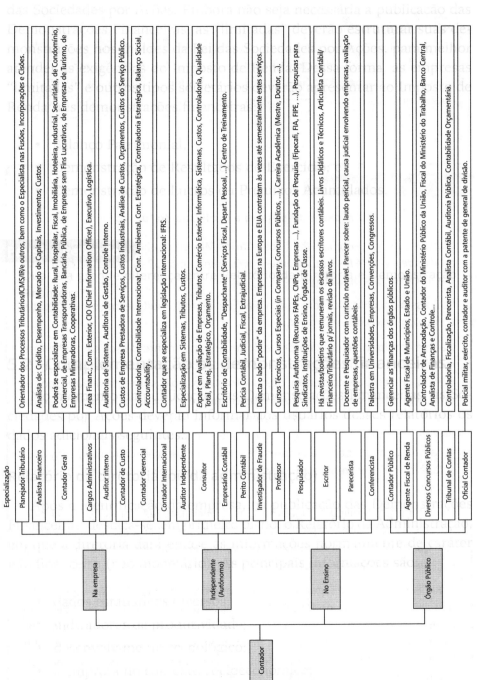

CAPÍTULO 2

Pausa e Reflexão

Por que enfermeiros de alto padrão precisam de Contabilidade? Por que um veterinário ou agrônomo precisa conhecer Contabilidade? Ou, ainda, por que médicos, dentistas, psicólogos precisam aprender Contabilidade? (Profissionais como esses já foram nossos alunos.)

Leitura Complementar

Preparando-se para a profissão do futuro

(Parte do artigo feito pelo Prof. José Carlos Marion publicado pela revista *Contabilidade – Vista* e *Revista,* volume 9, n. 01, em março/98 – atualizado com base em informações de 2016)

"[...] assim, o contador, em sua nova função, tem muito espaço pela frente, como o 'médico de empresas'.

Não se admite hoje uma empresa, independentemente de seu tamanho (até mesmo a microempresa), sem custos. Na época de inflação alta, toda a ineficiência e incompetência eram jogadas no preço. Hoje, com estabilidade monetária, a margem de lucro reduziu sensivelmente, e só com uma boa gestão de custos se pode pensar em sobrevivência. Assim, a Contabilidade Financeira, a de Custos e a Gerencial têm, mais do que nunca, um espaço garantido. Sem uma boa Contabilidade, a empresa é como um barco em alto mar, sem bússola, à mercê dos ventos, quase sem chance de sobrevivência, totalmente à deriva.

Dentro da Contabilidade Financeira, as especializações, como Contabilidade Rural, Contabilidade Hospitalar, Contabilidade Imobiliária etc. e os 'casamentos' Contabilidade e Informática, Contabilidade e Direito Tributário etc., são excelentes opções para essa mudança de milênio.

E quanto ao auditor? Segundo o professor e contador Stephen Charles Kanitz, não existe corrupção no Brasil. O país ressente-se, isto sim, da falta de auditores e de Auditoria. Somos, talvez, o país menos auditado do mundo. Por exemplo, existe aqui um auditor independente para cada grupo de 40.000 habitantes. Na Holanda, há um auditor independente para cada 900 habitantes; na Grã-Bretanha, um para cada 1.300 habitantes; nos Estados Unidos, um para cada 2.300. Quase todas as empresas nos países desenvolvidos são auditadas. No Brasil, somente 3.000 empresas (das quase 6,5 milhões existentes) estão sujeitas à Auditoria obrigatória. A nova proposta da Lei das Sociedades por Ações obriga todas as grandes empresas, independentemente do tipo societário, a serem submetidas a Auditoria Externa. Certamente, ainda neste século, haverá uma grande demanda por esse profissional.

Por outro lado, a Auditoria Interna que, segundo o Conselho Federal de Contabilidade, é a opção de 9% dos contadores brasileiros cresce assustadoramente, principalmente na área de Auditoria de gestão, em que se examina o desempenho administrativo dos gestores da empresa.

Nunca foram vistas tantas causas judiciais envolvendo empresas no Brasil como no momento. Quase todos os processos requerem a pessoa do perito contábil, que, assim como o auditor, é função de competência exclusiva do contador. Com a terceirização, as empresas buscam os consultores contábeis (em diversas áreas de especialização) que substituem com vantagens o empregado permanente. Em recente divulgação do Sebrae, 70% das pequenas e microempresas que entram em contato com a instituição para a obtenção de crédito não dispõem de condições para receber financiamento, necessitando de consultoria contábil para reduzir seus custos financeiros. O analista financeiro (de mercado de capitais, de crédito e de desempenho da empresa) é cada vez mais procurado no mercado. Bolsa de Valores é o melhor negócio dos últimos 20 anos.

Para preparar essa demanda enorme de contadores, são necessários docentes e pesquisadores. E aqui encontramos grandes nichos no mercado. Temos, hoje, em torno de 800 Mestres em Contabilidade, enquanto os Estados Unidos formam 6.000 a cada ano. Temos um pouco mais que 275 doutores (para mais de 1.260 cursos superiores de Contabilidade), enquanto os americanos formam 220 novos doutores por ano, não conseguindo, assim mesmo, atender a sua demanda. Os livros didáticos estão nas mãos de menos de meia dúzia de autores e atendem mais de 90% das instituições de ensino. Revistas e boletins são poucos pela escassez de autores. Há verbas disponíveis para pesquisas contábeis, porém são 'moscas brancas' os pesquisadores. Muitas universidades querem introduzir mestrados e doutorados (com bons salários), mas não há ofertas de docentes e pesquisadores no mercado. Praticamente, não há autores, docentes de carreira e pesquisadores disponíveis. A demanda por docentes titulados e pesquisadores tem-se intensificado após a iniciativa do Exame Nacional de Cursos (ENADE).

Os dados estatísticos mostram que os graduados em Contabilidade têm um índice maior de aproveitamento nos concursos públicos em áreas afins que outros graduados. Muitos concursos vêm por aí. Não bastasse tudo isso, é notório o desempenho do contador em cargo administrativo, pois é o homem que, normalmente, mais conhece a empresa.

Outros aspectos interessantes da perspectiva profissional nessa área poderiam ser abordados. Todavia, analisando a História, chegamos à Era da Informação e do Conhecimento. Começamos com uma sociedade primitiva (caça e pesca), passamos para uma sociedade agrícola, e há 250 anos atingimos a sociedade industrial que parecia ficar para sempre. Não aconteceu. Vemos uma revolução na sociedade, que concentra sua atenção em um novo recurso que é a informação. A Contabilidade, por excelência, é uma ciência de informação. Tínhamos, em outubro de 2015, 1.260 cursos superiores de Ciências Contábeis no Brasil. Todos os anos há pedidos de Instituições de Ensino Superior solicitando abertura de novos cursos de Contabilidade no MEC. Isso mostra que os 'empresários' do ensino superior visualizam um futuro promissor para a profissão contábil.

Por outro lado, novas perspectivas profissionais vão surgindo, como, por exemplo, a de investigador contábil (profissional que investiga fraudes, o lado podre das empresas), a Contabilidade Ambiental, a Auditoria Ambiental, a Contabilidade Estratégica, a Contabilidade Prospectiva (voltada para cenários e procedimentos futuros), o empresário contábil com um novo perfil etc.

Em pesquisa recente que revela o perfil do fraudador nas empresas, detecta-se que 43% fraudam por apropriação indébita, sendo que Caixas, Bancos e Estoques são os itens mais visados. As empresas norte-americanas perdem muito dinheiro por dia devido a fraudes. Esse tipo de ação ilícita consome dezenas de bilhões de dólares por ano naquele país. As perdas das empresas podem chegar até 6% de seu faturamento com fraudes. Por aí, é possível ter uma ideia do campo de trabalho para o investigador contábil, área ainda quase inexplorada pela profissão. Nos Estados Unidos e Europa, é rotina fazer o trabalho de investigação contábil duas vezes por ano; portanto, essa especialização profissional é bastante conhecida. No Brasil, temos poucos profissionais atuando nessa área."

Atividades Práticas

1. Pesquisa

Para uma carreira bem-sucedida é bom, desde já, estar pensando em pós-graduação. No Brasil, a pós-graduação divide-se em duas formas distintas: *Lato Sensu* (Especialização e MBA) e *Stricto Sensu* (Mestrado e Doutorado).

Em termos de Mestrados, temos duas linhas distintas: o **Acadêmico** e o **Profissionalizante**. No sítio da CAPES (www.capes.gov.br), você pode verificar quais os cursos recomendados.

Sua missão é fazer contato com algumas dessas instituições e obter dados sobre pelo menos três Instituições que ofereçam Mestrado. Por meio da Internet, você pode acessar, também, as Instituições do exterior.

Relacione as três Instituições e descreva a que melhor se ajustaria a sua situação considerando: aspectos financeiros, distância, número de vagas, especialização, disponibilidade de horário etc.

2. Questionário – sala de aula ou *Homework*

1. Segundo algumas pesquisas, a cada dez novas empresas constituídas, apenas uma vai sobreviver ao longo de cinco anos. Por outro lado, a cada dez novas empresas franqueadas (McDonald's, Boticário etc.), sete vão sobreviver. Como se poderia relacionar a importância da Contabilidade com esses dados?

2. Partindo da premissa de que a relação **empregado/patrão** tende a ser substituída pelo **fornecedor de serviço contábil ao cliente**, qual das áreas (trabalhar em empresa, independente, no ensino ou em empresa pública) de atuação do contador é mais interessante? Explique.

3. Hoje, no Brasil, há em torno de 6,5 milhões de empresas, sendo que grande parte trata-se de micro e pequena. Essas empresas estão bem servidas de Contabilidade? Pense nas micro e pequenas: os escritórios de Contabilidade fazem Contabilidade ou apenas serviços burocráticos? Há mais técnicos ou contadores no mercado? O usuário é a pessoa mais importante para o profissional contábil ou o fisco? O que fazer para melhorar essa situação?

4. Trace algumas diferenças entre a Contabilidade Financeira (Geral), a Contabilidade de Custos e a Contabilidade Gerencial.

5. Das diversas especializações da Contabilidade, comente três que você poderia exercer.

34 CAPÍTULO 2

3. Atividade extrassala de aula (Biblioteca)

1. Busque em revistas e jornais reportagens que ressaltaram a importância da profissão contábil nos últimos seis meses.

2. Jornais como *Folha de S. Paulo*, *O Estado de S. Paulo*, assim como sítios de empresas de recolocação profissional e outros, trazem, normalmente aos domingos, pesquisas sobre remunerações de acordo com as profissões. Levante esses dados descrevendo qual é o salário de um analista contábil e de um *controller* em grandes empresas.

3. Uma das áreas de especialização do contador pode ser a Atuária. Descubra o que é essa profissão, o que faz, suas perspectivas etc.

3

OS OBJETIVOS DA CONTABILIDADE[1]

3.1 Objetivos da Contabilidade e utilização da informação contábil

O objetivo da Contabilidade pode ser estabelecido como sendo o de fornecer informação estruturada de natureza econômica, financeira e, subsidiariamente, física, de produtividade e social, aos usuários internos e externos à entidade objeto da Contabilidade.

Examinemos melhor essa definição: **informação estruturada** não significa que a Contabilidade fornece as informações de forma dispersa, e apenas seguindo as solicitações imediatas dos interessados; mas, sim, que o faz de maneira estruturada, dentro de um esquema de planejamento contábil em que um sistema de informação é desenhado, colocado em funcionamento e periodicamente revisto, tendo em vista parâmetros próprios.

A informação, os relatórios e os usuários

Assim, as operações da entidade à qual se está aplicando a Contabilidade são estudadas minuciosamente, sendo então desenhado o **Plano e Manual de Contas** para a contabilização sistemática das operações rotineiras da

---

[1] Baseado na Estrutura Conceitual da Contabilidade do CPC 00 e outros documentos.

entidade, ao mesmo tempo em que são delineados os principais tipos de relatórios (demonstrações) que devem sair do processo contábil.

Esses relatórios devem atender às necessidades:

1. dos usuários externos (bancos, eventuais investidores etc.); e
2. dos usuários internos à entidade (administradores, funcionários etc.).

Para os usuários externos temos as tradicionais demonstrações contábeis como o Balanço Patrimonial (posição das contas num determinado momento), Demonstração de Resultado do Exercício (uma demonstração de fluxos econômicos), Demonstração dos Fluxos de Caixa (demonstrações de fluxos financeiros), Demonstração do Valor Adicionado e outras. Essas demonstrações serão estudadas neste livro.

Usuários internos

Já para os usuários internos à entidade, interessam, além das demonstrações citadas, que, como ponto de partida, também subsidiam os tomadores internos de decisões, outros tipos de relatórios que aliem conceitos e informações derivantes do sistema de Contabilidade Financeira (geral) – que produz os relatórios tradicionais –, a outros derivantes da Contabilidade de Custos, da administração financeira, da administração da produção e outras disciplinas que apresentam conceitos importantes para tomada de decisões.

Nem sempre tais tipos de relatórios podem ser incluídos no sistema contábil de forma a serem rotineira e repetitivamente editados. Incluem-se entre tais tipos de relatórios:

1. comparações entre custos orçados (ou padrão) e reais;
2. relatórios para decisões especiais do tipo:
   a) fabricar *versus* adquirir,
   b) orçamento de capital,
   c) expansão da fábrica,
   d) criação de divisões,
   e) relatórios sobre *mix* de produtos e serviços etc.

Os objetivos da contabilidade **37**

Em maior ou menor grau, tais tipos de relatórios deverão utilizar outros conceitos além dos **Princípios Fundamentais de Contabilidade**, tais como: custos de oportunidade, taxas de juros e de desconto, custos de reposição, custos imputados e econômicos, noções e cálculos de risco econômico e financeiro e muitos outros.

Sistema avançado

De maneira geral, pode-se dizer que um sistema de informação contábil será tão avançado quanto mais for capaz de produzir todos os relatórios gerenciais (além dos tradicionais) da forma mais automática e repetitiva possível, com o menor grau de trabalho adicional por parte do Contador. Nesse caso, tem-se um sistema contábil que atende às decisões de natureza operacional, tática e, no limite, estratégica.

Por outro lado, a maior parte das informações contidas nas demonstrações emanadas do sistema de informação contábil refere-se a aspectos do patrimônio da entidade objeto de contabilização e observa dimensões econômicas e de rentabilidade (principalmente na Demonstração de Resultado do Exercício), financeiras (principalmente no Balanço Patrimonial) e, às vezes, físicas e de produtividade nos sistemas modernos mais avançados, bem como de natureza social e ambiental (nos países em que tais informações são requeridas pela sociedade ou por lei). No Brasil, desde 2005, há a Norma Brasileira de Contabilidade – NBC T15, que exige a evidenciação destas últimas informações.

Pausa e Reflexão

Qual é o principal usuário de Contabilidade? Podemos dizer que o principal usuário da Contabilidade é a principal pessoa do mundo contábil, pois é ele quem paga o salário do contador?

3.2 Utilização da informação contábil e campo de atuação da Contabilidade

A informação contábil é utilizada por uma vasta gama de pessoas e entidades com as mais variadas finalidades.

38 CAPÍTULO 3

Assim, os eventuais compradores de ações ou debêntures da entidade (se for de capital aberto) procuram extrair informações para sua decisão sobre se vale a pena ou não investir na empresa; bancos e emprestadores de dinheiro estão interessados em avaliar se a entidade oferece boas perspectivas de retorno para seus empréstimos e financiamentos; o governo, em seus vários níveis, está interessado na informação contábil como base de imposição fiscal e para estudos macroeconômicos; os empregados da entidade procuram extrair informações sobre a capacidade da entidade de pagar maiores salários e benefícios; macroeconomistas e analistas financeiros estão interessados nas agregações contábeis para extrair agregados financeiros (vendas por setor, liquidez etc.), mas ninguém estará tão vitalmente interessado quanto o tomador de decisão interno à entidade.

Para ele, a informação contábil estruturada, fidedigna, tempestiva e completa pode ser a diferença entre o sucesso e o fracasso da organização.

Patrimônio da entidade

O campo de atuação da Contabilidade, na verdade seu objeto, é o patrimônio de toda e qualquer entidade; ela acompanha a evolução qualitativa e quantitativa desse patrimônio.

É importante salientar que entidade, para a Contabilidade, pode ser pessoa jurídica ou física. O acompanhamento das variações do patrimônio de uma grande sociedade por ações de capital aberto merece interesse por parte da Contabilidade, da mesma forma que o patrimônio individual de um de seus sócios. A entidade pode ser privada ou pública, de finalidades lucrativas ou não. A entidade pode ser, em certas circunstâncias, contabilmente, uma consolidação de patrimônios de outras entidades individuais, bem como uma divisão (uma parte) de uma ou outra entidade multidivisional. Assim, esquematicamente, temos:

- **Campo de Atuação da Contabilidade**: Toda entidade que exerça atividade econômica como meio ou fim.

- **Objeto da Contabilidade**: O patrimônio de tais entidades, sejam estas pessoas físicas ou jurídicas, seja esse patrimônio resultante da consolidação de patrimônios de outras entidades distintas ou a subdivisão do patrimônio de uma entidade em parcelas menores que mereçam ser acompanhadas em suas mutações e variações.

Finalidade social do contador

Pode-se afirmar que, no fundo, no que se refere à Contabilidade Geral ou Financeira, o trabalho do contador tem alcance social em termos amplos, além do estritamente econômico. Afinal, informando à sociedade quão bem (ou mal) certa entidade utiliza os recursos conferidos pelos sócios ou pelo povo, exerce um papel de grande relevância nessa mesma sociedade.

A Contabilidade é o melhor repórter e intérprete desse desempenho, pois verifica o volume dos (e se necessário quais) produtos ou serviços que a entidade repassou à sociedade, se o fez a preços razoáveis, com boa qualidade, como a entidade amalgamou os fatores de produção, se pagou salários competitivos, se efetuou programas de treinamento de sua força de trabalho e se, após ter feito todos esses pagamentos, inclusive de impostos, ainda foi capaz de gerar margem para seus acionistas e para reinvestir dentro da própria entidade, se é moderna e competitiva etc.

Assim, verifica-se que a Contabilidade tem uma função social muito relevante, independentemente de a entidade praticar a chamada Contabilidade Social (ou Balanço Social) em que essa importância fica mais caracterizada, pois, nesse caso, além das demonstrações contábeis tradicionais, a entidade fornece outras específicas.

Pausa e Reflexão

De que maneira você definiria termos como: Patrimônio, Contabilidade Social, Pessoa Física e Pessoa Jurídica?

Leitura Complementar

Estrutura Conceitual para Elaboração e Divulgação de Relatório Contábil-Financeiro (CPC 00)

Correlação às Normas Internacionais de Contabilidade – The Conceptual Framework for Financial Reporting (IASB – BV 2011 Blue Book)

"O International Accounting Standards Board – IASB está em pleno processo de atualização de sua Estrutura Conceitual. O projeto dessa Estrutura Conceitual está sendo conduzido em fases.

As demonstrações contábeis são elaboradas e apresentadas para usuários externos em geral, tendo em vista suas finalidades distintas e necessidades diversas. Governos, órgãos reguladores ou autoridades tributárias, por exemplo, podem determinar especificamente exigências para atender a seus próprios interesses. Essas exigências, no entanto, não devem afetar as demonstrações contábeis elaboradas segundo esta Estrutura Conceitual.

Demonstrações contábeis elaboradas dentro do que prescreve esta Estrutura Conceitual objetivam fornecer informações que sejam úteis na tomada de decisões econômicas e avaliações por parte dos usuários em geral, não tendo o propósito de atender finalidade ou necessidade específica de determinados grupos de usuários.

Demonstrações contábeis elaboradas com tal finalidade satisfazem as necessidades comuns da maioria dos seus usuários, uma vez que quase todos eles utilizam essas demonstrações contábeis para a tomada de decisões econômicas, tais como:

(a) decidir quando comprar, manter ou vender instrumentos patrimoniais;

(b) avaliar a administração da entidade quanto à responsabilidade que lhe tenha sido conferida e quanto à qualidade de seu desempenho e de sua prestação de contas;

(c) avaliar a capacidade de a entidade pagar seus empregados e proporcionar-lhes outros benefícios;

(d) avaliar a segurança quanto à recuperação dos recursos financeiros emprestados à entidade;

(e) determinar políticas tributárias;

(f) determinar a distribuição de lucros e dividendos;

(g) elaborar e usar estatísticas da renda nacional; ou

(h) regulamentar as atividades das entidades.

As demonstrações contábeis são mais comumente elaboradas segundo modelo baseado no custo histórico recuperável e no conceito da manutenção do capital financeiro nominal. Outros modelos e conceitos podem ser

Os objetivos da contabilidade **41**

considerados mais apropriados para atingir o objetivo de proporcionar informações que sejam úteis para tomada de decisões econômicas, embora não haja presentemente consenso nesse sentido.

Esta Estrutura Conceitual foi desenvolvida de forma a ser aplicável a uma gama de modelos contábeis e conceitos de capital e sua manutenção.

Finalidade e *status*

Esta Estrutura Conceitual estabelece os conceitos que fundamentam a elaboração e a apresentação de demonstrações contábeis destinadas a usuários externos. A finalidade desta Estrutura Conceitual é:

(a) dar suporte ao desenvolvimento de novos Pronunciamentos Técnicos, Interpretações e Orientações e à revisão dos já existentes, quando necessário;

(b) dar suporte à promoção da harmonização das regulações, das normas contábeis e dos procedimentos relacionados à apresentação das demonstrações contábeis, provendo uma base para a redução do número de tratamentos contábeis alternativos permitidos pelos Pronunciamentos, Interpretações e Orientações;

(c) dar suporte aos órgãos reguladores nacionais;

(d) auxiliar os responsáveis pela elaboração das demonstrações contábeis na aplicação dos Pronunciamentos Técnicos, Interpretações e Orientações e no tratamento de assuntos que ainda não tenham sido objeto desses documentos;

(e) auxiliar os auditores independentes a formar sua opinião sobre a conformidade das demonstrações contábeis com os Pronunciamentos Técnicos, Interpretações e Orientações;

(f) auxiliar os usuários das demonstrações contábeis na interpretação de informações nelas contidas, elaboradas em conformidade com os Pronunciamentos Técnicos, Interpretações e Orientações; e

(g) proporcionar aos interessados informações sobre o enfoque adotado na formulação dos Pronunciamentos Técnicos, das Interpretações e das Orientações.

Esta Estrutura Conceitual não é um Pronunciamento Técnico propriamente dito e, portanto, não define normas ou procedimentos para qualquer questão

42 CAPÍTULO 3

particular sobre aspectos de mensuração ou divulgação. Nada nesta Estrutura Conceitual substitui qualquer Pronunciamento Técnico, Interpretação ou Orientação.

Pode haver um número limitado de casos em que seja observado um conflito entre esta Estrutura Conceitual e um Pronunciamento Técnico, uma Interpretação ou uma Orientação. Nesses casos, as exigências do Pronunciamento Técnico, da Interpretação ou da Orientação específicos devem prevalecer sobre esta *Estrutura Conceitual*. Entretanto, à medida que futuros Pronunciamentos Técnicos, Interpretações ou Orientações sejam desenvolvidos ou revisados tendo como norte esta *Estrutura Conceitual*, o número de casos de conflito entre esta *Estrutura Conceitual* e eles tende a diminuir.

Esta *Estrutura Conceitual* será revisada de tempos em tempos com base na experiência decorrente de sua utilização.

Esta *Estrutura Conceitual* aborda:

(a) o objetivo da elaboração e divulgação de relatório contábil-financeiro;

(b) as características qualitativas da informação contábil-financeira útil;

(c) a definição, o reconhecimento e a mensuração dos elementos a partir dos quais as demonstrações contábeis são elaboradas; e

(d) os conceitos de capital e de manutenção de capital."

Atividades Práticas

1. Pesquisa

Neste capítulo iniciamos considerações sobre Patrimônio. Os italianos usam o termo AZIENDA, às vezes confundido com Entidade e Patrimônio. Pesquise em pelo menos dois livros de Contabilidade esse termo e faça um resumo sobre o mesmo.

2. Questionário – sala de aula ou *Homework*

1. O que se poderia dizer que é mais correto como objetivo da Contabilidade: prover os usuários das informações necessárias ou estudar o Patrimônio da Entidade?

2. A Contabilidade poderia ter como objeto uma Pessoa Física? Explique.

3. Qual é a finalidade social do Contador?

Os objetivos da contabilidade **43**

4. Diferencie informações: econômicas, financeiras, físicas e de produtividade.

5. Cite alguns relatórios que, normalmente, não são incluídos no sistema contábil.

3. Atividade extrassala de aula (Biblioteca)

1. Encontrar no dicionário sinônimos para: *usuários, agregados financeiros, tempestiva, Contabilidade Social, aderentes* e *informações fidedignas*.

2. Estabeleça algumas diferenças entre a Contabilidade Financeira (Geral), a Contabilidade de Custos e a Contabilidade Gerencial.

3. No item 1.4 (Questionário) do livro *Teoria da contabilidade* (Iudícibus/GEN | Atlas), Capítulo 1, há seis questões abrangendo os Objetivos da Contabilidade. Você está convidado a responder as 3 primeiras questões.

4. Neste capítulo, há uma referência aos novos expoentes na Contabilidade brasileira da FEA/USP. Destaque pelo menos três autores dessa Universidade ou de outras, considerados *best-sellers* da Contabilidade brasileira.

5. Busque a excelente tese de doutoramento defendida na FEA/USP em 1997, com o título *Uma contribuição ao estudo de história ao pensamento contábil*, que fala sobre os maiores personagens da Contabilidade no Brasil e no mundo.

PARTE II

O PRODUTO FINAL DA CONTABILIDADE

- O objetivo principal da Contabilidade é prover seus usuários de informações úteis e oportunas para a tomada de decisão.
- Em outras palavras, a função principal da Contabilidade reside em ser instrumento útil para a tomada de decisões pelo usuário, tendo em vista a entidade.
- As informações geradas pela Contabilidade são apresentadas aos usuários em forma de resumos ordenados, periódicos etc.

QUALIDADE E CARACTERÍSTICA DA INFORMAÇÃO CONTÁBIL

4.1 Introdução

A informação contábil, como todo bem econômico, tem um custo, e esse custo deve ser sempre comparado com os benefícios esperados da informação. Em última análise, o benefício esperado de um sistema de informação é o valor presente dos lucros adicionais (ou dos fluxos de caixa) que não seriam obtidos caso aquele particular sistema de informação não tivesse sido adotado ou não estivesse disponível.

Information Economics

Frequentemente (na verdade, quase sempre) não é tão fácil mensurar tais custos e benefícios, embora exista um ramo da Economia (a *Information Economics*) que considera a informação como um produto qualquer que tem seu preço e custo.

As aplicações contábeis de tais conceitos não têm sido tão abundantes, e as que existem são elaboradas em situações de empresa bem simplificadas. Assim, embora a "consciência" da comparação entre custo e benefício de uma informação (ou de um sistema), ou de uma informação adicional sempre deva estar presente na mente do gerente, mensurar tais variáveis é difícil.

48 CAPÍTULO 4

O melhor que se pode fazer em muitas situações práticas é confiar na experiência, no bom-senso, nos exemplos de outras empresas e, acima de tudo, tentar estabelecer relacionamentos entre casos de empresas muito bem-sucedidas (no longo prazo) e o grau de complexidade e originalidade de seus sistemas de informação.

Custo *versus* benefício

Sem negar a eventualidade de uma descoberta extremamente original, deve-se sempre se guiar pelo que a média das empresas bem-sucedidas e inteligentes está fazendo, desconfiando sempre daquela forma "única e absolutamente original" de bolar o sistema de informação que ninguém pensou ou ousou imaginar antes.

É claro, todavia, que empresas diferentes e gerentes diferentes sabem lidar de formas diversas com o mesmo sistema de informação, utilizando com maior ou menor grau de eficiência o nível e a qualidade da informação existente.

Alguns tomadores de decisão sabem "tirar leite de pedra" de informações simples ao passo que outros nem tomam conhecimento de sistemas mais complexos. Para estes últimos, a informação quase que terá somente custo e nenhum benefício.

Uma das formas de avaliar a qualidade da informação contábil e, portanto, sua utilidade (benefício), quando comparada ao custo, é analisar algumas qualidades ou características que deve possuir, tais como: compreensibilidade, relevância, confiabilidade e comparabilidade.

Pausa e Reflexão

Por que a análise custo *versus* benefício é fundamental em termos de elaboração dos relatórios contábeis?

4.2 Compreensibilidade

Abrangência

A informação contábil precisa ser compreensiva, isto é, completa, e retratar todos os aspectos contábeis de determinada operação ou conjunto de eventos ou operações. Não se devem compensar créditos com débitos, ou direitos e obrigações. Todos os aspectos de uma operação que afeta o patrimônio precisam ser levados em conta. É o caso da elaboração da demonstração de origem e aplicação de recursos (ou de caixa) que deveria evidenciar recursos e aplicações sem compensações, por levantamento direto das operações e não por diferenças de saldos de balanço, em princípio.

NBC T 1 <u>Resolução CFC 1.121/2008</u>. (Uma qualidade essencial das informações apresentadas nas demonstrações contábeis é que elas sejam prontamente entendidas pelos usuários. Para esse fim, presume-se que os usuários tenham um conhecimento razoável dos negócios, atividades econômicas e contabilidade e a disposição de estudar as informações com razoável diligência. Todavia, informações sobre assuntos complexos que devam ser incluídas nas demonstrações contábeis por causa da sua relevância para as necessidades de tomada de decisão pelos usuários não devem ser excluídas em nenhuma hipótese, inclusive sob o pretexto de que seria difícil para certos usuários as entenderem.)

Pausa e Reflexão

De maneira geral, pode-se dizer que os relatórios contábeis são facilmente compreensíveis?

4.3 Relevância

A contribuição do IASC

Segundo o trabalho do International Accounting Standards Committee (IASC) intitulado *Framework for the Preparation and Presentation of Financial Statements*, a relevância é uma das características ou qualidades mais importantes da informação contábil.

A fim de ser útil, a informação precisa ser relevante para as necessidades de tomada de decisões dos usuários. A informação possui a qualidade da relevância quando ela influencia as decisões econômicas dos usuários ajudando-os a avaliar eventos passados, presentes ou futuros ou confirmando ou corrigindo suas avaliações passadas.

50 CAPÍTULO 4

Continua o citado documento afirmando que

"os papéis preditivo e confirmatório das informações estão inter--relacionados. Por exemplo, informação sobre o nível atual e sobre a estrutura dos ativos mantidos pela entidade, somente tem valor para o usuário quando ele tenta prever a habilidade que a empresa tem de aproveitar as oportunidades e, também sua habilidade em reagir a situações adversas. A mesma informação exerce um papel confirmatório com relação a previsões como, por exemplo, a forma pela qual a empresa seria estruturada ou o resultado das operações planejadas".

A informação sobre a posição financeira e desempenho do passado é frequentemente utilizada, segundo aquele documento do IASC, como base para prever a situação financeira e o desempenho futuros, bem como outros assuntos nos quais os usuários estão diretamente interessados, tais como pagamentos de salários e de dividendos, movimentações e flutuações de preços de ações e títulos e a habilidade da empresa em honrar suas obrigações à medida que vão vencendo.

A fim de que tenha valor preditivo, a informação não precisa, necessariamente, estar colocada na forma de previsão explícita.

A habilidade de efetuar previsões a partir das demonstrações contábeis é realçada, entretanto, pela forma de evidenciar informações sobre transações passadas.

> **Pausa e Reflexão**
>
> Por exemplo, o valor preditivo da Demonstração de Resultados será ressaltado se itens não usuais, anormais e não recorrentes de renda (receita) ou despesa forem evidenciados separadamente. Você concorda com esse exemplo?

4.4 Confiabilidade

Para que seja útil, a informação também precisa ser confiável. A informação possui a qualidade da confiabilidade quando ela está livre de erros materiais e vieses e pode ser aceita pelos usuários como representando fielmente o que está destinada a representar ou que poderia razoavelmente se esperar que representasse.

A informação pode ser relevante, mas tão inafiançável, pela sua natureza ou pela sua exteriorização, que seu reconhecimento pode ser potencialmente enganoso. Por exemplo, se a validade e o total de uma indenização por danos numa ação judicial estão sendo discutidos, pode ser inapropriado para a empresa reconhecer o valor total da ação no balanço, embora possa ser apropriado evidenciar a dimensão e as circunstâncias da disputa.

Pausa e Reflexão

O que a confiabilidade tem a ver com a Ética do Profissional Contábil?

4.5 Comparabilidade

Os usuários precisam ter condições de comparar as demonstrações contábeis de uma entidade através dos anos a fim de identificar tendências em sua situação patrimonial e financeira e em seu desempenho.

Os usuários também precisam ter condições de comparar as demonstrações contábeis de diferentes entidades a fim de avaliar sua situação patrimonial e financeira em termos comparativos, seu desempenho e as mudanças na situação financeira.

A importância da comparação

Assim, a mensuração e a evidenciação dos efeitos financeiros de transações semelhantes e outros eventos precisam ser efetuados de forma consistente por uma entidade através do tempo e também por diferentes entidades ao mesmo tempo.

Uma importante implicação da característica qualitativa que é a comparabilidade é que os usuários precisam ser informados sobre as políticas contábeis utilizadas na preparação das demonstrações contábeis, sobre quaisquer variações nas políticas e os efeitos de tais mudanças.

Políticas contábeis

Os usuários precisam ter condições de identificar diferenças entre as políticas contábeis para transações semelhantes utilizadas pela mesma entidade de um período para outro e também por diferentes entidades ao mesmo tempo. A adequação aos padrões contábeis nacionais e internacionais, incluindo a evidenciação das políticas contábeis utilizadas pela entidade, ajuda a conseguir a comparabilidade.

A necessidade de comparabilidade não deveria ser confundida com mera uniformidade, e não deveria ser um impedimento para a introdução de padrões contábeis aperfeiçoados. Não é apropriado para uma empresa continuar a contabilizar da mesma forma uma determinada transação se a política adotada não se mantém aderente às condições de relevância e confiabilidade. É também inapropriado para uma entidade deixar intocáveis suas práticas contábeis quando existirem alternativas mais relevantes e confiáveis.

Pelo fato de os usuários quererem comparar a situação patrimonial, o desempenho e as mudanças na posição de uma entidade através do tempo, é importante que as demonstrações contábeis evidenciem a informação correspondente para os períodos precedentes.

Tempestividade ou oportunidade

Existem algumas variáveis que **restringem** a utilidade e a plena potencialidade das qualidades da informação acima descritas. São a **tempestividade** e a relação **custo/benefício**.

Pode-se afirmar que relevância, principalmente, é afetada pela tempestividade ou oportunidade, no sentido de que muito pouco adianta ter informação relevante e fidedigna se ela "passou do ponto", ou melhor, da hora. Não é fácil saber, *a priori*, esse tempo certo. Depende do tipo de decisão e avaliação que está sendo realizada em cada caso.

Para o analista econômico que gosta de examinar balanços de várias empresas para extrair tendências setoriais ou valores de agregados contábeis como lucratividade sobre vendas, sobre patrimônio etc., não vai fazer diferença se ele fizer essa análise um dia após a publicação dos balanços ou dois meses depois.

Intempestividade

Entretanto, quase na mesma situação, se um investidor estiver interessado na compra das ações de uma **determinada empresa**, o *timing* das peças contábeis dessa empresa que ele vai utilizar para assessorá-lo na decisão é tremendamente importante, pois a situação da empresa em particular pode se alterar em curto prazo, invalidando a **informação intempestiva.**

Mais dramática ainda é a importância da tempestividade nas decisões gerenciais dentro da empresa, visando às operações e mesmo às decisões de longo prazo, em que informação estruturada e semiestruturada são necessárias, **na qualidade e no tempo certos.**

Já a relação custo/benefício precisa estar sempre presente na mente do planejador do sistema contábil ao estabelecer o nível de informação que é considerado ótimo.

Na terminologia da *Information Economics*, informação ótima tem um sentido preciso, ou seja, aquela informação a partir da qual (se adicionar mais informação) esta última adição terá somente custo e não adicionará benefícios ao sistema. Um pouco análogo ao ponto de lucro máximo, e que seria obtido quando a receita marginal se iguala ao custo marginal.

Sempre tomada de decisões

Só que, se já é difícil nos sistemas contábeis isolar custos e receitas marginais, muito mais o será para o caso de **valor da informação**. Assim, valem muito as considerações feitas, no meio empresarial e acadêmico, de que o bom senso e o que acontece em organizações comparáveis à nossa, consideradas sofisticadas em matéria de informação, devem ser observados com cuidado.

Não se pode esquecer de que o sistema de informação é um meio para o que é essencial, que é o processo decisório. O ideal seria dispor de um quadro de gerentes tão superdotados, tão imaginativos, tão previsores do que irá ocorrer que nenhum sistema de informação seria necessário. É claro que esses super-homens (ou mulheres) não existem, na realidade.

Pausa e Reflexão

Por que se diz que a comparabilidade ficava prejudicada na época da inflação galopante?

Leitura Complementar

15º Prêmio ANEFAC-FIPECAFI-SERASA EXPERIAN 2011

Ao mesmo tempo em que o Troféu Transparência / Prêmio ANEFAC-FIPECA-FI-SERASA EXPERIAN representa o reconhecimento do valor que as empresas ganhadoras dão à responsabilidade na hora de declarar as demonstrações financeiras, o prêmio é, por si só, um valor agregado que se converte em resultados futuros. Visto como um selo tradicional, oferecido por três instituições respeitadas do mercado, o Troféu Transparência é uma conquista com a qual as empresas só têm a ganhar.

Criado em 1997, o Prêmio ANEFAC-FIPECAFI-SERASA EXPERIAN incentiva a transparência corporativa no mercado. Com a avaliação técnica da FIPECAFI e o incentivo da Serasa Experian, a comissão julgadora avalia rigorosamente as práticas de transparência nas informações contábeis, no que diz respeito à qualidade do relatório da administração e consistência com os dados divulgados, dentre outros fatores. A seleção é feita com base nos balanços publicados no mercado.

Em 20 anos de história, o Troféu Transparência premiou empresas ganhadoras nos setores de Serviços, Indústria e Comércio. São organizações que superaram os princípios básicos na divulgação de suas informações contábeis.

Na primeira edição, o Troféu Transparência limitou-se a empresas de capital aberto em São Paulo. Um ano depois, a organização do Prêmio decidiu englobar companhias de todas as regiões do país, ganhando ainda mais repercussão, com dez finalistas.

Ao longo dos anos, demonstrações com valor agregado, balanço social e fluxo de caixa passaram a fazer parte das informações prestadas por um grande número de empresas e não apenas das melhores demonstrações indicadas. Na 8ª edição, pela primeira vez, o Troféu Transparência teve duas categorias de premiação: empresas de capital aberto e empresas de capital fechado. Em 2006, o evento completou 10 anos premiando essas duas categorias.

Diante das desafiadoras mudanças nas práticas contábeis, o Troféu Transparência – Prêmio ANEFAC-FIPECAFI-SERASA EXPERIAN acompanha o desenvolvimento dos balanços adotados ao longo de sua história, incentivando a excelência na prestação de contas do empresariado brasileiro.

As empresas vencedoras do 15º Troféu Transparência foram:

- Categoria Empresas de Capital Aberto:

    ✓ Faturamento acima de R$ 5 bilhões: Cemig, AES Eletropaulo, Ambev, CSN, Gerdau, Sabesp, Governo do Estado de São Paulo, Usiminas e Vale.

    ✓ Faturamento até R$ 5 bilhões: Tractel Energia, BM&F Bovespa, Copasa, Grendene, Energias de Portugal, Mahle, Riachuelo e Taesa.

- Categoria Empresas de Capital Fechado: Eletrobras Fumas, Ministério de Minas e Energia, Governo Federal Brasil Pátria Educadora, Eletrobras Eletrosul e Embasa.

São Critérios de Seleção:

- qualidade e grau das informações contidas nas demonstrações e notas explicativas;

- transparência das informações prestadas;

- qualidade do relatório da administração e sua consistência com as informações divulgadas;

- aderência aos Princípios Contábeis;

- ressalvas no parecer dos auditores independentes, levando-se em conta suas naturezas;

- apresentação da divulgação quanto a *layout*, legibilidade, concisão, clareza etc.;

- divulgação de aspectos relevantes, não exigidos legalmente, mas importantes para o negócio.

O processo de julgamento obedece à seguinte lógica: na primeira fase, alunos do curso de Mestrado e Doutorado em Controladoria e Contabilidade da FEA/USP, orientados por professores da Universidade de São Paulo (USP), analisam as demonstrações contábeis, verificando seus quesitos técnicos preestabele-cidos, para que sejam considerados transparentes. Na segunda fase, são se-lecionadas 24 ganhadoras do Troféu Transparência pela comissão julgadora, divididas nas três categorias. A fase final compreende a eleição de um desta-que em cada categoria, cujos nomes são divulgados somente na cerimônia de entrega do Troféu Transparência. Alunos do curso de Mestrado e Doutorado em Controladoria e Contabilidade da FEA/USP, orientados por professores da Universidade de São Paulo, analisam as demonstrações contábeis de várias empresas que devem se encaixar em uma das três categorias: empresas de capital aberto com receita líquida acima de R$ 5 bilhões, empresas de capital aberto com receita líquida de até R$ 5 bilhões e empresas de capital fechado.

Atividades Práticas

1. Pesquisa

Na leitura complementar fizemos referência à rodada da escolha da melhor de-monstração contábil do país. Sua missão é levantar qual empresa foi a campeã em 2013, 2014 e 2015. Em seguida, de posse das melhores demonstrações contábeis de cada ano, fazer alguns comentários dos pontos fortes das referidas demonstrações.

2. Questionário – sala de aula ou *Homework*

1. Cite uma situação em que você entenda que o Custo é maior que o Benefício na Contabilidade.

2. Explique por que a comparação em dois ou mais períodos dos relatórios contá-beis é fundamental.

3. Comente a diferença entre Uniformidade e Comparabilidade.

4. Elabore um quadro resumindo as diferenças entre Compreensibilidade, Rele-vância, Confiabilidade e Comparabilidade.

5. Por que o valor preditivo, tão esquecido na Contabilidade, é tão importante?

3. Atividade extrassala de aula (Biblioteca)

1. Encontrar sinônimos no dicionário (também no dicionário Inglês/Português): *In-formation Economics*, relevância, preditivo, uniformidade, tempestividade, intem-pestividade, *timing*.

2. Há vários organismos internacionais direta ou indiretamente ligados à Contabilidade. Identifique algumas das siglas abaixo: IASB, FASB, IOSCO, OMC, AICPA, AAA, IFAC e ISAR.

3. Possivelmente, de todos os órgãos acima, o IASB é o mais importante. Faça um levantamento de informações que explique a importância deste órgão na Contabilidade Internacional.

5

RELATÓRIOS CONTÁBEIS[1]

Relatório contábil é a exposição resumida e ordenada de dados colhidos pela Contabilidade. Ele objetiva relatar às pessoas que utilizam os dados contábeis os principais fatos registrados por aquele setor em determinado período. Também conhecido como **informe contábil**, distingue-se em obrigatório e não obrigatório.

Demonstrações financeiras

Os relatórios obrigatórios são aqueles exigidos por lei, sendo conhecidos como **Demonstrações Financeiras**. São exigidos na totalidade para as sociedades anônimas e parte deles estendida a outros tipos societários, por meio do Imposto de Renda.

Os relatórios contábeis não obrigatórios, evidentemente, são aqueles não exigidos por lei; o que não significa que sejam menos importantes. Há relatórios não obrigatórios imprescindíveis para a administração.

Pausa e Reflexão

Por que há tão poucas sociedades anônimas de capital aberto no Brasil?

---

[1] Para uma leitura dinâmica.

5.1 Relatórios contábeis obrigatórios

Leis das Sociedades Anônimas (Lei 6.404/76 e Lei 11.638/07)

As Leis das Sociedades por Ações – Lei 11.638, de 28 de dezembro de 2007, e Lei 11.941, de 27 de maio de 2009, que alteraram e revogaram alguns dispositivos das Leis 6.385 e 6.404/76 – estabelecem que, ao fim de cada exercício social (ano), a diretoria fará elaborar, com base na escrituração contábil, as seguintes demonstrações contábeis, para as Sociedades Anônimas (de capital aberto e fechado), e de outras naturezas jurídicas, principalmente as tributadas pelo Lucro Real:

- Balanço Patrimonial;
- Demonstração do Resultado do Exercício;
- Demonstração de Lucros ou Prejuízos Acumulados ou Demonstração das Mutações do Patrimônio Líquido;
- Demonstração dos Fluxos de Caixa (a companhia fechada com Patrimônio Líquido inferior a R$ 2 milhões não será obrigada a elaboração e publicação desta demonstração); e
- Demonstração de Valor Adicionado (apenas as de capital aberto).

Tais demonstrações contábeis deverão ser publicadas em dois jornais: no Diário Oficial e num jornal de grande circulação.

Outro aspecto relevante é que as *demonstrações financeiras* de cada exercício devem ser publicadas com a indicação dos valores correspondentes das demonstrações do exercício anterior. Poderão, ainda, ser publicadas adotando-se como expressão monetária o "milhar" de real (cancelando os três últimos dígitos).

Notas explicativas e outras evidenciações

As **notas explicativas** devem complementar, juntamente com outros quadros analíticos, as *demonstrações financeiras*, servindo para esclarecimento da situação patrimonial e dos resultados do exercício.

As *demonstrações financeiras* das sociedades por ações de capital aberto observarão, ainda, as normas expedidas pela Comissão de Valores

60 CAPÍTULO 5

Mobiliários (CVM), e todas as sociedades citadas anteriormente serão, obrigatoriamente, auditadas por Auditores Independentes, registrados na mesma comissão (Parecer da Auditoria).

A CVM determina que todas as sociedades anônimas de capital aberto apresentem a Demonstração das Mutações do Patrimônio Líquido em substituição à Demonstração de Lucros ou Prejuízos Acumulados. Para os demais tipos societários é optativa a elaboração de uma ou de outra.

A partir da Lei 11.638/07, não poderá aparecer saldo na conta de Lucros Acumulados, pois todo resultado deverá ser destinado. A Demonstração de Lucros ou Prejuízos Acumulados continua a existir, mas pode não ser elaborada, caso esteja contida, de forma transparente, dentro da Demonstração das Mutações do Patrimônio Líquido.

As *demonstrações financeiras* serão assinadas pelos administradores e por contadores legalmente habilitados.

Sociedades de grande porte e demais sociedades

De acordo com a Lei 11.638/07, em seu art. 3º:

> "Aplicam-se às sociedades de grande porte, ainda que não constituídas sob a forma de sociedades por ações, as disposições da Lei 6.404, de 15 de dezembro de 1976, sobre escrituração e elaboração de demonstrações financeiras e a obrigatoriedade de auditoria independente por auditor registrado na Comissão de Valores Mobiliários.
>
> Parágrafo único. Considera-se de grande porte, para os fins exclusivos desta Lei, a sociedade ou conjunto de sociedades sob controle comum que tiver, no exercício social anterior, ativo total superior a R$ 240.000.000,00 (duzentos e quarenta milhões de reais) ou receita bruta anual superior a R$ 300.000.000,00 (trezentos milhões de reais)."

Dessa maneira, além das Sociedades Anônimas de Capital Aberto, as sociedades de grande porte deverão publicar os relatórios contábeis obrigatórios citados anteriormente.

Pela Legislação do Imposto de Renda, as **sociedades por quotas de responsabilidade limitada** deverão seguir parte dos dispositivos da Lei das Sociedades por Ações. Embora não seja necessária a publicação das Demonstrações Financeiras, as "limitadas" deverão estruturar suas demonstrações nos moldes da Lei das Sociedades por Ações, para melhor atender às exigências do Imposto de Renda. Dessa forma, as empresas "limitadas" e outros tipos societários deverão apresentar ao Imposto de Renda três demonstrações financeiras:

- Balanço Patrimonial;
- Demonstração de Resultados do Exercício; e
- Demonstração de Lucros ou Prejuízos Acumulados.

Pausa e Reflexão

Qual é a grande diferença entre Relatório da Diretoria e Demonstração Financeira?

5.2 Complementação às demonstrações financeiras

No momento da publicação das Demonstrações Financeiras, as Sociedades por Ações deverão informar aos usuários desses relatórios os dados adicionais seguintes.

Relatório da diretoria (ou da administração)

Após a identificação da empresa, na publicação das Demonstrações Financeiras, destaca-se, em primeiro plano, o Relatório da Administração, em que a diretoria dará ênfase às informações normalmente de caráter não financeiro (não monetário). As principais informações são:

- dados estatísticos diversos;
- indicadores de produtividade;
- desenvolvimento tecnológico;
- a empresa no contexto socioeconômico;
- políticas diversas: recursos humanos, exportação etc.;

CAPÍTULO 5

- expectativas com relação ao futuro;
- dados do orçamento de capital;
- projetos de expansão;
- desempenho em relação aos concorrentes etc.

Essas informações seriam mais significativas se não houvesse excesso de otimismo (inconsequente), como algumas vezes se observa.

Mudanças futuras previstas

Os administradores da companhia aberta são obrigados a comunicar imediatamente à Bolsa de Valores e a divulgar pela imprensa qualquer deliberação da assembleia geral ou dos órgãos de administração da companhia ou qualquer outro fato relevante ocorrido em seus negócios, que possa influir de modo ponderável na decisão dos investidores.

Por fim, cabe-nos ainda alertar sobre a necessidade de apresentar evidências em dosagens adequadas. Não ocultar informações que favoreçam os usuários no sentido de melhor analisar a tendência da empresa. Não fornecer excesso de informações, perdendo, assim, sua objetividade.

Pausa e Reflexão

Por que Notas Explicativas não são Demonstrações Financeiras?

Notas explicativas

Conhecidas também como "Notas de Rodapé", as Notas Explicativas são normalmente destacadas após as Demonstrações Financeiras (quando publicadas).

A Lei das Sociedades por Ações estabelece que as Demonstrações serão complementadas por Notas Explicativas e outros quadros analíticos ou demonstrações contábeis necessários para esclarecimento da situação patrimonial e dos resultados do exercício.

Como alguns exemplos de Notas Explicativas podemos citar:

a) critérios de cálculos na obtenção de itens que afetam o lucro;

b) detalhamento dos estoques;

c) critérios de depreciação empregados;

d) obrigações de longo prazo, destacando os credores, taxa de juros, garantias à dívida etc.;

e) composição do capital social por tipo de ações;

f) ajustes de exercícios anteriores etc.

Parecer dos auditores

De maneira geral, as companhias abertas, instituições financeiras e alguns outros casos específicos estão obrigados a publicar as Demonstrações com o Parecer da Auditoria.

Trata-se de parecer de auditor externo, que difere do auditor interno, pois este último é empregado da empresa, enquanto o primeiro não possui nenhum tipo de vínculo com a instituição, tendo total independência para manifestar sua opinião, daí o título "Auditor Independente".

A Auditoria pode ser feita por pessoa física (contador credenciado) ou por empresa de Auditoria (escritório). A opinião dada por empresa de Auditoria, normalmente, é mais confiável, principalmente porque há a preocupação com o prestígio da firma, muitas vezes representada em diversos países.

O auditor emite sua opinião informando se as Demonstrações Financeiras representam adequadamente a Situação Patrimonial e a Posição Financeira na data do exame. Informa se as Demonstrações Financeiras foram levantadas de acordo com os Princípios Fundamentais de Contabilidade, e se há uniformidade em relação ao exercício anterior.

Muitas vezes ocorre que informações contidas nos comentários do auditor já constam de Notas Explicativas. Esta dupla evidenciação vem trazer maior segurança para o usuário das Demonstrações Financeiras.

Parecer confiável

Uma das formas de avaliar se o parecer é confiável é identificar se a empresa de Auditoria não está demasiadamente dependente de um único cliente. Diz-se que se a empresa de Auditoria tiver um cliente que represente mais que 2% de seu faturamento, já é comprometedor, tornando-se uma ameaça para sua independência econômica. Imagine, por exemplo, um grande banco contratando uma pequena empresa de Auditoria. Esta se estrutura em função do grande cliente. Entretanto, no momento em que precisar fazer uma ressalva no parecer referente às Demonstrações Financeiras do grande cliente, poderá ter problemas se este estiver disposto a ocultar informações aos usuários. A pequena empresa correrá o risco de ficar sem o cliente e, em consequência disso, comprometer seu futuro, já que ela é altamente dependente de um grande cliente.

Para evitar essa situação, o rodízio de firmas de Auditoria foi introduzido no Brasil por ocasião dos escândalos corporativos de instituições financeiras na emissão das demonstrações contábeis e adotado pela CVM às empresas registradas em Bolsa de Valores no Brasil.

Pausa e Reflexão
Quando podemos dizer que o Parecer de Auditoria é bom?

5.3 Modelo para publicação das demonstrações financeiras e evidenciações

Quadro 5.1 Denominação da empresa CNPJ – tipo de sociedade.

Relatório da Administração				
Demonstrações Financeiras				

Balanço Patrimonial		Demonstração do Resultado do Exercício	
Ativo	**Passivo e PL**		
Data	Data	Receita Bruta	Data

Demonstração das Mutações do PL ou Demonstração de Lucros ou Prejuízos Acumulados		Demonstração dos Fluxos de Caixa	
	Data		Data

Notas Explicativas (e outras evidenciações)	**Parecer da Auditoria**

Administradores	Contabilista	
(assinatura)	(assinatura)	(assinatura do auditor)

Pausa e Reflexão

Por que as Demonstrações Financeiras são apresentadas em duas colunas?

Atividades Práticas

1. Pesquisa

Junto à Biblioteca, Internet ou pelos jornais busque uma demonstração contábil de uma sociedade de capital aberto publicada em 2014 ou 2015. Avalie se as informações que constam nesse Relatório estão de acordo com as sugestões de informações que foram citadas no tópico 5.2.

2. Questionário – sala de aula ou *Homework*

1. Qual é, em sua opinião, a complementação das Demonstrações Financeiras mais importante?

2. O que devem conter as Notas Explicativas?

3. Tente diferenciar os termos Demonstrações Contábeis e Demonstrações Financeiras.

3. Atividade extrassala de aula (Biblioteca)

1. Em capítulo de *Contabilidade comercial* (GEN | Atlas), de autoria dos dois primeiros autores deste livro, é abordado o tema Sociedades Comerciais. Após a leitura desse capítulo, tente diferenciar as características de uma S.A. e uma Ltda.

2. Como se caracteriza uma Sociedade de Grande Porte?

3. Investigue o que é um contador legalmente habilitado. Peça material ao Conselho Regional de Contabilidade do seu Estado.

4. Faça um estudo exploratório do que são CVM e CPC: início, histórico, importância, missão etc.

PARTE III

PRINCÍPIOS DE CONTABILIDADE

- São os conceitos básicos que constituem o núcleo essencial que deve guiar a profissão na consecução dos objetivos da Contabilidade, os quais consistem em apresentar informação estruturada para os usuários.

OS PRINCÍPIOS DE CONTABILIDADE – INTRODUÇÃO

6.1 Generalidades

Os Princípios de Contabilidade são os conceitos básicos formadores do núcleo essencial que deve guiar a profissão na consecução dos objetivos da Contabilidade, os quais, como vimos, consistem em apresentar informação estruturada para os usuários.

Antigamente os Princípios de Contabilidade eram conhecidos como Princípios de Contabilidade Geralmente Aceitos (ainda assim chamados nos EUA). Depois passaram a ser chamados de Princípios Fundamentais da Contabilidade (Resolução CFC nº 750/93). Atualmente, no Brasil, conforme a resolução CFC nº 1.282/10, devem ser denominados apenas de Princípios de Contabilidade.

Princípios *versus* objetivos

Nunca se devem confundir Princípios de Contabilidade com objetivos ou com o objeto da Contabilidade.

Objetivo .... é informar o usuário

Objeto .... é o Patrimônio das entidades

Os princípios são a forma, o meio e a estrutura de que a disciplina se utiliza para chegar aos objetivos ou, às vezes, para melhor entender o que vem sendo praticado há muito tempo.

Placas de direção

Os princípios são como as grandes placas de direção e atenção de uma rodovia moderna. O *objetivo* é o lugar ou cidade onde pretendemos chegar. Eventualmente, mas com muito maior possibilidade de erro, poderíamos chegar quase que sem sinalização. Os Princípios Fundamentais, na Contabilidade, exercem a mesma função. São "guias" de direção que, devidamente observados, vão nos levar aos objetivos desejados, sem grandes problemas, sem desvio de rota, sem entrar na variante ou rodovia errada e, às vezes, quando a cidade (objetivo) é grande demais (objetivos complexos), vão nos ajudar a acessar o lado certo da cidade: Centro, Zona Sul, Zona Norte etc.

Aliás, toda a Contabilidade nada mais é do que um gigantesco painel de indicadores, no que se refere ao gerenciamento de uma entidade. Mais uma vez, entretanto, não se pode nunca esquecer que o próprio sistema de informação é um meio, um instrumento, um indicador, por mais importante que possa ser.

Pausa e Reflexão

Princípios e Objetivos são dois pilares fundamentais da Teoria da Contabilidade. Experimente diferenciá-los com outros exemplos além do abordado neste item.

6.2 Órgãos regulamentadores

A emissão de pronunciamentos sobre Princípios de Contabilidade para orientação dos contadores no exercício da sua profissão teve início nos Estados Unidos, na década de 1930, após a quebra da Bolsa de Nova Iorque. Ficaram conhecidos como Princípios Contábeis Geralmente Aceitos – PCGAs, ou como uma sigla muito conhecida por empresas multinacionais, os famosos "GAAPs". Desde então, houve uma preocupação maior

Os princípios de contabilidade – introdução **71**

com a uniformização de Princípios que pudessem dar embasamento às normas e regras contábeis.

IBRACON

No Brasil, o Instituto Brasileiro de Contadores (IBRACON) teve uma participação importante para o início da normatização dos Princípios Contábeis, o que ocorreu por meio da Circular 179/72 do Banco Central do Brasil. Seu esforço constante no sentido de emitir pronunciamentos de interesse da classe culminou com a publicação, em 1986, de um trabalho intitulado *Estrutura Conceitual Básica da Contabilidade*, baseado nos PCGAs, citados anteriormente.

Em 1981, por meio da Resolução nº 530, o Conselho Federal de Contabilidade (CFC) havia se pronunciado acerca dos Princípios Contábeis. Com a tendência recente de aperfeiçoar aquela resolução, o CFC publicou a Resolução nº 750, de 29-12-93, que define os Princípios Fundamentais de Contabilidade (PFC), de observância obrigatória no exercício da profissão. A Resolução CFC 774, de 16-12-94, foi emitida com o objetivo de estabelecer comentários e esclarecimentos acerca dos enunciados contidos na Resolução 750.

E, finalmente, a Resolução CFC nº 1.282/10 atualiza e consolida a Resolução CFC 750/93, considerando o processo de convergência às Normas Internacionais de Contabilidade.

Pausa e Reflexão

Qual é a diferença de atribuições entre o IBRACON e o CFC?

Estrutura Conceitual Básica da Contabilidade (ECBC)

A primeira ECBC foi feita pela IPECAFI, aprovada pelo IBRACON e pela CVM (Deliberação 29/86).

Na abordagem da Estrutura Conceitual Básica da Contabilidade (ECBC), os conceitos **eram** tratados de forma hierarquizada: Postulados, Princípios propriamente ditos e Convenções. Em nossa opinião, existe

72 CAPÍTULO 6

essa necessidade mais para entender a evolução e o entrelaçamento dos vários conceitos do que pelo fato de serem mais ou menos importantes na prática.

Em 2008, a Deliberação CVM 539/08 anula a Deliberação 29/86 e reconhece a ECBC estabelecida pelo CPC 00. Em 11 de janeiro de 2008, a CVM atualiza esta ECBC. A expressão genérica **Princípios de Contabilidade** engloba conceitos diferenciados, e que podem ter hierarquia ou amplitude diferente. Nos próximos três capítulos, serão apresentados os **Princípios de Contabilidade**, buscando enfatizar as principais diferenças encontradas entre estes e a concepção da Estrutura Conceitual Básica de Contabilidade (ECBC).

Por se tratar de um livro de Teoria da Contabilidade, consideraremos a ECBC (CPC 00 e a Estrutura Conceitual para Elaboração e Divulgação do Relatório Contábil-Financeiro da IASB), a Resolução CFC 1.282/10, outras Resoluções CFC como, por exemplo, a 1.255/09 e Aspectos dos Princípios Contábeis Americanos.

Atividades Práticas

1. Pesquisa

Há diversas revistas em que se encontram amplos comentários sobre os Princípios de Contabilidade, segundo as Resoluções do CFC. Procure um desses artigos na *Revista Brasileira de Contabilidade*, destacando os pontos principais.

2. Questionário – sala de aula ou *Homework*

1. Compare os termos *Objetivos* e *Princípios* na Contabilidade.

3. Atividade extrassala de aula (Biblioteca)

1. Consiga a Resolução do CFC 750/93, que comenta e esclarece os Princípios de Contabilidade, e destaque os pontos relevantes.

2. Faça um levantamento de quantos livros de Contabilidade tratam da Resolução 1.282/10.

3. Faça um esforço para obter a Resolução do CFC 530/81, e compare os princípios listados com a Resolução CFC 750/93 e a Resolução CFC 1.282/10.

7

OS PRINCÍPIOS DE CONTABILIDADE – A ENTIDADE E A CONTINUIDADE

Alguns dos **Princípios de Contabilidade** nem mesmo essencialmente contábeis são, mas se referem mais ao ambiente econômico ou social em que as entidades atuam. Seriam espécies de Postulados, por alguns denominados de **Postulados Ambientais**. (Veja o conceito de postulados na leitura complementar deste capítulo.) São pressupostos básicos para o exercício da Contabilidade.

7.1 O princípio da entidade

Por alguns autores, é considerado como um dos Postulados Ambientais da Contabilidade. Esse princípio é o início de todo o encadeamento do raciocínio contábil e do arcabouço estrutural da disciplina.

A contabilidade e as entidades

A Contabilidade é planejada, mantida e produz suas avaliações e demonstrações relativas às entidades, de qualquer natureza e fim, que tenham exercido atividade econômica. É nas entidades, por meio dos agentes econômicos, que as operações e eventos ocorrem, inclusive levando-se em conta os relacionamentos **entre entidades**.

Entidade contábil

É da natureza dos negócios e das operações que os sócios, proprietários ou quotistas de determinada entidade sejam também entidades distintas. Entretanto, é preciso considerar que, para a Contabilidade, o patrimônio de uma pessoa física que porventura participe do capital de outra entidade (esta como pessoa jurídica) também pode ser considerado uma **entidade contábil**.

O importante para caracterizar bem o princípio é que, para todos os efeitos, o patrimônio de uma entidade não se confunde com o de outra, os patrimônios dos sócios não se confundem com o da empresa.

O exemplo do Anthony

O famoso autor Robert Anthony apresenta um exemplo que sempre é bom reproduzir. Um casal mora num sobrado, na parte alta do mesmo. No nível da rua, exerce pequena atividade comercial. As contas de água, luz, telefone etc. vêm para o sobrado como um todo. O princípio da Entidade manda que se faça um esforço para verificar, se necessário por critérios de rateio, qual parte das despesas que vieram numa conta só, indiscriminada, deve ser apropriada à **entidade que exerce a atividade comercial** e qual à **entidade familiar**.

Entretanto, o princípio envolve outras conotações econômicas e organizacionais. Se, à luz dos interesses de uma maior evidenciação e clareza para os acionistas da companhia-mãe, for recomendável, legal ou tecnicamente, levantar um **balanço consolidado** da companhia-mãe e de suas controladas, é preciso considerar perfeitamente legítimo, do ponto de vista do interesse de um determinado grupo de usuários, que esse "**consolidado**" não deixa de ser, para a Contabilidade, **uma outra entidade**, mesmo que juridicamente não o seja (não constitua uma pessoa jurídica distinta).

Mas nem por isso as entidades consolidadas deixam, de per si, cada uma delas, de ser entidades contábeis!

Ampliando o conceito de entidade

Se o conceito de entidade pode ser entendido num sentido macro, também pode ser detalhado num sentido micro. Tome-se o caso de uma

Os princípios de contabilidade – a entidade e a continuidade **75**

grande empresa multidivisional. Como um todo essa empresa é considerada, principalmente para finalidades de contabilidade geral (voltada para os usuários externos), uma **entidade contábil**. Entretanto, as operações de suas divisões, heterogêneas entre si, podem ser tão importantes para um melhor entendimento do desempenho do todo que, contabilmente, principalmente para finalidades gerenciais (mas nos casos mais complexos até para os usuários externos), seja interessante, para efeito de evidenciação, considerar cada divisão como uma entidade (ou subentidades) à parte, com seus relatórios de receitas, despesas e investimentos.

Econômico *versus* jurídico

É preciso entender, portanto, que, para melhor planejar a Contabilidade e para "tocá-la" de forma mais adequada, bem como para fornecer aos usuários relatórios e demonstrações mais úteis, a entidade que estamos focalizando tem de ser entendida, também num sentido econômico e organizacional e até de controle, como massa de recursos administráveis, e não só num sentido jurídico mais restrito.

O princípio da Entidade, sempre lembrando que seu entendimento é muito mais importante do que sua enunciação, pois esta não consegue conter todas as suas dimensões, poderia ser assim definido:

> *"A Contabilidade é sempre mantida para uma entidade, que exerce atividade econômica como meio ou fim. O Patrimônio desta entidade não se confunde com os patrimônios de seus proprietários."*

A principal diferença observada na comparação entre tratamentos dados ao Princípio da Entidade, entre a visão da **própria Teoria da Contabilidade** e os Princípios do CFC, constitui-se na própria definição do que seja "entidade".

De acordo com a **Teoria da Contabilidade**, a entidade é vista sob um prisma mais amplo, num sentido econômico, organizacional e de controle, identificada com uma massa de recursos administráveis. Dessa forma, tanto pode ser considerado como entidade o "consolidado" – composto pela companhia-mãe e suas controladas – quanto cada "divisão" da empresa. Essa definição vai depender de se mostrar interessante para a obtenção de uma melhor evidenciação.

No documento do CFC, a entidade é conceituada sob o aspecto estritamente jurídico. O conceito de garantia de propriedade ganha uma maior importância, sendo utilizado como critério para caracterizar o direito ao exercício de poder sobre o patrimônio. Decorre daí a ênfase dada à ideia de que

> "as divisões ou departamentos de uma entidade não possam constituir novas entidades, ou 'microentidades', precisamente porque lhes faltará o atributo da autonomia".

Verifica-se, no entanto, que essas diferenças ficam limitadas ao aspecto conceitual, não atingindo o núcleo básico comum do princípio, qual seja, o de que o patrimônio de uma entidade não se confunde com o de outra e que os patrimônios dos sócios não se confundem com o da empresa.

Pausa e Reflexão

O conceito moderno de entidade é confundido com o conceito italiano de *Azienda*. Pesquise se efetivamente há diferenças entre esses conceitos.

7.2 O princípio da continuidade

Este, também, é conhecido em alguns estudos como **Postulado Ambiental**.

Continuidade *versus* descontinuidade

O conceito é considerado **ambiental**, pois se refere ao ambiente no qual as entidades atuam e às formas usuais de praticar comércio. Assim, **continuidade**, para a Contabilidade, é a premissa de que uma **entidade**, ao que tudo indica, irá operar por um período de tempo relativamente longo no futuro e esta premissa somente é abandonada quando um histórico de prejuízos persistentes e a perda de substância econômica e de competitividade de mercado e mesmo o fim jurídico da sociedade (principalmente nos casos de entidades com duração determinada) justifiquem o fato de a Contabilidade (e os contadores e auditores) sinalizarem (da

Os princípios de contabilidade – a entidade e a continuidade **77**

forma que se verá mais adiante) para que aquela entidade esteja **prestes a uma descontinuidade**.

É um princípio muito complexo de ser entendido por quem não tenha tido uma exposição prática à Contabilidade e, principalmente, à Auditoria Externa, mas é de uma importância extraordinária, pois seu entendimento, aceitação e aplicação irão condicionar outros princípios e procedimentos.

Novamente entidade

Para entender melhor o significado do princípio da continuidade é importante apreciar a evolução das entidades promotoras de atividade econômica.

Houve uma grande evolução na forma de atuação dos empreendimentos econômicos. Inicialmente, coincidindo com o desenvolvimento da Contabilidade na era moderna, muitas vezes o empreendimento econômico (lastreado numa entidade "de fato") constituía mais uma "aventura".

As embarcações

Exemplo típico são as grandes expedições comerciais em busca de especiarias. O "agente econômico" contratava os marinheiros, armava o navio e zarpava. Com muita sorte, chegava-se ao destino, compravam-se (ou roubavam-se) as especiarias e voltava-se para Portugal, Espanha, Holanda ou Itália etc., vendendo o carregamento.

O resultado final somente era apurado no fim do ciclo. Como cada navio era, ao mesmo tempo, um centro de custos e de resultado (bem como investimento), o final da expedição coincidia com o final da "entidade".

Seria difícil imaginar um presumido contador da expedição, quando tivesse decorrido o primeiro semestre do início da viagem, no meio da expedição, fazer um "balanço" do empreendimento, alocando os custos incorridos até o momento e calculando as receitas proporcionalmente ao valor total estimado e de acordo com a etapa da viagem vencida.

O tempo, assim, não tinha maior sentido contábil, a não ser quando o ciclo se completasse, mesmo porque as vicissitudes de tais viagens eram tamanhas que dificilmente seria possível estimar sua duração antecipadamente com certo grau de precisão.

78 CAPÍTULO 7

Apuração de resultados periódicos

Já com a evolução das entidades empreendendo operações em larga escala que necessitam de planejamento de vários períodos para serem completadas, ou, então, com a repetição das atividades (empresas de produção contínua), o conceito de **continuidade**, isto é, de certa **inevitabilidade** da duração da entidade por um longo período, indeterminado, como efeito do próprio sucesso de seus produtos ou serviços no mercado, faz com que se torne inapropriado para a Contabilidade apurar os resultados somente no fim das operações da entidade.

Surge, assim, a necessidade de se apurarem resultados de tempos em tempos. O ano apareceu como sendo uma subdivisão do tempo ao final do qual, pelo menos, não poderia a Contabilidade deixar de "tomar o pulso do empreendimento".

Going concern

Entretanto, o sentido da continuidade é considerar o empreendimento (contido dentro da entidade objeto de contabilização) como em **andamento** (*going concern*) até forte evidência em contrário.

A continuidade tem algumas consequências importantes. Por exemplo: os elementos do patrimônio da entidade, com exceção dos produtos ou serviços prontos para a entrega ao cliente, não são adquiridos ou mantidos para serem vendidos no estado em que se encontram, mas sim para, devidamente integrados uns aos outros pelo processo de produção ao qual fica perfeitamente amalgamada a influência do trabalho e de fatores organizacionais, gerarem, no futuro, receitas que entram para a entidade. Logo, não há razão para avaliá-los a preços de venda.

Desta forma, a entidade não existe para, oportunisticamente, adquirir, por exemplo, máquinas e edificações quando o preço é baixo visando a revendê-los, no estado em que se encontram, quando o valor de mercado é maior ou quando o fluxo de caixa da entidade assim o necessite (embora, em circunstâncias em que a empresa tenha de se livrar de alguns ativos, é claro, sempre irá procurar fazê-lo ao melhor preço possível, mas são situações anormais e não constituem a essência da operação empresarial).

Valores de saída *versus* de entrada

Uma entidade que está operando na premissa da continuidade (isto é, não se verificaram os indícios fortes de que a descontinuidade está prestes a ocorrer) tem todo o interesse em sacrificar alguns ativos (ou incorrer em exigibilidades) em troca de uma receita que supere o valor dos ativos sacrificados. Nesse mecanismo de confronto entre **receitas** e **despesas**, aquelas representam um valor de **saída** dos produtos ou serviços prestados ao passo que estas representam um valor de **entrada** (quando se registram no ativo os bens ou direitos que depois serão sacrificados, e acaba-se os incorporando por valores objetivos de mercado em que a posição da entidade é a de compradora, um valor de entrada, portanto).

Os ativos, assim, enquanto estocados, devem, via de regra, ser avaliados por algum tipo de valor de entrada (de custo original, original corrigido ou então de reposição). Se a descontinuidade é a exceção, na qual os elementos do patrimônio seriam avaliados a valores de realização (ativos) e de liquidação (exigibilidades), na regra, que é a continuidade, devem prevalecer critérios opostos, isto é, valores de entrada.

Alguns autores e profissionais se insurgem contra a não utilização, em qualquer oportunidade, de valores de saída (de venda, de realização por quanto poderíamos vender determinado artigo menos as despesas de venda).

A essência da Contabilidade

À primeira vista, poderia parecer mais avançada tal abordagem (a qual é, insistimos, correta para alguns ativos). Entretanto, a essência da Contabilidade consiste no confronto entre sacrifícios de ativos (despesas basicamente derivantes de valores de entrada) e realizações (receitas usualmente mensuradas por valores de saída).

É preciso considerar que a venda somente se materializa quando se consegue obter do mercado a validação de nosso esforço de produção. O valor de mercado de venda é uma conquista da entidade, não é uma mera consequência de avaliação. Assim, a avaliação de todos os ativos, sempre, a valor de venda, vulgariza algo que é transcendental na Contabilidade, ou seja, o ponto de confronto entre o mercado e a entidade.

Valores de saída na continuidade

A entidade adquire, mantém e sacrifica seus fatores a preços de custo; esses produtos ou serviços, sendo capazes de satisfazer às necessidades do mercado (dos consumidores), são a este transferidos, por meio de uma operação de venda. Só neste ponto é que se realiza o casamento entre valores de entrada que agora saem e valores de saída, que finalmente entram.

Portanto, como consequência da continuidade, os ativos devem ser, usualmente, avaliados por algum tipo de valor de entrada (de custo), e não de saída (de venda); o mesmo para os passivos: quanto custará, em termos de sacrifício de ativos, pagar as exigibilidades.

As abordagens da Teoria Contábil e do CFC enfatizam a interligação do Princípio da Continuidade com outros princípios, especialmente o da Competência, que será tratado posteriormente, sendo a sua aplicação fundamental para a correta avaliação patrimonial.

No texto do CFC, é tratada a mudança no "estado das coisas": descontinuidade, suspensão temporária das atividades ou mesmo modificação no volume de operações, de forma a afetar o valor de alguns componentes patrimoniais. A expressão *going concern* não é julgada adequada, por se fundamentar na ideia da entidade em movimento. O argumento para a rejeição consiste em que uma entidade, com suas atividades reduzidas ou suspensas temporariamente, continuará sendo objeto da Contabilidade, enquanto dispuser de patrimônio.

Na concepção da Teoria Contábil, a denominação *going concern* é aceita como indicadora da vocação da entidade pela continuidade. Ainda que não se despreze a descontinuidade, a mesma somente será assumida quando existirem fortes evidências nesse sentido, após se processar uma avaliação extremamente rigorosa e minuciosa da situação.

Um outro aspecto muito importante é a justificativa para a adoção do valor de entrada na avaliação dos ativos da entidade (menos produtos) com base na ideia da continuidade.

Metodologia na descontinuidade

Por outro lado, quando, principalmente Contadores e Auditores, verificam que, pelos motivos já alinhados, a entidade se encontra próxima da descontinuidade, devem avaliar ativos e passivos a valores de saída – de realização – considerando os prazos previstos para o encerramento, a fim de não transmitir ao mercado uma informação errada. Não existirão, nessa hipótese, ativos diferidos, muitas das despesas antecipadas e estarão registradas as provisões para desligamento completo dos empregados, pagamento de multas etc.

Circunstâncias especiais nas quais é admitido avaliar, mesmo na continuidade, por valores de saída (de venda, de realização) serão comentadas mais adiante.

Sempre com as limitações expostas e com os cuidados interpretativos, de praxe, o Princípio da Continuidade poderia ser assim enunciado: "Para a Contabilidade, a Entidade é um organismo vivo que irá operar por um longo período de tempo (indeterminado) até que surjam fortes evidências, econômicas ou jurídicas, em contrário [...]."

Pausa e Reflexão

Se o estoque de uma entidade é para venda, por que a Contabilidade não o avalia a preço de saída?

Leitura Complementar

Como ter uma visão global dos Princípios Contábeis – Parte 1

Para uma melhor aprendizagem de Contabilidade é importante uma eficiente base teórica, no início dessa disciplina. Os Princípios Fundamentais de Contabilidade são partes indispensáveis dessa base teórica. É praticamente impossível um domínio satisfatório da Contabilidade sem uma visão de conjunto desses princípios.

Todavia, esta visão não poderá ser extensa e nem profunda, já que estamos tratando de uma introdução à Teoria da Contabilidade, outras disciplinas na área contábil também exploram esse tema. Será aprofundado, também, na pós-graduação. Uma boa metodologia de ensino é aquela que abrange o conjunto dos Princípios de Contabilidade, permitindo ao estudante uma aprendizagem rápida e suficiente para utilizá-los como um instrumento teórico que permitirá a compreensão inteligível do processo contábil.

Para esta visão conjunta, a proposta metodológica do ensino baseia-se em um edifício, sendo composto por três partes: alicerce (fundação, colunas), paredes (formando compartimentos) e telhado que irá abrigá-lo. Assim, respeitando a hierarquia dos princípios, o alicerce será constituído pelos postulados (entidade contábil e continuidade), as paredes serão os princípios propriamente ditos (custo histórico como base de registro inicial de valor, denominador comum monetário, realização da receita e confrontação da despesa) e o telhado contemplará as convenções (materialidade, conservadorismo, consistência e objetividade). Tratamos, ainda, como um princípio embrionário, o princípio da essência econômica prevalecendo sobre a forma jurídica.

Ilustração

Como ilustração, e considerando o conjunto dos princípios conforme a estrutura conceitual básica da Contabilidade, propõe-se o seguinte edifício:

Postulados, Princípios e Convenções

Esta estrutura visa a preparar meios para atingir o objetivo da Contabilidade que, acima de tudo, é prover dados e informações para tomada de decisão, por parte do(s) usuário(s).

Os fundamentos do edifício

Ainda que não apareça, o alicerce é a parte principal de uma construção. Mesmo que as paredes ou os telhados sofram mudanças, não afetam a estrutura do prédio.

Na Figura 7.1 colocamos duas colunas que sustentam todo o edifício. Esses dois pilares, que são aprofundados no solo, correspondem ao alicerce, a base do edifício, representado, na Teoria da Contabilidade, pelos Postulados.

Postulados são dogmas ou premissas que não precisam ser demonstrados, comprovados, mas que há aceitação geral, sem nenhum questionamento. Em outras palavras, é a exposição de uma verdade que não está sujeita a verificação. Por exemplo, se eu disser que "o sol nasce todos os dias" não preciso demonstrar isso, pois é uma observação da realidade.

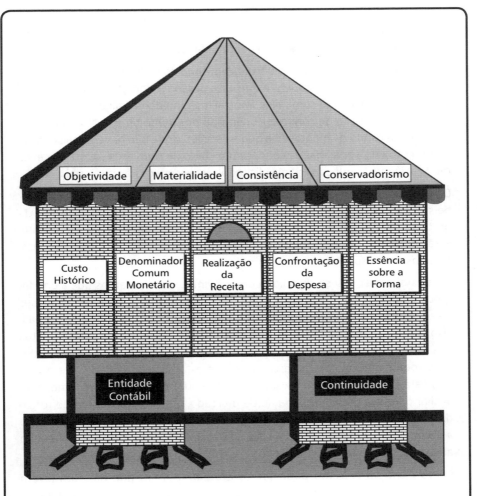

Figura 7.1 O edifício contábil.

Todavia, todo o planejamento de minha vida está em função de que haverá luz em cada dia de vinte e quatro horas. Eu não questiono a hipótese de o sol não brilhar. Se isso acontecesse, muitas regras seriam mudadas no meu cotidiano. Porém, não penso em vinte e quatro horas de trevas, e vivo na hipótese da luz a cada dia.

No mundo contábil, partimos do pressuposto de que sempre teremos uma pessoa (física ou jurídica) para fazer Contabilidade e a essa pessoa chamamos de entidade contábil; partimos ainda da hipótese de que essa pessoa tem uma

84 CAPÍTULO 7

vida por prazo indeterminado, que é um empreendimento em andamento – isto é, a pessoa (entidade) está em continuidade.

Toda estrutura contábil está construída em cima do fato de se ter uma pessoa para prestar serviços contábeis, e que essa pessoa (entidade) não está sujeita a morte, ou seja, é vista como algo imortal (continuidade é algo em andamento) com a presunção de continuar operando por muito tempo. Num exemplo extremo, partindo da hipótese de que existe céu onde não haverá mais morte, sofrimento etc., seria absurdo admitir um curso de primeiros socorros e ética médica, já que lá nunca seriam solicitados estes serviços profissionais.

Da mesma forma, não haveria razão de ser das normas, dos princípios contábeis se não existisse um cliente sequer, um único usuário; assim, partimos da premissa de que há pessoas interessadas nos relatórios contábeis. Portanto, serão estabelecidos princípios que norteiam a elaboração de relatórios contábeis aos seus usuários.

Para estabelecer esses princípios, como já vimos, consideramos que a entidade contábil está em continuidade. Se uma empresa tiver apenas seis meses de existência, não poderia contabilizar depreciação, classificar os ativos e passivos de longo prazo, chamar grupos de contas de permanente, investimentos etc. Para uma empresa em descontinuidade precisaríamos de regras especiais, totalmente opostas ao arcabouço que estamos construindo. Por exemplo, para uma empresa em descontinuidade ou em liquidação, teríamos que avaliar o ativo a preço de saída ou de mercado, ou ainda de liquidação forçada. Uma máquina que custou $ 51.000 e pela qual o mercado estaria disposto a pagar $ 41.200 teria, em condição de descontinuidade, de ser indicada no ativo por $ 41.200.

Outro exemplo extremo pode ser constatado. Admira que haja um jovem "pentelho" numa casa, que toma dinheiro emprestado da família e não paga; que usa roupas dos irmãos e que faz diversas outras "artes". A família, que não tem nenhuma condescendência com esse jovem, mudaria totalmente seu procedimento, se soubesse que, tragicamente, ele tivesse apenas seis meses de vida. Queremos dizer com isto que tudo que tem pouco tempo de vida terá, provavelmente, um tratamento diferenciado.

Entretanto, para uma pessoa em continuidade, pressupondo-se vida longa, faz-se necessário um conjunto de regras, normas e princípios uniformes. Assim, uma empresa em continuidade poderá avaliar o seu ativo a preço de entrada, ou seja, pelo seu custo, pois este ativo não será liquidado. Em se tratando de imobilizado, considerando que não está a venda, mas sim em uso, não haveria razão para avaliá-lo a preço de venda, mas pelo custo.

Os princípios de contabilidade – a entidade e a continuidade **85**

> Tratando-se de estoque, ainda que seja vendido, avalia-se, também, ao preço do custo, pois a empresa no momento da sua venda (continuidade) compara o preço de venda com o do custo para apurar o resultado (lucro ou prejuízo).
>
> Com essas duas premissas da entidade contábil e da continuidade, o alicerce da construção está pronto e, portanto, podemos levantar as paredes que serão sustentadas por estes fundamentos.

Atividades Práticas

1. Pesquisa

Em diversas revistas constam amplos comentários sobre os Princípios da Contabilidade, segundo a Resolução do CFC. Procure um desses artigos na *Revista Brasileira de Contabilidade* destacando os pontos principais.

Há também muitas monografias (dissertações para o Mestrado, tese para o Doutorado etc.). Outra alternativa é acessar o sítio da Biblioteca da USP. Tente descobrir uma dessas dissertações ou teses que aborde a Entidade e/ou Continuidade e indique.

2. Questionário – sala de aula ou *Homework*

1. Por que os postulados da entidade e da continuidade são tratados como pilares da Contabilidade?
2. O que é um pressuposto básico?
3. Por que todos os Princípios Contábeis não valem para uma empresa em descontinuidade?
4. Explique a diferença entre valores de saída e de entrada no postulado da continuidade.

3. Atividade extrassala de aula (Biblioteca)

1. No Capítulo 1 do livro de exercícios de *Contabilidade empresarial* (Marion/GEN | Atlas) há diversos exercícios sobre Entidade e Continuidade. Responda às questões 01,02 e 07 daquele capítulo.
2. Normalmente, se fala muito em empresa (entidade) familiar. Procure informações sobre esse assunto e faça um breve resumo.
3. Cite, após pesquisar na sua biblioteca, três livros de Contabilidade que tratam da entidade e continuidade.

8

OS PRINCÍPIOS DE CONTABILIDADE – O CUSTO, A MOEDA, A COMPETÊNCIA E A ESSÊNCIA

8.1 Custo original como base de valor ou princípio do valor original

O mais discutido

O mais antigo e mais discutido Princípio propriamente dito da Contabilidade (já que os dois anteriormente estudados são, por alguns, considerados como postulados ambientais) é considerado por grande parte dos estudiosos da doutrina contábil como uma consequência direta da continuidade. As referências quanto à obrigatoriedade da adoção de valores originais e do uso da moeda do País nos registros das transações são enfocadas pelo princípio do valor original.

Até alguns anos atrás, esse princípio foi entendido numa acepção por demais conservadora de **custo original como valor** (e não como **base de valor**), isto é, não apenas o valor de um ativo – seu custo original – não poderia ser alterado (nem mesmo por ajustamentos pelas variações do poder aquisitivo da moeda), como somente os ativos que custaram algo para a entidade (para adquiri-los ou fabricá-los) poderiam ser considerados ativos. Os doados, mesmo que apresentassem benefícios para a entidade, nunca seriam considerados ativos.

Diferentes formas

Conforme o artigo 7º da Resolução CFC 1.282/10, o Princípio do Registro do Valor Original pode ser utilizado em graus distintos e combinados, ao longo do tempo, no que tange às bases de mensuração, de diferentes formas:

I – custo histórico. Os ativos são registrados pelos valores pagos ou a serem pagos em caixa ou equivalentes de caixa ou pelo valor justo dos recursos que são entregues para adquiri-los na data da aquisição. Os passivos são registrados pelos valores dos recursos que foram recebidos em troca da obrigação ou, em algumas circunstâncias, pelos valores em caixa ou equivalentes de caixa, os quais serão necessários para liquidar o passivo no curso normal das operações; e

II – variação do custo histórico. Uma vez integrado ao patrimônio, os componentes patrimoniais, ativos e passivos, podem sofrer variações decorrentes dos seguintes fatores:

a) custo corrente. Os ativos são reconhecidos pelos valores em caixa ou equivalentes de caixa, os quais teriam de ser pagos se esses ativos ou ativos equivalentes fossem adquiridos na data ou no período das demonstrações contábeis. Os passivos são reconhecidos pelos valores em caixa ou equivalentes de caixa, não descontados, que seriam necessários para liquidar a obrigação na data ou no período das demonstrações contábeis;

b) valor realizável. Os ativos são mantidos pelos valores em caixa ou equivalentes de caixa, os quais poderiam ser obtidos pela venda em uma forma ordenada. Os passivos são mantidos pelos valores em caixa e equivalentes de caixa, não descontados, que se espera seriam pagos para liquidar as correspondentes obrigações no curso normal das operações da Entidade;

c) valor presente. Os ativos são mantidos pelo valor presente, descontado do fluxo futuro de entrada líquida de caixa que se espera seja gerado pelo item no curso normal das operações da Entidade. Os passivos são mantidos pelo valor presente, descontado do fluxo futuro de saída líquida de caixa que se espera seja necessário para liquidar o passivo no curso normal das operações da Entidade;

d) valor justo. É o valor pelo qual um ativo pode ser trocado, ou um passivo liquidado, entre partes conhecedoras, dispostas a isso, em uma transação sem favorecimentos; e

e) atualização monetária. Os efeitos da alteração do poder aquisitivo da moeda nacional devem ser reconhecidos nos registros contábeis mediante o ajustamento da expressão formal dos valores dos componentes patrimoniais. São resultantes da adoção da atualização monetária:

I – a moeda, embora aceita universalmente como medida de valor, não representa unidade constante em termos do poder aquisitivo;

II – para que a avaliação do patrimônio possa manter os valores das transações originais, é necessário atualizar sua expressão formal em moeda nacional, a fim de que permaneçam substantivamente corretos os valores dos componentes patrimoniais e, por consequência, o do Patrimônio Líquido; e

III – a atualização monetária não representa nova avaliação, mas tão somente o ajustamento dos valores originais para determinada data, mediante a aplicação de indexadores ou outros elementos aptos a traduzir a variação do poder aquisitivo da moeda nacional em um dado período.

8.2 O princípio do denominador comum monetário ou atualização monetária

Este princípio expressa a dimensão essencialmente financeira (o termo é utilizado agora na acepção de homogeneização monetária) da Contabilidade, na tarefa que esta tem de homogeneizar, para o usuário das demonstrações contábeis, elementos de ativo, de exigibilidades e de patrimônio líquido, de tão diferentes naturezas, pelo Denominador Comum Monetário, que é sua avaliação em moeda corrente do País.

O *princípio da atualização monetária* dispõe sobre o reconhecimento nos registros contábeis da alteração do poder aquisitivo da moeda nacional. Nele é enfatizada a questão de que não se trata de uma nova avaliação, sendo assim considerada inadequada a expressão *correção monetária*.

Vantagens deste princípio

É a qualidade agregativa da Contabilidade que, sem deixar de dar a devida consideração às qualidades essenciais e específicas de Ativos e Passivos como geradores de fluxos futuros de caixa, ainda consegue adicionar e homogeneizar tais elementos diferenciados por meio do denominador comum monetário.

É importante notar que, em sua origem, o princípio era entendido apenas no que se refere à dimensão essencialmente financeira da Contabilidade, nada explicitando no que se refere à **estabilidade** do padrão monetário.

A moeda e a informação

Um padrão, para ser considerado como tal, não pode sofrer variações em sua essência, como instrumento de medição. Dessa forma, o real, como muitas outras moedas no mundo, não importando agora a graduação da perda de poder aquisitivo, não pode ser considerado um padrão afiançável de mensuração monetária, a não ser no exato momento de cada transação.

É importante escolher-se, assim, uma data-base para expressar todas as contas das demonstrações deste exercício e de exercícios anteriores, em moeda de poder aquisitivo daquela data-base escolhida.

Correção na comparação

Como é útil e quase que mandatório expressar-se o balanço final em termos de moeda de final de exercício, tem-se que corrigir todas as demonstrações contábeis de exercícios anteriores para o poder aquisitivo da moeda de final de exercício.

É importante destacar, todavia, que o fato de se terem corrigidas as contas das demonstrações contábeis (inflacionando-as) não implica que contas a receber e a pagar assim corrigidas (de períodos anteriores ao do balanço final) obriguem as partes a resgatá-las em valores corrigidos, a não ser que exista alguma cláusula expressa de correção dos relacionamentos de débito e crédito, contratualmente.

Atualização monetária e valor presente

A Resolução do CFC 1.282/10 não trata diretamente do princípio do denominador comum monetário, porém aborda aspectos da atualização

90 CAPÍTULO 8

monetária e valor presente como ajustes de valores ao dinheiro no tempo. Por exemplo, o fato de algumas transações serem realizadas com base em valores prefixados e com a data de liquidação (vencimento) fixada a certo prazo da data de operação leva a se trabalhar contabilmente com o conceito de **valor presente.**

O valor do dinheiro no tempo tem levado a uma mudança de atitude nesses casos em que o prazo ou os juros e os efeitos inflacionários embutidos no preço prefixado são significativos.

Consagra-se, portanto, a cada dia, a partir da adoção do enunciado específico do Princípio do Denominador Comum Monetário, a adoção de um padrão monetário estável para as demonstrações contábeis. O enunciado pode ser assim expresso: *"As demonstrações contábeis, sem prejuízo dos registros detalhados de natureza qualitativa, serão expressas em termos de moeda nacional de poder aquisitivo da data do último Balanço Patrimonial."*

Em seu conjunto, o *princípio do valor original* e sua *atualização monetária* define o que consideramos necessário para enfocar os assuntos que envolvem custo e moeda. Prevê que a base de registro para a Contabilidade continua sendo o valor de entrada. No contexto desse princípio, já está contida a ideia de que, como o custo inicial precisa ser "conservado" durante o tempo, pelo menos o seu poder aquisitivo deve manter-se inalterado. O *princípio do denominador comum monetário* trata da necessidade de homogeneização dos componentes patrimoniais através da sua avaliação em moeda corrente do país. Além disso, contempla a discussão acerca da inadequação do padrão monetário e da possível aplicação do conceito de valor presente.

A Lei 11.638/07, quando trata dos critérios de avaliação do Ativo, em seu art. 183, inciso VIII, contempla que "os elementos do ativo decorrentes de operações de longo prazo serão ajustados a valor presente [...]". No art. 184, inciso III, comenta que "as obrigações, encargos e riscos classificados no passivo não circulante serão ajustados a valor presente [...]".

Isso denota que a Contabilidade brasileira já está considerando essa questão do valor do dinheiro no tempo.

> ### Pausa e Reflexão
> Seria possível afirmar que cada princípio é limitativo a partir da ideia de que não se contabilizam itens físicos e de produtividade, pois nem sempre têm os valores monetários identificados?

8.3 Princípio da competência

Este princípio determina que os efeitos das transações e outros eventos sejam reconhecidos no período a que se referem, independentemente do recebimento e pagamento. Pressupõe simultaneidade da confrontação de receitas e despesas correlatas. Assim, para fins didáticos separaremos a Realização da Receita e a Confrontação de Despesa.

8.3.1 Realização da Receita

Contabilidade *versus* economia

A Contabilidade apresenta uma grande necessidade de objetividade e de consistência em seus procedimentos, pois os registros e demonstrações contábeis podem ter reflexos até em disputas judiciais. Nesse aspecto, a Contabilidade diferencia-se bastante da Economia que, muitas vezes, enuncia e define conceitos que se refletem sobre as entidades, sem a necessidade ou obrigação de mensurá-los, de forma sistemática e repetitiva.

É reconhecido que o processo de produção adiciona valor aos fatores manipulados de forma contínua, embora não se possa, às vezes, determinar objetivamente o que foi adicionado em cada ponto do processo. Embora se acentue que o processo de produção adiciona valor de forma contínua, nem sempre se pode afiançar se esse acréscimo se dá de maneira linear, exponencial ou segundo outra forma de crescimento.

Indústria naval

As etapas diferenciadas da execução de um processo produtivo podem adicionar valor desproporcionalmente ao tempo envolvido na etapa e mesmo aos custos incorridos, embora esta última premissa – da proporcionalidade entre custos incorridos e receita proporcional gerada – seja utilizada em casos especiais, por exemplo, na fabricação de navios, que podem demorar mais de um exercício para serem completados.

Competência *versus* caixa

Assim, escolhe-se como ponto normal de reconhecimento da receita aquele em que produtos ou serviços são transferidos ao cliente e não, propriamente, o ponto em que o dinheiro é recebido por esta transferência (daí os nomes genéricos, quando nos referimos à receita e despesa, de **Regime da Competência** como oposto ao **Regime de Caixa**).

Usualmente, a maior parte dos textos e autores, ao reunir Receita e Despesa num princípio geral só, o da competência, limita-se a enunciar que receitas e despesas são atribuídas aos períodos contábeis de acordo com a ocorrência do fato gerador de ambos, e não com recebimento e pagamento de caixa.

Detalhando competência

Conquanto isto seja verdadeiro, é preferível desdobrar em dois sub-princípios; o reconhecimento da receita é tão fundamental, e às vezes envolto por dificuldades, e apresentando algumas exceções à regra (princípio geral), que merece tratamento detalhado e individual. Retomando, o ponto de transferência é coincidente, muitas vezes, com o momento da venda, ou logo após o mesmo. A base usual de reconhecimento da receita é, assim, utilizada pela Contabilidade porque:

Quatro argumentos

a) a transferência do bem ou serviço normalmente se concretiza quando todo o esforço para obter a receita já foi desenvolvido;

b) nesse ponto configura-se com mais objetividade e exatidão o valor de mercado (de transação) para a transferência;

c) no mesmo ponto já se conhecem todos os custos de produção do produto ou serviço transferido (e que, pela transferência, se transformam em despesa) e outras despesas ou deduções de receita

Os princípios de contabilidade – o custo, a moeda, a competência e a essência **93**

diretamente associáveis ao produto ou serviço, tais como: comissões sobre vendas, despesas com consertos ou reformas parciais decorrentes de garantias concedidas etc. (os desembolsos efetivos com tais despesas frequentemente ocorrem somente após o ponto de transferência, mas são razoavelmente estimáveis já no ato da transferência);

d) mas, de qualquer forma, é necessário ainda verificar-se se está recebendo em troca dinheiro ou direitos com boa garantia de efetivo recebimento ou, em última instância, ativos com valor de mercado amplamente reconhecido e realizável.

Em termos conceituais, é a satisfação das quatro condições citadas que deverá determinar quando a receita pode ser reconhecida e registrada nos livros da entidade. Em casos muito especiais, pode até acontecer que tais condições sejam satisfeitas antes do ponto de venda e em outros, especialíssimos, até após. Alguns desses casos especiais serão tratados a seguir.

Pausa e Reflexão

Por que para o pequeno empresário, e até mesmo para os leigos, o Regime de Caixa é mais lógico que o Regime de Competência?

8.3.1.1 Receitas a serem reconhecidas proporcionalmente a certo período contábil decorrido

Dois períodos contábeis

Alguns serviços, aluguéis e certos empréstimos estão ligados ao decurso de determinado período de apropriação contábil, digamos um mês. O que ocorre é, frequentemente, um contrato de maior duração, por exemplo, dois anos, no caso de aluguéis, porém desdobrando-se esse tempo, para efeito de reconhecimento, em períodos menores, usualmente um mês.

O que se faz é reconhecer em cada subperíodo uma parcela da receita total (relativa ao serviço total) proporcionalmente a certo período já decorrido em lugar de se esperar até o final para reconhecê-la de uma vez só, integralmente.

Horas trabalhadas

Acresce notar que em algumas entidades em que se caracteriza esse tipo de fluxo de serviço (casos de firmas de Auditoria e consultoria, por exemplo), frequentemente as horas de serviço trabalhadas no mês ou outro período de apuração contábil fornecem, também, base para o faturamento da receita ao cliente.

À medida que as horas vão-se acumulando, também vai acrescendo a receita, numa base contínua de tempo decorrido. O trabalho ou os serviços, como um todo, podem não estar terminados, ou o contrato global (de aluguel de um imóvel, como vimos) pode cobrir um período maior, mas presume-se que uma parcela da receita possa ser reconhecida na proporção direta do tempo decorrido.

Quando não há proporcionalidade direta

Obviamente, em alguns desses casos, não existe uma ligação direta ou proporcionalidade direta entre o valor econômico da etapa ou serviço prestado para o cliente e o valor da receita reconhecida no período.

O valor da receita a ser reconhecido não é, necessariamente, exatamente proporcional ao esforço realizado e até aos custos (despesas) incorridos no período, mas diretamente proporcional ao tempo decorrido (caso de aluguéis e juros) ou às horas consumidas (caso de certos serviços).

Entretanto, é razoável supor-se, como no caso das firmas de Auditoria, que haja relacionamento entre o número de horas gastas num mês e o valor econômico da parcela do trabalho realizado.

Trabalho de auditoria

Contudo, o que ocorre, usualmente, é mais um relacionamento entre receitas (maior número de horas) e despesas (lembrando que um maior número de horas vai implicar, para quem recebe a receita, também maior número de horas de trabalho dos auditores a serem pagas).

No caso do valor do serviço realizado ou da importância dentro da tarefa global, todavia, esse relacionamento já é mais obscuro. (Considere alguns contratos de Auditoria em que, por desconhecimento do ramo de atividade do cliente, a firma de Auditoria faz com que seus auditores procedam a pesquisas bibliográficas; a receita a ser reconhecida é zero, mas a despesa – salários dos auditores – existe e o valor dessa etapa para o trabalho como um todo é grande, embora não possa ser dimensionado.)

Na verdade, o que ocorre é que, como unidade homogênea de mensuração do serviço realizado (e transferido) julgou-se mais praticável, em tais casos, escolher o tempo decorrido, tomado como uma fração de um todo, para caracterizar melhor a intensidade do esforço realizado, que pode variar de mês a mês, de período a período de apuração contábil, isto é, horas de trabalho realizado, como no caso das firmas de auditores independentes ou de consultoria.

Juros

A remuneração não é, muitas vezes, fixada em certo montante em reais por mês, mas numa taxa horária faturável mensalmente. Já outros tipos de receitas, como juros, acrescem em função da taxa, é claro, mas também do tempo decorrido, pois cada dia tem a mesma "intensidade" de serviço prestado para o contrato total.

No caso de aluguéis, a remuneração é fixada em função de período de ocupação e usufruto do imóvel, um mês usualmente, ou período maior. De qualquer forma, em todos esses casos, o tempo decorrido ou as horas de esforço aplicadas são o fator preponderante de reconhecimento da receita em períodos menores do que o lapso de tempo em que o contrato ou serviço total estará completo.

Pausa e Reflexão

Nos casos de serviços de Auditoria, Aluguel, Juros etc., como seriam considerados no Regime de Caixa?

8.3.1.2 *Produtos ou serviços de longo prazo de execução*

Navio petroleiro

Para entidades que produzem produtos sob encomenda, e cujo prazo de fabricação, execução ou montagem seja longo, superior a um exercício social, surge a dúvida: se devemos esperar a transferência do produto final ao cliente para reconhecer a receita (por exemplo, a entrega, por um estaleiro, de um navio petroleiro) ou se seria mais conveniente reconhecer, durante o exercício financeiro (no final do período de apuração contábil) uma parcela da receita total do contrato proporcionalmente:

a) às etapas físicas de construção completas (grau de acabamento); ou

b) aos custos incorridos no período de apuração.

Um acionista saindo na metade do projeto

Nesses casos, ambas as formas têm ou apresentam justificativas: (a) reconhecer a receita proporcionalmente aos fatores acima enunciados; e (b) apresentar justificativas de ordem pragmática e até teórica. Ocorre que alguns acionistas de tal tipo de entidade poderiam tecer objeções à publicação de demonstrações contábeis que não evidenciassem lucro algum em um exercício em que a entidade empregou muito esforço e gastou muitos recursos para obter pelo menos uma parcela do cumprimento do contrato. Na situação específica de um acionista que estivesse pensando em retirar-se da sociedade num desses exercícios, poderia configurar-se injustiça, pois o valor patrimonial da ação estaria subavaliado pelo não reconhecimento de receita, apenas porque o produto total não foi completado dentro daquele exercício. Suponha, por absurdo, que faltem apenas alguns dias para tal...

É evidente que esse tipo de consideração atenua-se, mais por motivos pragmáticos do que conceituais, quando uma entidade empreende a fabricação de vários produtos ao mesmo tempo ou dentro de meses diferentes do exercício. Nesse caso, num determinado exercício, poderia haver o reconhecimento de *n* produtos completos, o que, numa continuidade de encomendas, poderia não prejudicar um determinado acionista caso quisesse se retirar da sociedade naquele exercício.

Sociedade fechada

É necessário entender, também, que a escolha do critério de reconhecimento vai depender muito das características de propriedade da entidade. Se esta é essencialmente de natureza familiar ou fechada, e há ausência de usuários externos, provavelmente, na continuidade, os sócios não se incomodarão em esperar até que os produtos sejam completados para reconhecer a receita. Até aquele momento, os custos incorridos especificamente com o produto serão ativados.

S.A.

Numa sociedade por ações aberta, por outro lado, e mesmo em outras sociedades com outros usuários da informação contábil que não apenas os controladores, a escolha do critério de reconhecimento tem de ser norteada, sempre, por conceitos teoricamente sustentáveis, mormente à luz da comparabilidade de várias entidades que operam no mesmo ramo de negócios, por parte do usuário externo.

Deve-se considerar lícito, portanto, em tais tipos de entidades, o reconhecimento proporcional da receita pelos fatores acima considerados, observadas as condições abaixo:

Três condições

a) o preço global do produto (ou serviço) é determinado objetivamente mediante contrato ou é determinável a partir da correção contratual de seu preço atual;

b) da mesma forma, a incerteza com relação ao recebimento em dinheiro da transação é mínima ou possível de estimativa acurada; e

c) os custos a serem incorridos para completar a produção são estimados de forma razoável.

Custos estimados

Para apurar a receita a ser reconhecida em determinado exercício, dividem-se os custos incorridos no exercício pelos custos estimados totais do produto (ou serviço). O resultado obtido é multiplicado pela receita de venda do produto completado, obtendo-se, assim, o valor da receita a ser apropriada no exercício. É claro que, nesse caso, os custos incorridos no período passam a ser despesa do exercício.

No caso de etapa física de acabamento, termina-se, de alguma forma, calculando uma porcentagem com relação ao grau de acabamento total que, da mesma maneira, é aplicada ao preço do produto totalmente acabado. O importante é que a receita do período seja reconhecida proporcionalmente à relação entre custos incorridos no período e o custo total previsto ou com base em porcentagem de acabamento do produto final.

Outros casos

Cuidados adicionais devem ser tomados quando a entidade subcontratar partes do produto junto a outra empresa. Em tais casos, utiliza-se apenas o custo dos insumos adicionados pela nossa entidade. Nos casos de contratos com cláusulas do tipo "custo mais taxa de administração", o lucro é mais facilmente determinado.

Grandes obras

Para obras de grande complexidade, com subetapas de duração variável e características técnicas diferenciadas, torna-se difícil estabelecer uma única porcentagem de acabamento com relação ao produto final. Assim, o relacionamento entre custos incorridos no exercício e custo total do produto ou projeto é, provavelmente, o melhor critério a ser aplicado.

Conceitualmente, é claro, considerar que cada real de custo gera o mesmo montante de receita não deixa de ser discutível. Entretanto, o prejuízo informativo da não evidenciação de resultado algum em determinado exercício é provavelmente muito maior do que uma certa falta de rigor teórico absoluto do procedimento adotado.

Pausa e Reflexão

A Construção Civil tem se norteado pela teoria ou tem preferido seguir as orientações legais e fiscais na elaboração de suas demonstrações?

Os princípios de contabilidade – o custo, a moeda, a competência e a essência **99**

8.3.1.3 *Reconhecimento de receita antes da transferência*

Envelhecimento de vinho e *whisky*

Em certos produtos, nos quais o processo de produção apresenta características especiais, como crescimento vegetativo ou acréscimo de valor natural (entidades agropecuárias, produtores de vinho, exploradoras de reservas florestais, mineradoras, estufas de plantas etc.), e em outros em que o valor de mercado é tão prontamente determinável, e em que o risco da não venda é praticamente nulo (como na mineração e lapidação de metais e pedras preciosas), é possível, em certas circunstâncias, reconhecer receita antes do ponto de transferência ao cliente, observando-se as seguintes condições:

Três condições

a) os estoques, no final do período de apuração contábil, são avaliados pelo valor de realização (venda) naquele momento, desde que determinado de forma afiançável, por meio de amplo consenso do mercado sobre o valor do estoque, e desde que seja possível deduzir, por estimativa, as despesas necessárias até, efetivamente, vender o produto. Se estiver totalmente maturado ou acabado, deverão ser deduzidas as despesas para vendê-lo como produto final;

b) a atividade é primária e seu custo de produção é muito difícil de ser estimado ou, por não conter ele o custo de oportunidade do capital aplicado na obtenção do produto, revela-se muito reduzido em face do valor líquido de realização (venda) caracterizado em *a*;

c) o processo de obtenção de lucro nessa atividade caracteriza-se muito mais (quase que exclusivamente) pelo processo vegetativo de crescimento, nascimento, envelhecimento ou outro qualquer do que pela operação de venda e entrega do bem.

Pausa e Reflexão

A apuração do resultado do rebanho bovino (crescimento biológico, ganho de peso) antes da venda ao frigorífico é uma prática utilizada no Brasil? Por quê?

8.3.1.4 Reconhecimento de receita após a transferência

Loteamentos, venda de livros a longo prazo etc.

Em casos especialíssimos, a receita poderá ser reconhecida após o ponto de transferência, a saber:

a) no caso de um ativo não monetário (como uma mercadoria, um imóvel) ser recebido em troca por uma venda efetuada, se esse ativo não tiver um valor conhecido de mercado. Nesse caso, o custo do ativo vendido é transferido para o ativo recebido em troca e somente quando esse último for vendido é que se reconhece o resultado;

b) no caso de entidades que praticam a venda a prazo (na modalidade de venda a prestação), quando a operação for de natureza tal que não seja possível estimar, mesmo que por experiência estatística do passado, a porcentagem de recebimentos duvidosos, passando, assim, o recebimento a constituir-se na etapa mais difícil do processo de ganho da receita;

c) em casos de negócios altamente especulativos, em que os recebimentos são realizados em prestações e o recebimento das prestações finais é altamente duvidoso ou incerto. Em tais casos, pode ser justificado o diferimento da receita; assim, as primeiras prestações serão consideradas como retorno ou cobertura dos custos incorridos e o lucro somente começa a ser registrado após todos os custos terem sido recuperados.

Os casos *b* e *c* são bastante raros na prática, e mesmo o *a* não é muito comum.

Pausa e Reflexão

O que aconteceria com uma entidade que fez um loteamento em 60 prestações iguais, se contabilizasse toda a Receita no primeiro ano?

8.3.2 O reconhecimento das despesas e seu confronto com as receitas

No reconhecimento das despesas é importante ressaltar que o mesmo não está relacionado ao montante de recursos efetivamente pago no período, mas ao consumo de ativos, à ocorrência de um fato gerador da despesa e a seu confronto com as receitas atribuídas ao período da forma vista no item anterior, ou ao período, quando não for possível o confronto direto com as receitas.

O perfeito confronto

Assim, podemos consumir ativos pagos no mesmo período ou adquiridos em períodos anteriores. Pode ocorrer o caso de sacrifícios de ativos, no esforço de propiciar receita, cujos desembolsos efetivos somente irão ocorrer em outro exercício ou de se incorrer em despesas hoje, porém sacrificando ativos no futuro, ativos esses que podem nem existir no presente. Exemplos:

- consumo de um ativo preexistente, no esforço de produzir receita: **depreciação de um equipamento**;
- entrega de mercadorias, por venda, mercadorias essas que somente serão pagas, efetivamente, no próximo exercício;
- pagamento de salários do mês no fim do mês: nesse caso, há coincidência entre a ocorrência da despesa e o sacrifício de ativo (saída de caixa) etc.

Despesas do período

Todas as despesas e perdas ocorridas em determinado período deverão ser confrontadas com as receitas reconhecidas nesse mesmo período ou a ele atribuídas, havendo alguns casos especiais:

a) os gastos de períodos em que a entidade é total ou parcialmente pré-operacional são normalmente ativados para amortização, para despesa somente a partir do exercício em que a entidade ou a parcela do ativo respectiva começar a gerar receitas;

b) a parcela dos gastos dos departamentos de pesquisa e desenvolvimento que superar o montante necessário para manter o setor em funcionamento, independentemente dos projetos em execução; tais gastos incluem os salários fixos dos pesquisadores e as depreciações dos equipamentos permanentes. Todo gasto incremental necessário para determinado projeto poderá ser ativado e, quando o projeto iniciar a geração de receitas, amortizado como despesa contra tais receitas. (Entretanto, os procedimentos reais das empresas, no que se refere, têm variado entre dois extremos: ou ativar tudo ou jogar tudo como despesa nos períodos em que ocorrem.)

Propaganda

Normalmente, os gastos com propaganda e promoção de venda, mesmo institucional, devem ser considerados como despesas dos períodos em que ocorrerem.

Nesse procedimento de reconhecimento de despesas ou postergação de seu reconhecimento, é preciso considerar que somente um motivo muito forte e preponderante pode fazer com que um gasto deixe de ser considerado como despesa no período em que ocorrer.

Absoluta certeza

Se o contador é bem cauteloso no reconhecimento da receita (somente reconhecer com quase absoluta certeza) deve-se sê-lo, em sentido oposto, com a despesa (somente deixar de reconhecer com absoluta certeza).

Despesas de exercícios anteriores

Existem situações em que se têm valores, quer de receitas, quer de despesas, que competem a exercício anterior, mas que deixaram de nele ser considerados. Duas diferentes e extremadas posições têm sido discutidas. Na primeira, defende-se que tais ajustes devem ser feitos ao resultado do exercício em que se descobre o erro. Na segunda, defende-se que o ajuste deve ser feito contra conta de reserva.

Nossa legislação comercial (Lei 6.404/76 e Lei 11.638/07) preferiu uma versão próxima à primeira, só admitindo como ajuste de exercício anterior aquele relativo a erro ou mudança de critério contábil que não se deva a fatos subsequentes. A atual tendência é de se evitarem esses ajustes a contas que não do resultado do período, preferindo-se sua discriminação dentro da Demonstração do Resultado.

> **Pausa e Reflexão**
>
> Por que se faz Provisão para Devedores Duvidosos e não se espera para contabilizar no momento efetivo do recebimento ou da perda?

8.4 Oportunidade

O princípio da oportunidade tem estreita relação com o princípio da competência, pois está relacionado ao momento da ocorrência dos fatos. E, também, se relaciona com o princípio do registro pelo valor original, que só se aplica quando se tem oportunidade e objetividade.

Dessa maneira, considera-se que esse princípio esteja relacionado, simultaneamente, à tempestividade e à integridade do registro do Patrimônio e das suas mutações, determinando que este seja feito de imediato, e com a extensão correta, independentemente das causas que as ocasionaram.

Este princípio de relaciona com a tempestividade, pois esta diz que ter informação disponível dos fatos contábeis para tomadores de decisão, a tempo de poder influenciá-los em suas decisões, é essencial para decisões assertivas.

A falta de integridade e tempestividade na produção e na divulgação da informação contábil pode ocasionar a perda de sua relevância, por isso é necessário ponderar a relação entre a oportunidade e a confiabilidade da informação.

8.5 Essência sobre a forma

A Contabilidade brasileira sempre privilegiou a forma jurídica em lugar da essência econômica. Por muitos anos, operações de *leasing*

104 CAPÍTULO 8

(arrendamento mercantil) eram contabilizadas como um aluguel. Porém, do ponto de vista econômico é um financiamento disfarçado (considerado assim a partir de 2008).

A fim de que a informação contábil represente fielmente a transação e outros eventos que ela tem finalidade de representar, é necessário que os eventos sejam contabilizados e as informações sejam apresentadas de acordo com sua substância e realidade econômica, e não meramente com sua forma legal.

A fidelidade dos registros

A substância das transações e de outros eventos nem sempre é consistente com o que transparece de seu aspecto legal e formal. Por exemplo, uma empresa pode desembaraçar-se de um ativo para outra pessoa, física ou jurídica, de tal forma que a documentação trate de assegurar que a propriedade legal foi repassada para aquela pessoa. Podem existir, entretanto, entendimentos que assegurem que a empresa continua a aproveitar-se dos benefícios econômicos proporcionados pelo ativo. Em tais circunstâncias, registrar tal operação como venda não representaria fielmente a transação (se é que houve uma).

A arte de bem informar

É evidente que a Contabilidade possui um grande relacionamento com os aspectos jurídicos que cercam o patrimônio, mas, não raro, a forma jurídica pode deixar de retratar a essência econômica. Nessas situações, deve a Contabilidade guiar-se pelos seus objetivos de bem informar, seguindo, se for necessário para tanto, a **essência econômica em vez da forma legal**.

Suponha-se que uma empresa efetue a cessão de créditos a terceiros, mas fica contratado que a cedente poderá vir a ressarcir a cessionária pelas perdas decorrentes de eventuais não pagamentos por parte dos devedores. Ora, juridicamente não há ainda dívida alguma na cedente, mas ela deverá atentar para a essência do fato e registrar a provisão para atender a tais possíveis desembolsos.

Recompra

Ou suponha, ainda, que uma empresa venda um ativo, mas assuma o compromisso de recomprá-lo por um valor já determinado em certa data. Essa formalidade deve ensejar a contabilização de uma operação de financiamento (essência) e não de compra e venda (forma).

Em outro exemplo, um contrato pode, juridicamente, estar atribuindo a forma de arrendamento a uma transação, mas a análise da realidade evidencia tratar-se, na prática, de uma operação de compra e venda financiada. Assim, consciente do conflito essência/forma, a Contabilidade fica com a primeira.

O princípio da prevalência da essência sobre a forma pode assim ser enunciado:

> *"Sempre que possível, a Contabilidade, ao contemplar o registro de uma transação, deverá observar sua forma legal e essência econômica. Entretanto, se a forma, de alguma maneira dissimular ou não representar claramente a essência econômica da transação, esta última deverá ser a base de registro para a Contabilidade."*

Segundo Iudícibus, Martins e Gelbcke (2008, p. 6), a Lei 11.638/07 introduziu "mais do que mudanças em normas", envolve mudança de postura, filosofia e pensamento, quanto a três tópicos básicos: "primazia da essência sobre a forma, primazia da análise de riscos e benefícios sobre a propriedade jurídica e normas orientadas por princípios, e não por regras excessivamente detalhadas e formalizadas".

A Contabilidade brasileira está contemplando o princípio da prevalência da essência sobre a forma.

Pausa e Reflexão

O *leasing* não é contabilizado como Ativo por muitos, pois é visto como um aluguel. Diante do princípio aqui estudado, é correta essa atitude?

106 CAPÍTULO 8

8.6 Prudência

No sentido estrito da palavra, prudência não deveria ser tratada como um princípio contábil pela Teoria da Contabilidade e sim uma convenção (veja o princípio do conservadorismo no item 9.4 do Capítulo 9) ou uma característica qualitativa de informação em Demonstrações Contábeis (como consta na Resolução CFC 1.255/09 ou na NBC T6 1.000 – Contabilidade para Pequenas e Médias Empresas).

O princípio da prudência determina a adoção do menor valor para os componentes do Ativo e do maior para os do Passivo, sempre que se apresentem alternativas igualmente válidas para a quantificação das mutações patrimoniais que alterem o Patrimônio Líquido.

Este princípio pressupõe o emprego de certo grau de precaução no exercício dos julgamentos necessários às estimativas em certas condições de incerteza, no sentido de que ativos e receitas não sejam superestimados e que passivos e despesas não sejam subestimados, atribuindo maior confiabilidade ao processo de mensuração e apresentação dos componentes patrimoniais.

Leitura Complementar

Princípios Contábeis conforme as Resoluções do CFC 750/93 e 1.282/10

Resolução CFC nº 1.282, de 28.05.2010 – *DOU* 1, de 02.06.2010

> Atualiza e consolida dispositivos da Resolução CFC nº 750/1993, que dispõe sobre os Princípios Fundamentais de Contabilidade.

O Conselho Federal de Contabilidade, no exercício de suas atribuições legais e regimentais,

Considerando que, por conta do processo de convergência às normas internacionais de contabilidade, o Conselho Federal de Contabilidade emitiu a NBC T1 – Estrutura Conceitual para a Elaboração e Apresentação das Demonstrações Contábeis, que discute a aplicabilidade dos Princípios Fundamentais de Contabilidade contidos na Resolução CFC nº 750/1993;

Considerando a necessidade de manutenção da Resolução CFC nº 750/1993, que foi e continua sendo referência para outros organismos normativos e reguladores brasileiros;

Os princípios de contabilidade – o custo, a moeda, a competência e a essência **107**

Considerando a importância do conteúdo doutrinário apresentado na Resolução CFC nº 750/1993, que continua sendo, nesse novo cenário convergido, o alicerce para o julgamento profissional na aplicação das Normas Brasileiras de Contabilidade;

Considerando que, para assegurar a adequada aplicação das Normas Brasileiras de Contabilidade à luz dos Princípios de Contabilidade, há a necessidade de harmonização dos dois documentos vigentes (Resolução CFC nº 750/1993 e NBC T1);

Considerando que, por conta dessa harmonização, a denominação de Princípios Fundamentais de Contabilidade deva ser alterada para Princípios de Contabilidade, visto ser suficiente para o perfeito entendimento dos usuários das demonstrações contábeis e dos profissionais da Contabilidade,

Resolve:

Art. 1º Os "Princípios Fundamentais de Contabilidade (PFC)", citados na Resolução CFC nº 750/1993, passam a denominar-se "Princípios de Contabilidade (PC)".

Art. 2º O "CONSIDERANDO" da Resolução CFC nº 750/1993 passa a vigorar com a seguinte redação:

"Considerando a necessidade de prover fundamentação apropriada para interpretação e aplicação das Normas Brasileiras de Contabilidade,"

Art. 3º Os arts. 5º, 6º, 7º, 9º e o § 1º do art. 10, da Resolução CFC nº 750/1993, passam a vigorar com as seguintes redações:

"Art. 5º O Princípio da Continuidade pressupõe que a Entidade continuará em operação no futuro e, portanto, a mensuração e a apresentação dos componentes do patrimônio levam em conta esta circunstância.

Art. 6º O Princípio da Oportunidade refere-se ao processo de mensuração e apresentação dos componentes patrimoniais para produzir informações íntegras e tempestivas.

Parágrafo único. A falta de integridade e tempestividade na produção e na divulgação da informação contábil pode ocasionar a perda de sua relevância, por isso é necessário ponderar a relação entre a oportunidade e a confiabilidade da informação.

Art. 7º O Princípio do Registro pelo Valor Original determina que os componentes do patrimônio devem ser inicialmente registrados pelos valores originais das transações, expressos em moeda nacional.

108 CAPÍTULO 8

[...]

Art. 9º O Princípio da Competência determina que os efeitos das transações e outros eventos sejam reconhecidos nos períodos a que se referem, independentemente do recebimento ou pagamento.

Parágrafo único. O Princípio da Competência pressupõe a simultaneidade da confrontação de receitas e de despesas correlatas.

Art. 10. [...] Parágrafo único. O Princípio da Prudência pressupõe o emprego de certo grau de precaução no exercício dos julgamentos necessários às estimativas em certas condições de incerteza, no sentido de que ativos e receitas não sejam superestimados e que passivos e despesas não sejam subestimados, atribuindo maior confiabilidade ao processo de mensuração e apresentação dos componentes patrimoniais."

Art. 4º Ficam revogados o inciso V do art. 3º, o art. 8º e os §§ 2º e 3º do art. 10, da Resolução CFC nº 750/1993, publicada no *DOU*, Seção I, de 31.12.1993; a Resolução CFC nº 774/1994, publicada no *DOU*, Seção I, de 18.01.1995, e a Resolução CFC nº 900/2001, publicada no *DOU*, Seção I, de 03.04.2001.

Atividades Práticas

1. Pesquisa

Uma das boas publicações contábeis é a *Revista de Contabilidade & Finanças*, do Departamento de Contabilidade da FEA/USP. Numa dessas revistas foi feito um artigo muito interessante sobre a Essência prevalecendo sobre a Forma. Descubra esse artigo e destaque um exemplo dado.

2. Questionário – sala de aula ou *Homework*

1. Quais são as variações que podem ocorrer no registro do valor do patrimônio de acordo com o Custo Histórico?

2. Cite uma grande desvantagem do princípio do denominador comum monetário.

3. O princípio da atualização monetária foi um avanço para uma economia inflacionária por ocasião da Resolução 750/93. Explique esse princípio.

4. Indique a diferença entre Regime de Competência, Realização da Receita e Confrontação da Despesa.

5. Como o princípio da competência trata as Receitas Realizadas e as Despesas Incorridas?

Os princípios de contabilidade – o custo, a moeda, a competência e a essência **109**

6. A pecuária é uma atividade de longa maturação em que se ganha, normalmente, com o crescimento do gado. Quando esse crescimento ocorre, a pecuária teria um tratamento especial?

7. Quais são as exceções no princípio da realização da receita? Exemplifique.

8. O princípio da oportunidade fala de tempestividade e integridade. Quais são os resultados positivos na observância desse princípio?

3. Atividade extrassala de aula (Biblioteca)

1. Há livros de Contabilidade que fazem um cuidadoso estudo sobre o Regime de Caixa *versus* o Regime de Competência. Identifique pelo menos um.

2. Faça um breve resumo, após pesquisar, de como era a inflação no Brasil antes de 1994.

CONVENÇÕES CONTÁBEIS – CARACTERÍSTICAS QUALITATIVAS DA INFORMAÇÃO CONTÁBIL

As restrições aos princípios (conhecidas, também, como convenções ou qualificações) representam o Complemento dos Postulados e Princípios, no sentido de delimitar-lhes conceitos, atribuições e direções a seguir, e de sedimentar toda a experiência e bom senso da profissão no trato de problemas contábeis. Se os princípios norteiam a direção a seguir e, às vezes, os vários caminhos paralelos que podem ser empreendidos, as restrições, à luz de cada situação, nos darão as instruções finais para a escolha do percurso definitivo. As convenções também serão enunciadas. Entretanto, tais enunciações serão apenas indicativas e terão menor peso do que no caso dos princípios.

9.1 Objetividade

Para que não haja distorções nas informações contábeis, o contador deverá escolher, entre vários procedimentos, o mais adequado (o mais objetivo) para descrever um evento contábil.

Um dos aspectos quase sempre abordados é que os registros contábeis deverão ter suporte, sempre que possível, em documentação gerada nas transações ou evidência que possibilite (além do registro) a avaliação.

Falta de documento

Numa situação em que não haja documento para suporte de contabilização, poder-se-ia convocar peritos em avaliação que, por meio de laudos, forneceriam um valor objetivo para o contador desenvolver, de maneira imparcial, a sua Contabilidade. É importante a impessoalidade (neutralidade) do contador (em relação aos usuários dos informes contábeis) que, quanto mais objetivo for, mais imparciais (não enviesados) serão aqueles informes.

Observe que, no exemplo em que abordávamos a compra de uma máquina por $ 5,0 milhões, cujo preço tabelado no mercado era de $ 6,0 milhões, o contador fez o registro por $ 5,0 milhões (suporte na documentação gerada na transação). Se, por exemplo, a máquina adquirida por $ 5,0 milhões tivesse como preço de mercado $ 8,0 milhões, o contador seria objetivo se a registrasse por $ 5,0 milhões. Portanto, de nada valeria a opinião do contador sobre o melhor preço a ser registrado. Ele (o contador) será, então, objetivo, neutro, imparcial e impessoal.

Pausa e Reflexão

A "achologia" é algo indesejado na Contabilidade. O que aconteceria se cada um pudesse escriturar sua opinião?

9.2 Consistência ou comparabilidade

Uma vez adotado certo critério contábil, dentro de vários igualmente relevantes, este não deverá ser mudado, de ano para ano (ou constantemente), porque, em assim o fazendo, estaríamos impossibilitando a comparação dos relatórios contábeis (no decorrer do tempo) e dos estudos preditivos (tendências).

Exceções

Isso não quer dizer que, se condições supervenientes induzirem a mudar de critério, não deva ser feito. Por meio de evidenciação (Notas Explicativas) pelo menos nos relatórios contábeis, expondo a mudança de critério e suas implicações no lucro da empresa (se houver), a mudança será realizada.

Com a Lei das Sociedades por Ações, observamos mudanças de critérios em diversas empresas. Entretanto, isso não pode ser encarado como quebra de consistência, porque se trata de uma mudança esporádica e, em certos casos, até compulsória. Nesse caso, a mudança deverá ser evidenciada em Notas Explicativas, ou seu efeito no Patrimônio.

Uniformidade

É importante ressaltar, aqui, que aquela lei consolidou, como notável contribuição à Contabilidade, a uniformidade nos relatórios contábeis. Dessa forma, diversos tipos de sociedades apresentam relatórios padronizados, a mesma estrutura em sua forma final, facilitando a comparação dos relatórios entre empresa do mesmo ramo operacional ou, ainda, de atividade diferente (evidentemente que a comparação tornar-se-ia difícil, por exemplo, entre uma Indústria e uma Instituição Financeira ou empresa de Seguros, dadas as peculiaridades de cada ramo de atividade).

Todavia, é preciso destacar que uniformidade não é consistência, sendo esta um conceito básico enquanto aquela não. A uniformidade está mais no terreno legal do que no científico. Na realidade, a consistência refere-se ao contexto temporal, no âmbito da própria empresa, enquanto que a uniformidade abrange relatórios estruturados dentro das mesmas normas legais, em empresas distintas.

Comparabilidade

Comparabilidade é a característica qualitativa que permite que os usuários identifiquem e compreendam similaridades dos itens e diferenças entre eles. Diferentemente de outras características qualitativas, a comparabilidade não está relacionada com um único item. A comparação requer no mínimo dois itens.

Comparabilidade não significa uniformidade. Para que a informação seja comparável, coisas iguais precisam parecer iguais e coisas diferentes precisam parecer diferentes. A comparabilidade da informação contábil-financeira não é aprimorada ao se fazer com que coisas diferentes pareçam iguais ou ainda ao se fazer coisas iguais parecerem diferentes.

> **Pausa e Reflexão**
>
> Podemos dizer que os políticos do nosso país têm sido consistentes?

9.3 Materialidade e relevância

Custo *versus* benefício

Por meio da materialidade definiremos o que é material (relevante) que o Contador deve informar em seus relatórios. Um ângulo bastante interessante para visualizar a materialidade é a análise do binômio CUSTO *versus* BENEFÍCIO.

Há determinadas informações contábeis cujo custo, para evidenciá-las (tempo do pessoal da Contabilidade, material, computador etc.), é maior que o benefício que trará aos usuários (acionistas, administradores etc.) daquelas informações.

O esforço "sobrenatural" para encontrar uma pequena diferença (esporádica) nos relatórios contábeis; a mobilização de todo um departamento contábil para constatar se o consumo de embalagem no valor de $ 15,80 refere-se ao produto A, B ou C etc., são exemplos de montantes irrelevantes que, muitas vezes, tornam imaterial a sua informação, ou seja, o benefício gerado é menor que o custo. Portanto, para valores irrisórios em relação ao todo, a "materialidade" desobriga a um tratamento mais rígido que aqueles itens de cifras relevantes.

Relevância

Informação contábil-financeira relevante é aquela capaz de fazer diferença nas decisões que possam ser tomadas pelos usuários. A informação pode ser capaz de fazer diferença em uma decisão mesmo no caso de alguns usuários decidirem não levá-la em consideração, ou já tiverem tomado ciência de sua existência por outras fontes.

> **Pausa e Reflexão**
>
> Um pequeno erro de averiguação no Balancete que se repete por vários anos é imaterial? Comente.

114 CAPÍTULO 9

9.4 Conservadorismo ou prudência

A posição conservadora (precaução) do Contador será evidenciada no sentido de antecipar prejuízo e nunca antecipar lucro. Dessa forma, ele não estará influenciando os acionistas, por exemplo, a um otimismo que poderá ser ilusório.

Assim, se a empresa detém um estoque cujo custo de aquisição (ou de fabricação) seja de $ 10,0 milhões, e o valor de reposição (preço que a empresa pagaria se comprasse o seu estoque hoje) fosse de $ 8,1 milhões, o contador deve antecipar o prejuízo de $ 1,9 milhão, sem perspectiva no aumento do preço, mesmo que a mercadoria não tenha sido vendida. Note que o prejuízo ainda não ocorreu; todavia, para não esconder dos acionistas uma situação negativa que poderá ocorrer num futuro próximo, o prejuízo será antecipado. De maneira geral, os estoques deverão ser avaliados entre o valor de realização líquido menos a margem de lucro e o valor de realização líquido.

Dúvidas do contador

Se o contador estiver em dúvida diante de dois montantes, igualmente válidos de dívida da empresa com terceiros, deverá registrar o maior valor. Assim, se, no momento do pagamento da dívida, prevalecer o maior valor, ninguém terá surpresa desagradável.

Na Contabilidade, como medida de prudência, será evidenciada uma situação pessimista evitando transtornos não previstos. Portanto, o objetivo do conservadorismo é não dar imagem otimista em situação alternativa que, com o passar do tempo, poderá reverter-se.

Os princípios da prudência (CFC) e do conservadorismo (ECBC) tratam da mesma ideia básica, não apresentando diferenças relevantes em seu conteúdo.

9.5 Outras convenções ou características qualitativas

9.5.1 Confiabilidade

Para ser útil, a informação deve ser confiável, ou seja, deve estar livre de erros, desvios substanciais ou vieses relevantes e representar adequadamente aquilo que se propõe a representar.

Uma informação pode ser relevante, mas a tal ponto não confiável em sua natureza ou divulgação que o seu reconhecimento possa potencialmente distorcer as demonstrações contábeis. Por exemplo, se a validade legal e o valor de uma reclamação por danos em uma ação judicial movida contra a entidade são questionados, pode ser inadequado reconhecer o valor total da reclamação no Balanço Patrimonial, embora possa ser apropriado divulgar o valor e as circunstâncias da reclamação.

Assim, para ser confiável, a informação deve representar adequadamente as transações e outros eventos que ela diz representar. O Balanço Patrimonial de determinada data, por exemplo, deve representar adequadamente as transações e outros eventos que resultem em ativos, passivos e patrimônio líquido da entidade e que atendam aos critérios de reconhecimento.

9.5.2 Integralidade

Para ser confiável, a informação constante das demonstrações contábeis deve ser completa, dentro dos limites de materialidade e custo. Salienta-se que uma omissão pode tornar a informação falsa ou distorcida e, portanto, não confiável e deficiente em termos de sua relevância.

9.5.3 Compreensibilidade

Classificar, caracterizar e apresentar a informação com clareza e concisão a tornam compreensível.

Certos fenômenos são inerentemente complexos e não podem ser facilmente compreendidos. A exclusão de informações sobre esses fenômenos dos relatórios contábil-financeiros pode tornar a informação constante em referidos relatórios mais facilmente compreendida. Contudo, referidos relatórios seriam considerados incompletos e potencialmente distorcidos (*misleading*).

Relatórios contábil-financeiros são elaborados para usuários que têm conhecimento razoável de negócios e de atividades econômicas e que revisem e analisem a informação diligentemente. Por vezes, mesmo os usuários bem informados e diligentes podem sentir a necessidade de procurar ajuda de um consultor para compreensão da informação sobre um fenômeno econômico complexo.

9.5.4 Tempestividade

Tempestividade significa ter informação disponível para tomadores de decisão a tempo de poder influenciá-los em suas decisões. Em geral, a informação mais antiga é a que tem menos utilidade. Contudo, certa informação pode ter o seu atributo tempestividade prolongado após o encerramento do período contábil, em decorrência de alguns usuários, por exemplo, necessitarem identificar e avaliar tendências.

9.5.5 Primazia da essência sobre a forma

Talvez a mais importante de todas as características é valorizar a essência de cada operação ao invés do que está descrito em qualquer documento, nota fiscal ou contrato.

Para que a informação represente adequadamente as transações e outros eventos que ela se propõe a representar, é necessário que essas transações e esses eventos sejam contabilizados e apresentados de acordo com a sua substância e realidade econômica, e não meramente sua forma legal.

A essência das transações ou outros eventos nem sempre é consistente com o que aparentam ser com base na sua forma legal ou artificialmente produzida. Por exemplo, uma entidade pode vender um ativo a um terceiro de tal maneira que a documentação indique a transferência legal da propriedade a esse terceiro; entretanto, poderão existir acordos que assegurem que a entidade continuará a usufruir os benefícios econômicos gerados pelo ativo e o recomprará depois de certo tempo por um montante que se aproxime do valor original de venda acrescido de juros de mercado durante esse período. Em tais circunstâncias, reportar a venda não representaria adequadamente a transação formalizada.

Pausa e Reflexão

Por que, se o conservadorismo permite antecipar prejuízo ainda não ocorrido, não deveríamos fazer o inverso, ou seja, considerar o lucro ainda não realizado?

Convenções contábeis – características qualitativas da informação contábil **117**

Leitura Complementar

Como ter uma visão global dos Princípios Contábeis – Parte 2

A limitação do telhado

Até, então, vimos a finalidade do alicerce (postulados) e das paredes (princípios) na construção de um edifício.

Seria absurdo pensar que parte da construção não está embaixo do telhado. Conclui-se, então, que o telhado abriga a construção; portanto, restringe a área, não havendo flexibilização do prédio além desse limite. As convenções têm a função do telhado, ou seja, restringem o campo de ação dos princípios. Dessa forma, as convenções estabelecem limites no procedimento do profissional contábil.

Por exemplo, os registros contábeis deverão ter suporte em documentação gerada nas transações ou evidências que possibilitem a avaliação. Sendo assim, não haveria distorções nos relatórios contábeis, pois o profissional teria usado de objetividade para descrever o evento contábil.

O próprio estabelecimento de um novo princípio, a essência sobre a forma, está sujeito ao telhado. Este novo princípio terá que ser útil (relevante, material), praticável e objetivo.

Se uma empresa (entidade) adquire um bem de uso duradouro (continuidade), devemos registrá-lo pelo custo de aquisição (custo histórico) para quando existir venda (realização da receita), podermos comparar a depreciação deste bem (confrontação da despesa) com a receita gerada para apurar o resultado (lucro ou prejuízo). Entretanto, para concretizar esse registro no ativo (por meio do denominador comum monetário) teríamos que ponderar as seguintes indagações:

- o valor é relevante e material? (admita, por exemplo, que se trata de uma aquisição de uma chave de fenda: nesse caso, não compensaria ativar para fazer em seguida as depreciações; poderíamos tratar como uma despesa);

- existem documentos suportando essas operações? (caso contrário teria dificuldade em fazer os registros contábeis de forma objetiva);

- existe algum procedimento anterior nessa sequência de lançamentos que não poderia mudar? Esse tipo de bem duradouro sempre foi classificado como estoque de consumo e, nesse caso, não poderia quebrar a consistência?;

118 CAPÍTULO 9

- no momento da aquisição desse bem, não estaria o mesmo obsoleto, ou danificado pelo transporte, ou não ajustado às necessidades da empresa etc.? (numa dessas hipóteses, poderíamos ter perda real e seria prudente ou conservador considerar o menor valor no ato de ativar o bem.)

São situações simples, mas que demonstram como os princípios estão sujeitos e restritos ao abrigo das convenções.

A materialidade considera que toda informação contábil tem um custo, e só seria válido executar essa informação se o benefício (ao usuário ou sistema) representar um valor maior que o custo da informação (papel, espaço, equipamentos, salários, encargos etc.) preparada pela Contabilidade.

A consistência diz que uma vez adotado certo critério contábil, dentro dos vários igualmente aceitos e relevantes, não deverá ser mudado sem um motivo de força maior.

O conservadorismo será retratado num sentido de antecipar prejuízo e nunca antecipar lucro. A Contabilidade não poderá influenciar o usuário por meio de um otimismo que poderá não se concretizar.

Evolução dos princípios contábeis

PLANILHA COMPARATIVA DA EVOLUÇÃO DOS PRINCÍPIOS			RESUMO
Estrutura Conceitual CVM (Del. 29/86) IBRACON/FIPECAFI	Resolução CFC nº 750/93 Resolução nº 1.282/10	Resolução (CFC nº 1.121/08) 1.374/11 CPC 00; CVM 539/08 Resol. 1.255/09 (PME)	
Postulados:	Princípios da Contabilidade		
Entidade	Entidade	Não é destacado de forma direta	Reconhece o patrimônio como objeto da contabilidade e afirma a autonomia patrimonial
Continuidade	Continuidade	Pressuposto Básico: Continuidade	Continuidade é tratada como postulado, princípio e pressuposto básico
Princípios:			
Custo Histórico	Registro: Valor Original (Custo Histórico)	Mensuração: Custo Histórico, Custo Corrente, Valor	Transações transformadas em moeda nacional no momento de seu registro (C. Histórico)

Convenções contábeis – características qualitativas da informação contábil **119**

PLANILHA COMPARATIVA DA EVOLUÇÃO DOS PRINCÍPIOS			RESUMO
Estrutura Conceitual CVM (Del. 29/86) IBRACON/FIPECAFI	**Resolução CFC nº 750/93 Resolução nº 1.282/10**	**Resolução (CFC nº 1.121/08) 1.374/11 CPC 00; CVM 539/08 Resol. 1.255/09 (PME)**	
Denominador Comum Monetário	(CC, VR, VP, V. Justo e Atualização Monetária)	Realizável, V. Presente, V. Justo (visão verdadeira e apropriada)	Denominador comum monetário (não é tratado mais como princípio)
Realização da Receita	Competência	Pressuposto Básico: Regime de Competência	Obrigatoriedade de reconhecer receitas e despesas nos períodos a que competirem
Confrontação da Despesa			
Essência sobre a Forma		Primazia da essência econômica sobre a forma jurídica	Essência sobre a forma passa a ser primordial na IFRS
	Oportunidade	Tempestividade NBC-T-1.5	A informação contábil deve chegar em tempo hábil
Convenções:		(Equilíbrio Custo × Benefícios)	
Materialidade		Relevância e Materialidade	Evitar desperdícios de tempo e dinheiro
Objetividade		Neutralidade	Eliminar ou restringir as áreas de liberalidade na aplicação dos princípios de contabilidade
Consistência		Comparabilidade	Delinear o entendimento com o menor grau de dificuldade possível
Conservadorismo	Prudência	Prudência	Apresentar menor valor atual para o ativo e maior para as obrigações
		Características da Informação Contábil:	
		Compreensibilidade NBC-T-1.6	Dispor de conhecimentos de contabilidade e dos negócios e atividades da entidade
		Confiabilidade NBC-T-1.4	Ponderar a relação entre a oportunidade e a confiabilidade da informação
		Integridade ou Integralidade	Análise dos elementos patrimoniais, registro de todos os fatos contábeis

120 CAPÍTULO 9

Atividades Práticas

1. Pesquisa

Informações Objetivas (IOB), entre outros, é um dos bons boletins na área contábil. Apesar de seu aspecto prático, muita teoria é encontrada principalmente no Caderno Temática Contábil. Indique e faça referências a uma Temática Contábil que trate de princípios contábeis.

2. Questionário – sala de aula ou *Homework*

1. Tente relacionar as convenções com atitudes na sua vida. Por exemplo, quando era criança, às vezes torcia para o Santos e outras para o Palmeiras. Nesse caso, feria a consistência. Um outro exemplo é quando o chefe anunciou um possível aumento de salário e eu já fui comemorar num restaurante com toda a família, gastando antes da consolidação do fato. Nesse caso, não estou sendo conservador.

2. Qual das convenções pode deixar de existir mais rapidamente?

3. Diferencie consistência de uniformidade.

4. Qual a diferença entre prudência e conservadorismo?

5. Diferencie relevância de materialidade.

6. O que aconteceria com a Contabilidade se os contadores fossem subjetivos?

3. Atividade extrassala de aula (Biblioteca)

1. O Capítulo 7 do livro *Contabilidade empresarial* trata de princípios contábeis. Nas páginas 37/38 do Livro de Exercícios, há seis testes interessantes. Tente respondê-los.

2. Faça uma relação entre continuidade, custo histórico e objetividade. Veja exemplo na Leitura Complementar deste capítulo.

PATRIMÔNIO E RESULTADO

- Pode-se dizer que a "espinha dorsal" da Teoria da Contabilidade é formada por ATIVO, PASSIVO e PATRIMÔNIO LÍQUIDO.
- Estes três itens representam o PATRIMÔNIO DA EMPRESA, que é o objeto de estudo da Contabilidade.
- O Patrimônio Líquido é modificado pelas Receitas, Despesas, Ganhos e Perdas. Daí a importância desta parte.

10

DEFINIÇÃO E CRITÉRIOS DE AVALIAÇÃO DE ATIVO

10.1 Conceituação de Ativo

O entendimento do real significado e da conceituação de Ativo é fundamental em qualquer texto de teoria ou doutrina contábil, pois trata-se da essência contábil.

Definição introdutória

O Ativo tem sido definido de várias maneiras, sendo a mais tradicional a do tipo "... ativo é o conjunto de bens e direitos à disposição da administração..." ou variantes como "...ativos são os meios conferidos à administração para gerir a entidade..." e parecidas.

Estas definições tradicionais, conquanto possam passar uma ideia aparentemente singela e clara do que seja o Ativo, num determinado momento, não caracterizam o que o Ativo representa, efetivamente, para a entidade.

As conceituações dos elementos do patrimônio de uma entidade precisam atentar para:

a) a natureza do que está sendo definido; e

b) a sua mensuração.

124 CAPÍTULO 10

Não se deve misturar a conceituação com o problema da mensuração, pois a conceituação deve ser, necessariamente, rigorosa e pura, ao passo que a mensuração, às vezes, tem de se ater às limitações de quem avalia e mensura (o Contador) e de quem utiliza a informação (o usuário), além das restrições do meio ambiente.

Ativos, transformando-se em dinheiro

Se fizer uma analogia com a pessoa física, o proprietário de um patrimônio individual (patrimônio em sentido amplo, contendo elementos do Ativo, obrigações a pagar e, por diferença, o estado de riqueza líquida), ninguém adquire ou fabrica um Ativo para que fique à disposição, sem nada render para a pessoa. Mesmo quando se adquirem joias de uso pessoal ou obras de arte, sempre existe a esperança de, num futuro, se a família precisar, esses ativos poderem se transformar em dinheiro. O que se dirá, então, dos outros ativos? Você tem um carro a fim de que possa ser transportado em segurança ao trabalho, que lhe gera um fluxo positivo de caixa. Mesmo quando o carro é utilizado no final da semana, para o lazer, por propiciar ao seu proprietário (o lazer) reparação das energias físicas e psíquicas, acaba contribuindo, indiretamente, para que tenha condições de gerar, no futuro, a entrada de fluxos positivos de caixa, como consequência de seu trabalho.

O imóvel de sua propriedade, onde reside, é, além de um lugar para morar, também uma certa garantia de fluxos positivos de caixa futuros (ou de economia de saídas de fluxos de caixa).

As aplicações financeiras do dinheiro excedente também visam a proteger o proprietário dos recursos contra a perda de poder aquisitivo da moeda e produzir um fluxo real de juros.

Potencial de benefícios

Se, mesmo numa pessoa física, um ser humano, que tem necessidades sociais, morais e de satisfação, muito além das meramente materiais ou econômicas, é possível caracterizar, em sua aquisição de ativos, pelo menos em parte, a necessidade de poder contar com um "potencial" de serviços que, direta ou indiretamente, poderá vir a proporcionar a entrada de fluxos de caixa, fica muito mais fácil caracterizar esta qualidade do Ativo numa entidade e, principalmente, numa empresa, que opera para ter lucro.

Uma empresa usa seus ativos para manter suas operações, a fim de gerar receitas que superem o valor dos ativos sacrificados em troca.

Em todas as aplicações existe o objetivo e a esperança imediata ou mediata de garantir um fluxo de caixa, no futuro. Esse fluxo de caixa pode ser precedido de um fluxo de serviços, mas esse fluxo, isolada ou conjuntamente com outros, serve, em última análise, para gerar fluxos de caixa.

Em última análise

Dinheiro é o ativo por excelência. Temporariamente, nos contentamos em ter ativos sob outra forma, a fim de, no futuro, termos mais dinheiro, que é, em última análise, o que interessa aos acionistas.

Ativo, portanto, pode ser conceituado como algo que possui um potencial de serviços em seu bojo, para a entidade, capaz, direta ou indiretamente, imediata ou no futuro, de gerar fluxos de caixa.

Ativo na continuidade

A empresa não mantém os ativos, como vimos, no estado em que se encontram para serem vendidos (com exceção dos produtos e mercadorias), na continuidade das operações, mas para, em conjunto com outros ativos, com o trabalho e a operosidade da força de trabalho da empresa, tudo fluidificado pela organização empresarial, gerar fluxos líquidos positivos de caixa.

A finalidade última é: se a entidade iniciou suas operações com um saldo de caixa de $ 100.000.000,00, no final das operações, ao encerrar-se o ciclo de vida da entidade, deverá possuir $ 100.000.000,00 corrigidos pela inflação de todo o período mais um valor, além de ter propiciado, durante o ciclo, a distribuição de dividendos compensadores aos acionistas, remunerado os fatores de produção (principalmente o trabalho) adequadamente, pago os impostos, cuidado para que a operação não prejudique o meio ambiente e ter produzido bons produtos e serviços.

126 CAPÍTULO 10

> **Pausa e Reflexão**
>
> Para ser ativo todo bem precisa ser medido, mensurado. Cite exemplos de bens difíceis de serem medidos e avaliados.

10.2 Avaliação do Ativo e outras características

Já foi visto, no princípio da continuidade, que uma consequência lógica desse princípio é que, normalmente, os ativos são avaliados por algum tipo de valor de custo (de entrada) e, de certa forma, os passivos (exigibilidades) também são avaliados da mesma maneira, pois se terá de sacrificar ativos para pagá-los.

A seguir, são analisados alguns dos tipos mais importantes de avaliação pelo valor de custo (valor de entrada):

Custo histórico (original)

É o valor original da transação, isto é, quanto custou à empresa adquirir um determinado ativo ou quanto custaram os insumos contidos no Ativo, se foram fabricados.

Por definição, Caixa e Valores a Receber (desde que trazidos ao valor presente) "custam" o que indica seu valor declarado, pois se trata de Itens Monetários.

Entretanto, quando adquirimos uma mercadoria, ou um veículo para uso da empresa ou um equipamento, valor original ou custo histórico ou custo original é o valor pelo qual comprador (empresa) e vendedor estiveram de acordo. Uma vantagem do custo histórico é sua objetividade; representa o valor mais próximo do valor econômico na data da transação, facilita o trabalho dos auditores. E representa o sacrifício financeiro pela sua aquisição, a ser cotejado com o fluxo da entrada pela receita.

Pensando nas desvantagens, considera-se que, com o passar do tempo o Ativo pode:

1) perder sua substância econômica, independentemente das variações do poder aquisitivo da moeda; e

2) ter sua avaliação monetária defasada se o item não for corrigido pelas variações do poder aquisitivo da moeda entre o período de incorporação ao Ativo e a data do balanço.

As causas 1 e 2 podem ocorrer ao mesmo tempo.

Pausa e Reflexão

O Custo Histórico mostra quanto custa uma empresa e não quanto vale. Por tudo isso, é bom esse método de avaliação?

Custo histórico corrigido

Conserva, basicamente, todas as propriedades do custo histórico, mas considera que, periodicamente, os custos históricos são corrigidos pela variação do poder aquisitivo médio geral da moeda, segundo algum índice geral de preços, como o Índice Geral de Preços – IGP da Fundação Getulio Vargas – FGV, ou o INPC (Índice Nacional de Preços ao Consumidor) do IBGE, ou outros índices.

De qualquer forma, como não se está interessado, aqui, na apresentação detalhada da técnica de correção, mas apenas nos conceitos gerais aplicáveis (e indiretamente ao passivo), bastará afirmar que se trata (essa variante de valor de custo de entrada) da mera correção dos valores originais dos ativos por algum tipo de índice geral de preços que mensure, da forma mais ampla possível, isto é, com uma cesta bem diversificada de bens e serviços, as variações do poder aquisitivo médio geral da moeda do País.

Esta forma de valor de entrada, conquanto do ponto de vista puramente gerencial, interno à empresa, não seja a ideal, é a que melhor consegue, principalmente para finalidades de informação a usuários externos, atentar, ao mesmo tempo, para as seguintes condições, mormente em países com altas taxas inflacionárias: objetividade (pois trata-se de uma mera correção dos valores originais), relevância da informação (embora não a máxima para usuários internos principalmente), custo relativamente baixo do processo de correção, favorecendo a comparabilidade de balanços:

a) da mesma empresa em exercícios diferentes;

b) de empresas diversas no mesmo exercício; e

c) de empresas diversas em diferentes exercícios.

Assim, por estas vantagens, é a forma geral preferida de avaliação de ativos nos países com altas taxas inflacionárias, e onde (pelo próprio fato de ser alta a taxa) existe uma tendência de os preços individuais de cada ativo não se afastarem muito (suas variações) da variação média da perda de poder aquisitivo da moeda. E o uso desse indexador médio é o reconhecido e indicado pelo IASB e pela ONU.

Pausa e Reflexão

O Custo Histórico Corrigido contraria o princípio do custo histórico ou custo original?

Custo de Reposição Corrente ou valor de mercado?

Custo de Reposição pode ter várias conceituações, dependendo da data na qual pensamos em fazer a reposição de um ativo por outro em estado de novo. Alguns autores utilizam esse termo como sinônimo de custo corrente, mas, na verdade, existem diferenças.

Se um veículo BETA 20X6 tiver sido adquirido novo, "0" km, por $ 34.000,00 (com as correções monetárias pela inflação para 20X8) e se for possível produzir esse mesmo modelo, em 20X8, exatamente igual ao 20X6, esse valor ($ 34.000,00) é:

- um custo corrente?

- um custo original corrigido do bem no estado em que se encontra, ou

- um custo de reposição? ou

- nenhuma das alternativas?

A rigor, nenhuma das alternativas. Não é um custo corrente (nem mesmo de reprodução ou reconstrução), pois não foram calculados os custos correntes de se fabricar um BETA igual ao modelo 20X6 em 20X8. Não é a segunda alternativa, pois não foi considerada uma provisão para depreciação e obsolescência que considerasse o valor residual do veículo. Certamente não é um custo de reposição, pois o que reporia o automóvel anterior seria um BETA 20X8, com várias mudanças tecnológicas e, provavelmente, a um preço de mercado diferente do custo histórico corrigido. O cálculo que foi feito é apenas o valor, em termos de poder aquisitivo da moeda de hoje, do sacrifício de caixa realizado na data da compra, para adquirir um BETA 20X6.

- custo corrente: seria, a rigor, o valor corrente dos insumos contidos num carro de características iguais, em estado de novo ou usado;
- custo original corrigido no estado em que se encontra: seria o valor residual do veículo (valor histórico menos depreciação acumulada corrigido pela inflação);
- custo de reposição: em estado de novo, é o preço de mercado de um modelo 20X8 – pode ser um carro de características técnicas bastante diferenciadas, embora prestando serviços equivalentes; e
- custo de reposição no estado em que se encontra: seria quanto se teria que pagar, no mercado de segunda mão, para adquirir um BETA 20X6, aproximadamente no estado em que se encontra o que estamos avaliando. Usualmente, quando se refere à utilização do custo de reposição de ativos usados, para finalidades de balanço, deve-se utilizar o último conceito, por meio de uma pesquisa no mercado.

Pelas considerações vistas, verifica-se como é complexa a adoção, para efeito de usos externos, de avaliação de ativos a custos correntes ou de reposição. Apresenta, porém, desde que o Contador defina bem que tipo de variante está adotando, e que sejam os valores os menos subjetivos possíveis, uma série de vantagens do ponto de vista informativo sobre todas as formas de valores de entrada (menos a próxima a ser vista), tais como:

130 CAPÍTULO 10

- leva em conta a flutuação específica dos preços dos bens dos ativos que a empresa possui e movimenta;
- dá uma ideia aproximada ao eventual investidor ou futuro concorrente de quanto precisaria investir para montar uma empresa "fisicamente" equivalente à avaliada;
- na demonstração de resultados, esta variante de valor de entrada permite separar, no lucro bruto, a parcela que é devida a fatores puramente de variação do preço específico do ativo enquanto ficou, a mercadoria, estocada, da parcela puramente operacional. Por exemplo, suponha-se uma empresa que tenha adquirido, em TO uma mercadoria por $ 25; em TI, vende esta mercadoria por $ 40. Se fosse repor toda a mercadoria em TI precisaria de $ 30.

A Contabilidade Tradicional apuraria:

Vendas	40
(–) Custo das Vendas	25
Lucro Bruto	15

A Contabilidade a Custos de Reposição apuraria:

Vendas	40
(–) Custo de Reposição das Vendas	30
+ Lucro em vendas ganho pelo fato de o estoque ter variado de preço de 25 para 30 (denomina-se Economia de Custo – Realizada)	05
Lucro Realizado	15

Verifica-se maior riqueza informativa da demonstração a custos de reposição, embora o resultado final seja o mesmo. A variante de reposição não mistura componentes puramente operacionais com ganhos derivantes pelo fato de a parcela do estoque que foi vendido ter variado de preço específico durante o tempo em que ficou estocada.

Note que ambos os conceitos poderiam ser enriquecidos aplicando-se a variação do poder aquisitivo da moeda. O que foi apresentado foram os modelos a **custos históricos e custos de reposição**.

Uma desvantagem do modelo a custo de reposição é que ele, conceitualmente, só tem validade se, de fato, for repor aquele ativo sendo avaliado. Outra desvantagem é que o modelo se apresenta como altamente gerencial no momento em que é feita a avaliação. Mas não tem muito sentido avaliar e comparar dois balanços, um a preços de reposição de TO e outro a preços de reposição de TI, se tiver havido inflação no período e se esse fato não tiver sido levado em conta. Outra desvantagem é a dificuldade de se encontrarem, para certos ativos, os mercados que podem indicar o preço de reposição. Aí, recorre-se a índices específicos, obviamente perdendo-se rigor.

> **Pausa e Reflexão**
>
> Enfim, há diferença entre Custo Corrente e Custo de Reposição? Explique.

Existem o custo histórico corrigido e o custo de reposição corrigido. Este último modelo será visto a seguir.

Custo de reposição corrigido

Trata-se do mesmo modelo conceitual do item anterior, porém homogeneizando-se as demonstrações contábeis derivantes em termos de poder aquisitivo de uma mesma data.

Exemplificando apenas com um ativo, suponha-se que o valor de reposição desse ativo em TO é $ 100 e em TI é $ 150, mas, no período, tenha havido uma taxa de inflação de 40%. Para se comparar efetivamente TO com TI, devem-se corrigir os $ 100 por $ 140. Assim, a comparação é entre:

Valor de reposição em TI	$ 150
Valor de reposição em TO corrigido	<u>$ 140</u>
Valorização real...	$ 10

As vantagens e desvantagens do modelo podem ser aferidas da combinação de vantagens e desvantagens dos demais, dos quais deriva.

132 CAPÍTULO 10

É claro que, de um ponto de vista de desenvolvimento e de relevância informativa, se trata do modelo mais avançado a valores de entrada, mas devem ser levados em conta sempre: a objetividade dos procedimentos, a comparabilidade entre empresas e o custo-benefício da informação.

A avaliação de ativos: um só critério de avaliação ou uma combinação?

Na prática, não tem sido adotado um único padrão rígido de avaliação, admitindo-se exceções nos produtos destinados para a venda, nos valores a receber que representam inversões em ações e títulos etc.

E, na verdade, nunca foi tentada a avaliação mais correta que seria calcular-se (tentar prever-se) os fluxos positivos de caixa gerados por ativos e trazê-los ao valor presente. Isso somente tem sido feito, em modelos reais mais avançados, com itens monetários.

Os próprios modelos de avaliação a valor de entrada que vimos nos itens anteriores são apenas estimadores, mais ou menos grosseiros, do modelo conceitual teórico correto, que é a avaliação a fluxos de caixa descontados (por alguns, caracterizado como um modelo a valores de saída).

Por outro lado, preconizam-se, por meio de alguns autores, avaliações a valores de venda, de saída, de realização. Esse tipo de avaliação deveria ser mais uma exceção a confirmar a regra do que um modelo exclusivo, na presença da continuidade. É claro que tudo se altera (a própria utilização do conjunto de Princípios Fundamentais não mais tem razão de ser) na presença da ameaça de descontinuidade. Nesse caso, deve-se recorrer a valores de venda, de realização, portanto, de saída.

Homogeneizar

É preciso notar, todavia, que se se avalia o Balanço a valores de Realização numa determinada data, como critério normal de avaliação, esta peça contábil, a rigor, não será muito comparável com outra levantada um ano mais tarde, na presença de inflação. Assim, também se devem homogeneizar as demonstrações a valores de realização em termos de poder aquisitivo de uma mesma data. Ter-se-ia, portanto, o conceito de valor de realização corrigido.

> **Pausa e Reflexão**
>
> No cenário brasileiro, qual é a combinação de avaliação mais profunda?

De critérios específicos provenientes de legislação societária e outras se tratará em capítulos próprios. Nesta altura da exposição teórica é preciso reforçar que, para finalidades externas, em função da objetividade, das condições particulares da economia do custo/benefício e outras, o **modelo de custo histórico corrigido** deve ser o adotado.

É claro que os valores a receber e a pagar, de qualquer forma, deverão ser trazidos a seus valores presentes, com os reflexos nas contas de receita, despesa, estoques etc.

> **Pausa e Reflexão**
>
> "Recursos Humanos não são contabilizados como Ativo, pois não são propriedades da entidade." Podemos dizer que essa afirmação é verdadeira?

Variação do custo histórico (conceito legal)

Uma das grandes inovações na adoção das Normas Internacionais de Contabilidade (IFRS) é a admissibilidade de bases de mensuração distintas e combinadas de diferentes formas ao longo do tempo.

Um dos importantes pronunciamentos sobre o assunto, entre vários, foi a Resolução 1.282/10 do Conselho Federal de Contabilidade, que dispõe no artigo 7º bases de mensuração do Ativo, considerando que os componentes do Patrimônio devem ser inicialmente registrados pelos valores originais (Custo Histórico). Este artigo dispõe:

"I – Custo histórico. Os ativos são registrados pelos valores pagos ou a serem pagos em caixa ou equivalentes de caixa ou pelo valor justo dos recursos que são entregues para adquiri-los na data da aquisição. Os passivos são registrados pelos valores dos recursos que foram recebidos em troca da obrigação ou, em algumas circunstâncias, pelos valores em caixa ou equivalentes de caixa, os quais serão necessários para liquidar o passivo no curso normal das operações; e

II – Variação do custo histórico. Uma vez integrado ao patrimônio, os componentes patrimoniais, ativos e passivos, podem sofrer variações decorrentes dos seguintes fatores:

a) Custo corrente. Os ativos são reconhecidos pelos valores em caixa ou equivalentes de caixa, os quais teriam de ser pagos se esses ativos ou ativos equivalentes fossem adquiridos na data ou no período das demonstrações contábeis. Os passivos são reconhecidos pelos valores em caixa ou equivalentes de caixa, não descontados, que seriam necessários para liquidar a obrigação na data ou no período das demonstrações contábeis;

b) Valor realizável. Os ativos são mantidos pelos valores em caixa ou equivalentes de caixa, os quais poderiam ser obtidos pela venda em uma forma ordenada. Os passivos são mantidos pelos valores em caixa e equivalentes de caixa, não descontados, que se espera seriam pagos para liquidar as correspondentes obrigações no curso normal das operações da Entidade;

c) Valor presente. Os ativos são mantidos pelo valor presente, descontado do fluxo futuro de entrada líquida de caixa que se espera seja gerado pelo item no curso normal das operações da Entidade. Os passivos são mantidos pelo valor presente, descontado do fluxo futuro de saída líquida de caixa que se espera seja necessário para liquidar o passivo no curso normal das operações da Entidade;

d) Valor justo. É o valor pelo qual um ativo pode ser trocado, ou um passivo liquidado, entre partes conhecedoras, dispostas a isso, em uma transação sem favorecimentos; e

e) Atualização monetária. Os efeitos da alteração do poder aquisitivo da moeda nacional devem ser reconhecidos nos registros contábeis mediante o ajustamento da expressão formal dos valores dos componentes patrimoniais."

Esta resolução, no que tange à atualização monetária, dispõe ainda que:

Definição e critérios de avaliação de ativo **135**

"I – a moeda, embora aceita universalmente como medida de valor, não representa unidade constante em termos do poder aquisitivo;

II – para que a avaliação do patrimônio possa manter os valores das transações originais, é necessário atualizar sua expressão formal em moeda nacional, a fim de que permaneçam substantivamente corretos os valores dos componentes patrimoniais e, por consequência, o do Patrimônio Líquido; e

III – a atualização monetária não representa nova avaliação, mas tão somente o ajustamento dos valores originais para determinada data, mediante a aplicação de indexadores ou outros elementos aptos a traduzir a variação do poder aquisitivo da moeda nacional em um dado período."

Pausa e Reflexão

Entre as mensurações apresentadas pela Teoria da Contabilidade estudadas, o que a Resolução 1.282/10 acrescenta?

Valor justo, valor recuperável e ajuste a valor presente

A) CONVERGÊNCIA INTERNACIONAL

Podemos dizer que o Decreto-lei 2.627, de 1940, um primeiro modelo de Lei das Sociedades Anônimas, mais próximo dos moldes europeus, dava mais ênfase aos donos da empresa, sem uma preocupação com a transparência contábil, com a clareza da informação.

Com o advento da Lei 6.404/76, já um modelo de Lei das Sociedades por Ações mais próximo do norte-americano, muitos avanços foram observados em relação ao decreto acima referido. A principal ênfase desta lei era o acionista brasileiro, o mercado de capitais no Brasil.

Com a chegada da Lei 11.638/07 e, em seguida, da Lei 11.941/09, observamos a ênfase num modelo internacional de lei societária. As perspectivas para a profissão contábil, no contexto desta lei, num mundo globalizado, levam a um reposicionamento das práticas e comportamentos tradicionais dos profissionais de Contabilidade.

136 CAPÍTULO 10

Desta forma, uma nova safra da literatura, pesquisas e estudos contábeis deverá permear o mundo da Contabilidade, norteando os profissionais contábeis para uma Contabilidade ao mundo.

Assim, observamos uma tendência forte de convergência com os Padrões Internacionais de Contabilidade, chamados de International Financial Reporting Standards (IFRS) e International Accounting Standards (IAS).

O art. 177, § 5º, da Lei 11.638/07 diz que a CVM deverá expedir normas conforme padrões internacionais de Contabilidade.

Esta lei (art. 10) delibera também que a CVM, o Banco Central e demais órgãos e agências reguladoras poderão celebrar convênio com entidade que tenha por objeto o estudo e a divulgação de princípios, normas e padrões de Contabilidade e Auditoria, proporcionando pronunciamentos e demais orientações técnicas emitidas.

Este artigo veio institucionalizar o Comitê de Pronunciamentos Contábeis criado pelo Conselho Federal de Contabilidade em 7-10-2005. Assim, o CPC é composto pelas seguintes entidades:

- ABRASCA – Associação Brasileira das Companhias Abertas;
- APIMEC – Associação dos Analistas e Profissionais de Investimentos do Mercado de Capitais;
- BOVESPA – Bolsa de Valores de São Paulo;
- CFC – Conselho Federal de Contabilidade;
- IBRACON – Instituto de Auditores Independentes do Brasil;
- FIPECAFI – Fundação Instituto de Pesquisas Contábeis, Atuariais e Financeiras.

O CPC tem como objetivo acelerar os pronunciamentos visando à convergência às Normas Internacionais de Contabilidade para as primeiras divulgações de Demonstrações Financeiras consolidadas de Cias. Abertas e Instituições Financeiras, a partir de 2010, conforme determinação da CVM e do BACEN (Banco Central).

B) *FAIR VALUE*

O *Fair Value* compõe o conjunto de Normas Internacionais das práticas contábeis, os *International Financial Reporting Standards* (IFRS).

Na prática contábil internacional, *Fair Value*, ou Valor Justo, é a definição dada para avaliação do Ativo ou Passivo, em certas circunstâncias, pelo seu valor de mercado. É o valor pelo qual um ativo ou passivo pode ser comprado ou vendido em uma transação corrente.

Como vimos, prevalece a prática contábil principal, que é a avaliação a preço de custo. Todavia, este método nem sempre é o mais transparente, o mais revelador. Pense, por exemplo, nos processos de fusão, cisão e incorporação entre empresas. No momento em que há aquisição de uma empresa, o que interessa é o preço de mercado (*Fair Value*) e não o preço de custo.

A Lei 11.638/07 determinava (art. 183) a avaliação pelo valor de mercado (quando se tratar de aplicações destinadas a negociações ou disponíveis para venda) em instrumentos financeiros, inclusive derivativos. A Lei 11.941/09 substitui "Valor de Mercado" por "Valor Justo".

Derivativos são um dos principais instrumentos financeiros. Como o próprio nome está dizendo, derivativo é quando os resultados e valores derivam ou dependem de outro ativo. É um contrato negociado entre as partes que possui um valor subjacente que pode ser um preço ou uma taxa (taxa de juros, um título, o preço de uma *commodity*, uma cotação internacional de moeda ...), mas não o ativo em si mesmo. Exemplo: o *hedge*.

Também são contabilizados a valor de mercado (justo) os Ativos Intangíveis (incorpóreos) como marcas, concessões, ponto comercial, carteira de clientes e outros.

O conceito a ser estudado a seguir de "Redução ao Valor Recuperável de Ativos" faz parte da definição de *Fair Value* (Valor Justo).

O *Fair Value* já é bastante praticado na realidade contábil americana. Ele é considerado um instrumento de transparência, pois reflete de imediato (nos relatórios) as decisões dos gestores. É como se fosse a fotografia de um momento, mostrando a realidade "nua e crua".

C) REDUÇÃO AO VALOR RECUPERÁVEL DE ATIVOS
(*IMPAIRMENT TEST*)

Conhecido como teste de recuperabilidade. Avalia-se novamente o bem tangível e o intangível para se determinar o valor justo.

138 CAPÍTULO 10

Determina o valor recuperável de ativos de longa duração. A ideia é que um ativo permanente não pode estar evidenciado num montante superior ao seu valor recuperável.

Assim, a empresa deverá efetuar, periodicamente, a análise dos itens que compõem o permanente (neste caso: Imobilizado, Diferido e Intangível). Por exemplo, um bem no Imobilizado tem vida útil econômica estimada para depreciação. Os critérios utilizados para o estabelecimento da vida útil econômica deverão ser constantemente revisados e ajustados.

D) AJUSTE AO VALOR PRESENTE

A legislação em análise determina que os elementos do Ativo decorrente de operações de longo prazo serão ajustados a valor presente, sendo os demais ajustados somente quando houver valor relevante.

Vamos admitir que uma venda a prazo, de valor relevante, tenha juros embutidos. Evidentemente, os juros se referem ao custo do dinheiro no tempo. Neste caso, dever-se-ia contabilizar a operação à vista e tratar os juros como receita financeira no decorrer do tempo. O registro do valor presente ajusta os rendimentos financeiros das vendas a prazo ao Regime de Competência.

Este mesmo método deverá ser realizado, quando necessário, nas contas do Passivo. Em ambos os casos (Ativo e Passivo) deve-se trabalhar com uma taxa de juros de mercado ou a que melhor se ajuste à operação.

Pausa e Reflexão

Podemos afirmar que a Lei das Sociedades por Ações no Brasil está nos moldes da Contabilidade Internacional?

Leitura Complementar

Reflexões sobre o ativo intangível

Empresas negociadas

Até praticamente meados da década de 1980, a grande preocupação no mundo dos negócios era avaliar o Ativo Tangível ou Corpóreo, que se constitui de bens físicos, materiais, que se podem tocar, aquilo que os nossos olhos enxergam: estoques, veículos, terrenos, prédios, máquinas, móveis de escritórios etc.

O Ativo Intangível, Incorpóreo ou Invisível envolve bens que não se podem tocar, pegar, que passaram a ter grande relevância a partir das ondas de fusões e incorporações na Europa e nos Estados Unidos.

Um dos negócios marcantes que despertou, principalmente, o meio acadêmico neste assunto foi quando a Philip Morris incorporou a indústria de alimento KRAFT (queijos, sorvetes etc.) por 10 bilhões de dólares.

A surpresa é que o patrimônio físico da empresa adquirida estava contabilizado em 1 bilhão de dólares, sendo que os 9 bilhões de dólares adicionais referiam-se aos bens intangíveis (o poder da marca, imagem, posição comercial etc.).

No Brasil, um dos negócios marcantes que vieram consolidar a importância do intangível foi a aquisição da Kibon pela Unilever por 930 milhões de dólares à vista em outubro de 1997.

O impacto ocorreu também pelo fato de o patrimônio físico da Kibon estar contabilizado por menos de 30% do preço de negociação. Na verdade, a compra se referiu não a uma fábrica de sorvetes, mas sim à marca Kibon.

Outros exemplos bastante conhecidos: a IBM adquiriu a Lotus por 3 bilhões de dólares, embora o valor contábil desta fosse 250 milhões de dólares. O patrimônio da Netscape não chegava aos 20 milhões de dólares, mas ao abrir seu capital, o mercado lhe atribuiu valor de 3 bilhões de dólares.

No século 21 esta tendência de negócios de empresas continua acelerada.

Tendência moderna

Encontramos casos pitorescos de empresas famosas que vendem bilhões de dólares, sem nada produzir, sem fábrica, máquinas etc.

A Nike, líder do mercado de material esportivo, dispõe de grande parte do seu ativo na forma de Intangível: praticamente ela terceiriza todos os seus produtos, não tendo produção própria. Um outro exemplo notório é a VISA, que movimenta um Ativo Tangível irrisório (móveis e utensílios, instalações etc. – bens estes que poderiam até ser alugados).

Há empresas que encomendam produtos e serviços para terceiros, impondo seus padrões, preços e qualidade. Estas empresas operam basicamente em cima de sua marca que serve de lastro para seu crescimento. É praticamente uma empresa virtual, sem parque industrial e até mesmo sem escritório administrativo de sua propriedade.

Diante desta nova realidade, surge uma pergunta não simples de se responder: Como avaliar uma marca?

A Contabilidade combinada com as avaliações objetivas, com documentos, bens palpáveis, visíveis, se defronta com este enorme desafio: aferir intangível. Num *ranking* mundial, normalmente se diz que a Coca-Cola é a marca mais cara do mundo, seguida por: Facebook, Apple, IBM, McDonald's, Disney, Sony, Kodak, Intel, Gillette, Microsoft etc.

Como não se compra e vende marca constantemente, poder-se-ia dizer que o valor das marcas é subjetivo, sem uma forma bem definida de se mensurar. Daí a dificuldade das avaliações para os registros contábeis.

Capital intelectual

Algumas tentativas de definir ou explicar Capital Intelectual têm sido alvo de diversos pensadores.

A princípio se falava muito em capacidade intelectual humana. Com o tempo adicionou-se à inteligência, ao conhecimento existente dentro da empresa, outras variáveis, tais como: marcas, patentes, *designs,* liderança tecnológica, clientes, fidelização de clientes, tecnologia de informação, treinamento de funcionários, indicadores de qualidade, relacionamento com fornecedores, desenvolvimento de novos produtos.

Se a própria definição de Capital Intelectual ainda não está consolidada, quanto mais a sua mensuração no campo objetivo da Contabilidade.

A ênfase dos relatórios contábeis tem sido o passado, a avaliação objetiva, a ideia de Capital Intelectual é futuro, ou seja, fatores dinâmicos ocultos que afetam o destino da organização, nem sempre possíveis de serem avaliados. O exemplo da árvore explica como é muito mais simples avaliar o patrimônio visível das entidades. Mostra ainda que, pelo fato de não se avaliar a parte invisível (raízes da árvore), pode-se deixar de prever o futuro da árvore. As raízes podem, com muitos nutrientes, melhorar a produção e produtividade da árvore, como também qualquer doença poderia provocar problemas sérios no futuro. Assim, o capital intelectual, hoje, de uma empresa vai definir seu futuro.

Definição e critérios de avaliação de ativo **141**

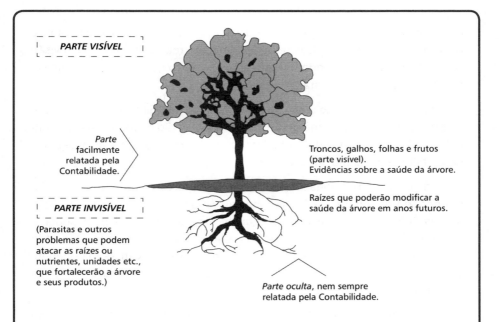

Goodwill e algumas distorções conceituais

A expressão *Goodwill* é comumente traduzida para o português como Fundo de Comércio, embora os significados de ambos os termos sejam diferentes.

Goodwill é comumente definido, de forma não perfeita, como um Ativo Intangível que pode ser identificado pela diferença entre o valor contábil e o valor de mercado de uma empresa.

Em outras palavras, diz-se que *Goodwill* é uma espécie de ágio, de um valor agregado que tem a empresa em função da fidelização dos clientes, da imagem, da reputação, do nome da empresa, da marca dos seus produtos, do ponto comercial, de patentes registradas, de direitos autorais, de direitos exclusivos de comercialização, de treinamento e habilidade de funcionários etc.

Todos esses exemplos são reais, mas difíceis de ser avaliados, já que muitas vezes são subjetivos. Por exemplo, a marca Marlboro pode ter valor para muitos e ser odiada por aqueles que não gostam de cigarros. Em função deste subjetivismo, normalmente, não é destacado pela Contabilidade.

Goodwill versus **Capital Intelectual**

Segundo Leif Edvinsson e Michael S. Malone, autores do livro *Capital Intelectual*, da Makron Books, Capital Intelectual (definido como um capital não financeiro

142 CAPÍTULO 10

que representa a lacuna oculta entre o valor de mercado e o valor contábil) e *Goodwill* são valores idênticos num determinado momento. Todavia, a visão contábil do *Goodwill* é temporal e limitada, enquanto que a de Capital Intelectual é progressiva em constante renovação.

Admita uma empresa que tenha um valor contábil de $ 5 milhões, considerando principalmente o patrimônio físico. Numa operação de mercado ela é vendida por $ 7 milhões, sendo contabilizado um *Goodwill* (ou Capital Intelectual) de $ 2 bilhões, segundo aqueles autores.

Na visão contábil tradicional, segundo aqueles autores, o comprador, durante um período de tempo, usufruiria todas as vantagens do ágio pago, ou seja, fidelização dos clientes, marca, imagem etc. Este ágio adicional pago poderia, a critério do comprador ou de aspectos legais ou fiscais, ir se transformando em despesas (amortização) até o momento em que não existisse mais benefícios nestes intangíveis adquiridos. De maneira geral, esta amortização ocorre entre cinco e quarenta anos.

Por outro lado, a visão de Capital Intelectual (valor de mercado da empresa menos o valor contábil) é, segundo ainda aqueles autores, "a posse de conhecimento, experiência aplicada, tecnologia organizacional, relacionamento com clientes e habilidades profissionais que proporcionem à empresa vantagem competitiva no mercado". Enquanto no *Goodwill* há a ideia de amortização, no Capital Intelectual há a ideia de vantagens em relação ao futuro.

O valor de uma empresa

Há diversos métodos de se avaliar uma empresa. O **Valor Histórico** apurado pela Contabilidade, obtido pela diferença entre o Ativo e o Passivo Exigível, identifica muito mais quanto custa a empresa do que quanto ela vale, já que sua base é o princípio do custo histórico como base de valor. Esse método é sensivelmente melhorado quando se avalia o Ativo a preços correntes ou a valores justos.

Há os *experts* em avaliação de empresas que utilizam diversos métodos para estabelecer o **Valor do Intangível** da empresa. Num certo sentido, é a avaliação do *Goodwill*, considerando as marcas, patentes, direitos intelectuais, clientela etc. ou o Capital Intelectual em sua totalidade.

Uma das metodologias mais preferidas em nossos dias é o **Fluxo de Caixa Descontado**. É o valor presente dos fluxos de caixa futuros esperados. Dessa forma, os resultados futuros esperados substituem o valor da fábrica, equipamentos, veículos, instalações, estoques, passivo exigível etc. As privatizações no Brasil têm usado esse método.

Para empresas em descontinuidade, sem perspectiva de melhorar sua situação financeira, usa-se o método **Valor de Liquidação**, dando-se ênfase a seu Ativo Tangível a valor de liquidação.

Ainda em avaliação de empresas, fala-se em critérios que identificam a viabilidade dos negócios. O *Market Value Added* **(MVA)** – Valor de Mercado Agregado – é um instrumento que compara o valor de mercado da empresa com o capital investido por seus donos. Nessa mesma linha, encontra-se o *Economic Value Added* **(EVA)** – Valor Econômico Agregado –, que compara o Lucro Operacional Líquido com o Custo do Capital Investido.

O enfoque correto de *Goodwill*

O conceito correto de *Goodwill* é a diferença entre o valor da empresa e o **valor de mercado** dos Ativos e Passivos.

A diferença entre o valor da empresa e o **valor contábil** dos Ativos e Passivos é denominado, nos meios contábeis, de **Ágio**, e não *Goodwill*.

Admita um processo de privatização em que *experts* em avaliação calculam o valor da empresa no mercado à razão de $ 5.000. Todavia, um comprador, examinando a perspectiva de lucros futuros excepcionais, sua projeção pessoal em termos de *status* e poder, em virtude dessa aquisição, a melhoria de seus negócios em termos sinérgicos etc., paga $ 8.200 por essa empresa. Nesse caso, temos um *Goodwill* **Objetivo** (adquirido) de $ 3.200 (valor pago na aquisição da empresa (–) Valor de Mercado dos Ativos e Passivos Adquiridos).

Em situação em que não ocorrem negociações das empresas, pode-se calcular o *Goodwill* **Subjetivo**, que é a diferença entre o Valor Presente dos Fluxos Futuros de Caixa menos o Valor de Mercado dos Ativos e Passivos.

Por outro lado, é verdade que o *Goodwill* tem uma previsão de vida útil. Por efeitos econômicos, contratuais, pela obsolescência ou pela natureza do negócio, o *Goodwill* desaparecerá, ao longo dos anos, do Ativo da empresa, devendo, portanto, existir a amortização, ou seja, a transformação do Ativo, que deixa de trazer benefícios futuros em despesa.

144 CAPÍTULO 10

Dessa forma, o conceito de *Goodwill* não é o mesmo que Capital Intelectual e muito menos que a expressão legal muito usada no Brasil Fundo de Comércio (porque essa expressão inclui, também, alguns Ativos Tangíveis). Um dos materiais mais preciosos para entender *Goodwill* é a tese de doutoramento do Professor Doutor Eliseu Martins: *Ativo Intangível*, do ano de 1972.

Atividades Práticas

1. Pesquisa

O CPC 46 define Valor Justo como o preço que seria recebido pela venda de um ativo ou que seria pago pela transferência de um passivo em uma transação não forçada entre participantes do mercado na data da mensuração. Analise no CPC 46 características do ativo ou passivo mensurado ao Valor Justo.

2. Questionário – sala de aula ou *Homework*

1. Tradicionalmente, o Ativo tinha quatro características: (a) bem ou direito; (b) de propriedade da empresa; (c) medido (avaliado) monetariamente; e (d) que trazia benefícios presentes ou futuros. Destas características, qual caiu com a Lei 11.638/07?

2. Quais são os métodos de avaliação de Ativo? Comente cada um deles.

3. Qual é a diferença entre Reposição, Custo Corrente e Valor Justo?

4. Por que há necessidade de corrigir o Ativo? Explique as expressões Custo Corrente Corrigido, Custo Corrigido etc.

5. Cite as formas normatizadas de avaliação de Ativo no Brasil.

3. Atividade extrassala de aula (Biblioteca)

1. O Livro de Exercícios de *Contabilidade empresarial* (Marion/GEN | Atlas), no Capítulo 2, traz diversos exercícios sobre Ativo. Escolha três para resolver.

2. Busque no dicionário os seguintes termos: Analogia, *Leasing*, Fluidificado, *Goodwill*, Capital Intelectual, Reposição, Homogeneizar e Intangível.

3. Indique os significados das seguintes siglas: FASB, FGV, FIPE, FIPECAFI, IASB, IBGE, IFRS, IGP, INPC, ISAR e ONU.

DEFINIÇÃO E CRITÉRIOS DE AVALIAÇÃO DE PASSIVO E DE PATRIMÔNIO LÍQUIDO

11.1 Passivo (exigibilidades)

Uma característica essencial de uma exigibilidade é que a empresa tem uma obrigação no momento da avaliação. Uma obrigação é o dever ou a responsabilidade de agir ou de cumprir de certa forma.

As obrigações podem ser legalmente executáveis como consequência de um contrato restritivo (obrigatório) ou algum requisito estatutário ou legal. Esse é normalmente o caso, por exemplo, com valores a pagar correspondentes a bens e serviços recebidos.

Práticas comerciais

É preciso deixar bem claro, todavia, que obrigações (passivos, exigibilidades) também surgem como consequência de práticas comerciais usuais, hábitos comerciais e do desejo (e necessidade) de manter boas relações comerciais e de agir de forma justa e equitativa.

Se, por exemplo, uma empresa decide, como sendo uma política da firma, consertar defeitos de seus produtos, mesmo que esses apareçam após o período de garantia, os montantes que se espera gastar com relação a bens já vendidos são exigibilidades, a serem provisionadas no ato da venda, ou de acordo com experiência estatística com tais defeitos, no final de cada mês ou período de avaliação contábil.

Presente *versus* futuro

Nesta altura, é necessário fazer uma distinção entre obrigação presente e comprometimento futuro. Por exemplo, a decisão, pela empresa, de adquirir ativos no futuro não faz com que, de per si, surja uma exigibilidade agora. Uma exigibilidade, usualmente, somente irá surgir quando o ativo for entregue ou houver redução do Patrimônio Líquido (por despesa reconhecida ou tomada de decisão de distribuir resultado, por exemplo).

Pagamentos

A liquidação ou pagamento de uma exigibilidade, usualmente, envolve o fato de a entidade entregar recursos que têm em seu bojo benefícios econômicos a fim de satisfazer o direito da outra contratante. A liquidação de uma dívida, obrigação ou exigibilidade pode ocorrer de diversas formas, por exemplo, por:

a) pagamento em dinheiro;

b) transferência de outros ativos;

c) execução de serviços;

d) substituição daquela exigibilidade por outra; e

e) conversão da exigibilidade em capital ou outro item do Patrimônio Líquido.

As exigibilidades resultam de transações já ocorridas. Assim, por exemplo, a aquisição de bens e o uso de serviços fazem surgir contas ou duplicatas a pagar (a não ser que tenham sido pagos antecipadamente ou por ocasião da entrega) e o recebimento de um empréstimo bancário resulta em obrigação de honrar o compromisso assumido (principal e juros).

Provisões

Algumas exigibilidades somente podem ser mensuradas se se utilizar um grau substancial de estimativa. São as **provisões**.

Em alguns países, tais provisões não são consideradas exigibilidades porque o conceito de exigibilidade é definido de forma muito estreita,

Definição e critérios de avaliação de passivo e de patrimônio líquido **147**

a qual somente inclui montantes que possam ser estabelecidos sem a necessidade de fazer estimativas.

Exemplos

A definição moderna de exigibilidade, entretanto, tem uma maior abrangência. Assim, quando uma provisão envolve obrigação presente e satisfaz o restante da definição, é **exigibilidade** mesmo que o valor tenha que ser estimado. Exemplos incluem provisões para pagamentos a serem realizados sob garantias existentes e provisões para cobrir encargos por pensões e aposentadorias.

De maneira geral, a avaliação das exigibilidades é feita pelo valor dos recursos que serão sacrificados para sua liquidação, normalmente ativos ou caixa, como vimos. É por isso que o valor presente das exigibilidades também deveria ser calculado, da mesma forma que nas contas e valores a receber, no caso de valores prefixados.

Juros a vencer

Exigibilidades decorrentes de empréstimos em moeda estrangeira, obviamente, devem ser expressas, nos balanços, em moeda corrente do País e os **juros a vencer**, porventura incluídos no montante da exigibilidade total, devem ser apresentados por uma conta retificadora (dedutora), a qual somente vai sendo baixada (a débito de despesa) na medida da incorrência dos encargos pelo decurso dos períodos de maturidade.

Provisões para eventos contingentes (se não for o caso de colocar a descrição da contingência em Nota Explicativa ou se não se tratar de Reserva para Contingência) são exigibilidades como outras quaisquer.

As contingências cujos fatos geradores já tiverem acontecido devem ser registradas como exigibilidades quando consideradas prováveis e puderem ter seus valores razoavelmente bem estimados.

No caso de apenas possíveis, mas não ainda caracterizáveis como prováveis, não são normalmente registradas, dando lugar apenas a evidenciação em notas explicativas.

Pausa e Reflexão

Um passivo bastante conhecido é Imposto a Recolher e Imposto a Pagar. Pesquise qual é a diferença.

11.2 Outras classificações do Passivo

O Passivo Exigível poderá ser dividido em:

a) Exigíveis Onerosos e Não Onerosos

Exigíveis Onerosos são aqueles que estão custando à empresa, mensalmente, juros e encargos bancários: Financiamentos, Empréstimos Bancários etc. São chamados, também, de Passivos Financeiros.

Obrigações com as quais a empresa não paga encargos financeiros são denominadas Não Onerosas: Salários, Fornecedores etc. São também chamados de Passivos Operacionais.

b) Exigíveis Fixos e Exigíveis Variáveis

Os Fixos são aqueles que não variam com o volume de vendas da empresa: Aluguéis, Imposto de Renda etc.

Os Variáveis são aqueles que guardam uma certa relação com o volume de vendas: ICMS e IPI a Recolher, Fornecedores, Salários etc.

c) Exigíveis de Coligadas e Exigíveis de Terceiros

As obrigações com coligadas são aquelas contraídas junto a outras empresas do grupo. São dívidas de menor responsabilidade, dando maior flexibilidade financeira e menor risco de falência.

As obrigações com terceiros são aquelas contraídas junto a empresas que não possuem qualquer vínculo com a tomadora do empréstimo. São dívidas de maior responsabilidade com risco de falência: Fornecedores, Empréstimos Bancários etc.

d) Exigíveis Preferenciais e Exigíveis Quirografários

Num caso de falência, são dívidas que serão liquidadas em primeiro lugar:

Definição e critérios de avaliação de passivo e de patrimônio líquido **149**

1) Despesas com falência;

2) Empregados e Encargos Sociais (legislação do trabalho), limitados a 150 salários mínimos por credor, e os decorrentes de acidentes de trabalho;

3) Dívidas com garantias reais (hipotecas, penhor mercantil);

4) Governo (impostos) e outros créditos;

5) Exigível Quirografário – os que não se enquadram nos preferenciais: Fornecedores, Dividendos, os saldos que excederam o limite estabelecido de 150 salários mínimos referentes à legislação do trabalho etc.

Pausa e Reflexão

Há outras classificações, a nosso ver, não fundamentais, como Exigíveis em Moeda Nacional e em Moeda Estrangeira; Exigíveis por Impostos e Exigíveis Comerciais (Fornecedores, Salários, Empréstimos). Você poderia sugerir outras classificações?

11.3 Patrimônio Líquido

Definido de forma simples, pode ser caracterizado como a diferença entre Ativo e Exigibilidades (Passivo).

Detalhamento

Entretanto, esta definição é bastante simplista e pode ser melhor detalhada. Numa grande empresa, por exemplo, os recursos conferidos pelos acionistas, os lucros retidos, as reservas que representam apropriações de lucros retidos e as reservas que representam ajustes de capital podem ser demonstradas separadamente; aliás, é costumeiro fazer-se isto.

Tais classificações podem ser relevantes para as necessidades decisórias dos usuários das demonstrações contábeis quando elas indicarem restrições legais ou de outra natureza sobre a habilidade ou liberdade da empresa distribuir ou aplicar de outra forma seu Patrimônio Líquido. Podem refletir, também, o fato de que as partes com interesses de

150 CAPÍTULO 11

propriedade numa entidade ou empresa tenham direitos diferenciados com relação ao recebimento de dividendos ou reembolso da parcela do capital por eles investida.

Reservas

A criação de reservas é, às vezes, requerida por disposição estatutária ou legal a fim de dar à entidade e a seus credores uma medida adicional de proteção com relação ao efeito de possíveis perdas. Outras reservas podem ser feitas de acordo com as legislações de vários países.

A existência e o tamanho dessas reservas é uma informação relevante para a tomada de decisão dos usuários. Transferência para reservas (de lucros) são apropriações de lucros retidos, e não despesas.

Avaliação do Ativo

O montante pelo qual o **Patrimônio Líquido** é demonstrado no Balanço Patrimonial depende da avaliação e mensuração de ativos e passivos (exigibilidades).

Usualmente, o montante agregado representativo do patrimônio líquido contábil de uma empresa somente por coincidência será igual ao valor de mercado das ações da entidade ou à soma que seria possível levantar vendendo os ativos líquidos gradualmente ou a empresa como um todo.

Teoria do Proprietário

O **Patrimônio Líquido** pode ser visualizado, também, conforme a teoria de controle predominante. Pela **Teoria do Proprietário**, aplicável principalmente nas sociedades de menor vulto, mas teoricamente, também aplicável em grandes empresas, desde que haja um quotista absolutamente predominante, o Patrimônio Líquido, como diferença entre ativo e passivo, pertence ao proprietário. Assim, a equação patrimonial é expressa por: ATIVO – PASSIVO = PATRIMÔNIO LÍQUIDO.

Teoria da Entidade

Já pela **Teoria da Entidade**, o patrimônio dos acionistas ou quotistas, pessoas físicas ou jurídicas, não se confunde com o patrimônio líquido da entidade, na continuidade. Tanto que o lucro líquido em si, apurado ao final de um exercício, não pode, sumariamente, ser distribuído todo aos acionistas, sendo necessária uma decisão de assembleia, para fazê-lo, e após as reservas legais e estatutárias terem sido acantonadas.

O **Patrimônio Líquido**, em si, na continuidade, pertence à Entidade. O próprio acionista não pode, a qualquer momento, retirar-se da sociedade, levando sua parcela de patrimônio, havendo prazos e regras para isso acontecer. Pela **Teoria da Entidade**, a equação patrimonial é expressa como: ATIVO = PASSIVO + PATRIMÔNIO LÍQUIDO DA ENTIDADE, ou, conforme alguns autores preferem, dando uma conotação mais abrangente ao termo Passivo: ATIVO = PASSIVO. Provavelmente, embora todas as teorias tenham sua importância e aplicações parciais, a Teoria da Entidade é a que mais influencia o desenvolvimento da Contabilidade de nossos dias, tendo fundamentado o próprio Princípio da Entidade, já tratado no Capítulo 7.

Teoria dos Fundos

Uma outra visualização do Patrimônio Líquido, bastante ilustrativa, é a **Teoria dos Fundos**. Segundo essa teoria, o Ativo é o somatório das aplicações que foi possível fazer pela utilização dos recursos provindos de terceiros e de capitais próprios. Assim, a representação da equação patrimonial, segundo essa teoria é: (APLICAÇÕES = RECURSOS ou USOS) = FONTES. Tal teoria é de particular interesse para as entidades governamentais, mas também é importante para entender melhor, nas entidades privadas, como foram aplicados os fundos e de onde foram obtidos.

Teoria do Comando

Existem outras teorias mais modernas como a **Teoria do Comando**, que seria uma espécie de visualização do conjunto patrimonial de uma entidade de grandes proporções por parte de sua administração profissional. Segundo esta teoria, os administradores têm possibilidade de comando somente sobre aquela parcela do patrimônio que pode ser movimentada por meio de uma simples orientação da administração profissional, sem precisar de autorização expressa dos acionistas ou do conselho de administração.

Composição do PL

De acordo com a Lei 11.638/07, o Patrimônio Líquido é constituído basicamente pelos seguintes grupos principais:

- Capital Contribuído pelos Sócios (Efetivamente Integralizado);
- Reservas de Capital;
- Reservas de Lucros;
- Ajustes de Avaliação Patrimonial;
- Ações em Tesouraria; e
- Prejuízos Acumulados.

O Patrimônio Líquido, em essência, de qualquer ângulo que seja analisado, é o resultado final de todo o esforço feito pela entidade para alocar seus Ativos (e Passivos), da forma mais eficiente e lucrativa possível.

Manutenção do PL

Toda administração deseja, ao final de um período contábil, ter, pelo menos, preservado a integridade do poder aquisitivo do Patrimônio Líquido com que iniciou o período. Esta, entretanto, é uma hipótese mínima de trabalho, somente admissível em períodos de grandes dificuldades conjunturais. O que se deseja, na verdade, é obter um patrimônio líquido final igual ao inicial multiplicado por $(1 + p) \times (1 + i)$, onde p é a taxa de inflação e i é a taxa desejada de retorno.

Pausa e Reflexão

Na primeira parte deste capítulo vimos que Provisão, como dívida, faz parte do Passivo Exigível. Agora, vimos que Reservas faz parte do Patrimônio Líquido. Tente explicar as diferenças existentes entre Provisão e Reserva.

Definição e critérios de avaliação de passivo e de patrimônio líquido **153**

Leitura Complementar

A) Critérios de avaliação do ativo conforme a Lei das Sociedades por Ações (Leis 6.404/76 e 11.638/07)

Art. 183. No balanço, os elementos do ativo serão avaliados segundo os seguintes critérios:

I – as aplicações em instrumentos financeiros, inclusive derivativos, e em direitos e títulos de créditos, classificados no Ativo Circulante ou no Realizável a Longo Prazo;

II – os direitos que tiverem por objeto mercadorias e produtos do comércio da companhia, assim como matérias-primas, produtos em fabricação e bens em almoxarifado, pelo custo de aquisição ou produção, deduzido de provisão para ajustá-lo ao valor de mercado, quando este for inferior;

III – os investimentos e participação no capital social de outras sociedades, ressalvado o disposto nos arts. 248 a 250, pelo custo de aquisição, deduzido de provisão para perdas prováveis na realização do seu valor, quando essa perda estiver comprovada como permanente, e que não será modificado em razão do recebimento, sem custo para a companhia, de ações ou quotas bonificadas;

IV – os demais investimentos, pelo custo de aquisição, deduzido de provisão para atender às perdas prováveis na realização do seu valor, ou para redução do custo de aquisição ao valor de mercado, quando este for inferior;

V – os direitos classificados no imobilizado, pelo custo de aquisição, deduzido do saldo da respectiva conta de depreciação, amortização ou exaustão;

VI – (Revogado);

VII – os direitos classificados no intangível, pelo custo incorrido na aquisição deduzido do saldo da respectiva conta de amortização;

VIII – os elementos do ativo decorrentes de operações de longo prazo serão ajustados a valor presente, sendo os demais ajustados quando houver efeito relevante.

§ 1º Para efeitos do disposto neste artigo, considera-se valor de mercado:

a) das matérias-primas e dos bens em almoxarifado, o preço pelo qual possam ser repostos, mediante compra no mercado;

b) dos bens ou direitos destinados à venda, o preço líquido de realização mediante venda no mercado, deduzidos os impostos e demais despesas necessárias para a venda, e a margem de lucro;

c) dos investimentos, o valor líquido pelo qual possam ser alienados a terceiros;

d) dos instrumentos financeiros, o valor que pode se obter em um mercado ativo, decorrente de transação não compulsória realizada entre partes independentes; e, na ausência de um mercado ativo para um determinado instrumento financeiro:

1) o valor que se pode obter em um mercado ativo com a negociação de outro instrumento financeiro de natureza, prazo e risco similares;

2) o valor presente líquido dos fluxos de caixa futuros para instrumentos financeiros de natureza, prazo e risco similares; ou

3) o valor obtido por meio de modelos matemático-estatísticos de precificação de instrumentos financeiros.

§ 2º A diminuição do valor dos elementos dos ativos imobilizado e intangível será registrada periodicamente nas contas de:

a) depreciação, quando corresponder à perda do valor dos direitos que têm por objeto bens físicos sujeitos ao desgaste ou perda de utilidade por uso, ação da natureza ou obsolescência;

b) amortização, quando corresponder à perda do valor do capital aplicado na aquisição de direitos da propriedade industrial ou comercial e quaisquer outros com existência ou exercício de duração limitada, ou cujo objeto sejam bens de utilização por prazo legal ou contratualmente limitado;

c) exaustão, quando corresponder à perda do valor, decorrente da sua exploração, de direitos cujo objeto sejam recursos minerais ou florestais, ou bens aplicados nessa exploração.

§ 3º A companhia deverá efetuar, periodicamente, análise sobre a recuperação dos valores registrados no imobilizado e no intangível, a fim de que sejam:

I – registradas as perdas de valor do capital aplicado quando houver decisão de interromper os empreendimentos ou atividades a que se destinavam ou

Definição e critérios de avaliação de passivo e de patrimônio líquido **155**

quando comprovado que não poderão produzir resultados suficientes para recuperação desse valor; ou

II – revisados e ajustados os critérios utilizados para determinação da vida útil econômica estimada e para cálculo da depreciação, exaustão e amortização.

§ 4º Os estoques de mercadorias fungíveis destinadas à venda poderão ser avaliados pelo valor de mercado quando esse for o costume mercantil aceito pela técnica contábil.

B) Critérios de avaliação do passivo conforme as Leis das Sociedades por Ações (Leis 6.404/76 e 11.638/07)

Art. 184. No balanço, os elementos do passivo serão avaliados de acordo com os seguintes critérios:

I – as obrigações, encargos e riscos, conhecidos ou calculáveis, inclusive imposto de renda a pagar com base no resultado do exercício, serão computados pelo valor atualizado até a data do balanço;

II – as obrigações em moeda estrangeira, com cláusula de paridade cambial, serão convertidas em moeda nacional à taxa de câmbio em vigor na data do balanço;

III – as obrigações, os encargos e os riscos classificados no passivo não circulante serão ajustados ao seu valor presente, sendo os demais ajustados quando houver efeito relevante.

Atividades Práticas

1. Pesquisa

Há autores que definem o Patrimônio Líquido como um *Passivo Não Exigível*, ou seja, uma obrigação que não será devolvida. Outros não o tratam como Passivo, mas como um grupo especial de contas que por ser credor está no lado do Passivo. Identifique um autor de cada linha e dê sua opinião.

2. Questionário – sala de aula ou *Homework*

1. Identifique as principais diferenças entre Provisão e Reserva.

2. Faça um breve resumo de todas as classificações possíveis de Passivo Exigível.

3. Faça um breve resumo de todas as Teorias de Patrimônio Líquido.

156 CAPÍTULO 11

4. Podemos dizer que Bancos a Pagar é um Exigível Preferencial ou Quirografário? No caso de falência ele será pago no início ou no fim do processo falimentar?

3. Atividade extrassala de aula (Biblioteca)

1. Pela Lei das S.A., entre o Passivo e o PL há um grupo intermediário chamado Resultado de Exercícios Futuros. Identifique a definição deste grupo, e diga se ele tem características de Passivo Exigível ou de Patrimônio Líquido.

2. Pesquise na Lei 11.638/07 quais são as Reservas de Lucros que compõem o Patrimônio Líquido.

3. Como serão compostos os Ajustes de Avaliação Patrimonial que serão registrados no Patrimônio Líquido, de acordo com a Lei 11.638?

4. O que são Ações em Tesouraria?

5. O Livro de Exercícios de *Contabilidade básica* (Marion/GEN | Atlas) dispõe de diversos exercícios sobre Passivo e Patrimônio Líquido. Escolha três para serem resolvidos.

12

RECEITAS, DESPESAS, GANHOS E PERDAS

12.1 Generalidades

O Patrimônio Líquido, avaliado por diferença entre Ativo e Passivo (Exigibilidades), ou de forma mais detalhada, demonstrado no Balanço Patrimonial de uma certa data TO, deve ser comparado com o valor do Patrimônio Líquido em TI (deduzidos os aumentos de capital em bens ocorridos no período e somados os dividendos eventualmente distribuídos); e a diferença entre PLI e PLO é o resultado do período TO-TI.

Forma de apurar resultados

Esta é a visão chamada de **estática comparada**, isto é, avalia-se, ou, no fundo, efetua-se o inventário patrimonial em duas datas distintas e, por diferença entre os dois estados de riqueza líquida, calcula-se a **variação** (positiva ou negativa) ocorrida no período.

Acontece que esse número, embora importante, se apurado dessa forma, sem a preocupação de abrir **contas de fluxo** que descrevam o que aconteceu durante o período que medeia os dois balanços, perde substância informativa.

Pode-se obter pequena melhoria se, no Patrimônio Líquido, além das contas de capital, se coloca uma conta de resultados acumulados. A diferença entre os saldos desta conta seria o resultado do período. Ainda assim, seria muito pouco, pois não se saberia: quanto de resultado foi devido às receitas operacionais menos as despesas operacionais, quanto foi devido às receitas menos despesas não operacionais etc.

Limitações deste método

Em outras palavras, não se teria condições de avaliar o desempenho da empresa durante o período. Existem autores, normalmente os mais antigos, que dão mais ênfase ao Balanço Patrimonial; outros, usualmente mais recentes, se fixam na maior importância das **demonstrações de fluxos** (sendo a de Resultados uma delas, outras podem ser a de Fluxo de Caixa etc.).

Na verdade, ambas as peças têm absolutamente a mesma hierarquia e são indissoluvelmente ligadas uma à outra. Tão importante quanto ter a sensação de saber como se está no momento (demonstrações de saldos atuais – Balanço) é tentar averiguar quais as causas que fizeram com que agora (balanço final) a empresa se sinta diferente de como se sentia na época do balanço inicial.

A melhor definição de lucro

Aliás, a própria definição clássica de lucro, apresentada por Hicks, afirma que:

> "lucro é o que podemos consumir durante uma semana (ou um mês ou ano etc.) e sentir-nos 'tão bem' no final como nos sentíamos no início".

Obviamente, esta sensação de "sentir-se bem, tão bem como", do ponto de vista de um economista, incorpora previsões futuras de fluxos que devem ser trazidas, a cada momento de avaliação, aos seus valores presentes. Entretanto, embora de forma mais objetiva possível, isto também é verdadeiro do ponto de vista do contador.

Limite dos dividendos

O sentir-se "tão bem como" significa que o máximo de lucro que se pode distribuir é o montante, o qual, uma vez distribuído, não diminui a potencialidade do patrimônio (e da entidade) em continuar operando e gerando fluxos líquidos positivos de lucros (e, no final, de caixa).

Em outras palavras, é um conceito de manutenção de patrimônio. Como vai ser mensurada esta manutenção é outro problema. Pode-se manter o poder aquisitivo médio geral do patrimônio, pode-se manter o patrimônio físico etc., mas será sempre um conceito de manutenção.

Agora, a definição de Hicks, no fundo, também é derivante de uma visão estática comparada. Não nos diz muito sobre as causas que alteraram o Patrimônio Líquido ou que geraram um resultado. Aos economistas que aceitam – sem tal definição restaria o problema análogo ao dos Contadores, qual seja o de dar nomes, identificar e mensurar cada componente aumentativo (receitas) e diminutivos (despesas).

> **Pausa e Reflexão**
>
> Por meio da Diferença entre o PL final e o inicial temos condições de apurar o Lucro (ou Prejuízo). Por que a maioria esmagadora das empresas não usa esta metodologia?

12.2 As receitas: conceituação e mensuração

A Receita pode ser definida, de acordo com o estudo do IASB (já citado), como

"o acréscimo de benefícios econômicos durante o período contábil na forma de entrada de ativos ou decréscimos de exigibilidades e que redunda num acréscimo do patrimônio líquido, outro que não o relacionado a ajustes de capital".

Conquanto esta definição caracterize os efeitos do surgimento de uma receita no ativo (ou no passivo) e no Patrimônio Líquido, não caracteriza a essência do que se quer definir.

Operacional e não operacional

Em primeiro lugar, uma receita é a resultante, direta (no caso de ser operacional como Vendas) ou indireta (no caso de receitas não operacionais,

160 CAPÍTULO 12

como Juros – derivantes de manutenção de ativos), da atividade da empresa de gerar produtos ou serviços que tenham utilidade para o mercado.

Não existiria receita operacional se a entidade não fosse capaz de gerar ou produzir, utilizando seus recursos (e, como se verá, incorrendo em despesas), produtos ou serviços que o mercado aceitasse. Dessa forma, pode-se considerar que a Receita é um fluxo de produtos ou serviços durante um certo período contábil.

Princípio da realização da receita

O efeito, no patrimônio, é o descrito pela definição do IASB, qual seja, de provocar um aumento de ativo (ou diminuição de passivo) e, ao mesmo tempo, um acréscimo de Patrimônio Líquido. Foi tratado, no Capítulo 8, sobre o **Regime de Competência** que, a fim de se reconhecer receita, não é absolutamente indispensável que o produto ou serviço já tenha sido completamente transferido ao cliente, embora esta seja a situação mais comum.

É por isso que se insiste no fato de que Receita é o resultado da aceitação por parte do mercado do esforço de produção da empresa. É preciso deixar bem claro, todavia, que a definição geral de Receita engloba a receita propriamente dita e os ganhos.

Ganhos

Os ganhos representam itens não recorrentes (repetitivos) que têm o mesmo efeito líquido no patrimônio, mas que podem ou não surgir na atividade normal de uma empresa, ao passo que a receita sempre surge de atividades normais. Entretanto, como o efeito no patrimônio é o mesmo, não se excluem os ganhos no tratamento desse item, embora, às vezes, não estritamente operacionais (como no caso de uma aplicação financeira, que gera receita financeira).

Ganhos não realizados

Os ganhos incluem os que surgem de vendas e baixas de ativos não circulantes (imobilizados, por exemplo). A definição geral de Receita também inclui os ganhos financeiramente ainda não realizados; por exemplo, os derivantes da reavaliação de títulos negociáveis (ações avaliadas ao preço de mercado) e os resultantes de acréscimos no valor de ativos de longo prazo ou permanentes (equivalência patrimonial).

Evidenciado separadamente

Quando ganhos são reconhecidos na demonstração de resultados, normalmente são separados porque seu conhecimento é útil para a finalidade de decisões econômicas. Às vezes, os ganhos são relatados líquidos de suas despesas relacionadas.

Vários tipos de ativos podem ser recebidos como resultado de uma Receita; exemplos podem incluir dinheiro, contas a receber, bens e serviços recebidos em troca de outros bens e serviços entregues ao cliente.

Os norte-americanos utilizam as expressões:

Income é a palavra genérica que engloba Receitas e Ganhos.

Revenue significa Receita derivante de atividades normais (vendas propriamente ditas).

Gains são os ganhos extraordinários descritos acima.

Renda

Nós não temos uma palavra equivalente a *Income*, no sentido que os norte-americanos dão ao termo, em Contabilidade. Renda não é a palavra adequada, pois dá uma ideia mais restrita de juros, em geral. Rendimentos talvez fosse a melhor tradução. Os italianos falam em **Ingressos**, como o equivalente ao *Income* dos americanos.

Receita não operacional

No Brasil, utilizamos o termo *Receita*, que pode ser operacional ou não, e, eventualmente, Ganhos. Entretanto, esses últimos, às vezes, são englobados como receitas não operacionais, o que é, conceitualmente, incorreto, pois vimos que as origens de ganhos e de receitas, mesmo as não operacionais, são diferenciadas.

162 CAPÍTULO 12

De qualquer forma, o importante é utilizar denominações que reflitam bem a natureza da receita ou do ganho para que o usuário possa entender bem o desempenho da entidade num período.

> **Pausa e Reflexão**
>
> A comparação entre Receita Operacional, Receita Não Operacional e Ganhos é fundamental para a Teoria da Contabilidade. Tente definir com suas palavras e exemplifique.

12.3 As despesas e as perdas

De maneira geral, pode-se conceituar Despesa como sendo o sacrifício de ativos realizado em troca da obtenção de Receitas (cujo montante espera-se que supere o das despesas).

Sacrifício para se obter receita

Às vezes, esses sacrifícios são incorridos em função de, e diretamente atribuíveis, à obtenção de uma receita específica; por exemplo, as despesas de materiais com a execução de serviços de reparos de televisores, numa empresa que se dedique a tal atividade. Os salários do pessoal diretamente ligado aos serviços de conserto também poderiam ser diretamente conectados com as receitas de serviços.

Outras vezes, entretanto, o sacrifício de ativos:

1) tem uma ligação com a manutenção da entidade num determinado período (e, portanto, pela condição de assegurar a continuidade da empresa no período, também contribui para a geração de receitas do período); ou

2) é derivante de ônus impostos de fora para dentro, como impostos, mas sem o pagamento dos quais a continuidade do empreendimento se veria ameaçada.

Como regra geral, somente podem ser ativados gastos se houver certeza de que irão beneficiar períodos futuros, além do atual. Sempre que não for possível identificar os períodos ou as receitas futuras conectadas ao gasto (a não ser que seja uma aquisição de ativo ou liquidação de dívida, é claro), deve-se lançá-lo como despesa do período.

Na Leitura Complementar deste capítulo, serão tratadas as diferenças entre os termos *Ativo*, *Custo*, *Despesa* e *Perda*.

Perdas

A definição de despesa (que, ao contrário das receitas, provoca uma diminuição do ativo ou aumento de passivo, com consequente diminuição do Patrimônio Líquido), inclui as **perdas**, além das despesas propriamente ditas.

Estas últimas (despesas) surgem no curso das atividades normais da empresa e incluem, por exemplo, custo das vendas (ou dos serviços), salários e depreciação. Usualmente, tomam a forma de uma saída ou desgaste de ativos (desgaste no sentido econômico), tais como Caixa, equivalentes de caixa, inventários, imóveis, equipamentos.

As perdas incluem outros itens que também impactam Ativo e Patrimônio Líquido da mesma forma que as despesas e que podem ou não surgir no curso da atividade normal da empresa. Normalmente, as perdas são imprevisíveis.

Exemplos de perdas

As perdas incluem itens tais como os resultantes de desastres, como inundações, fogo etc., bem como as derivantes da desincorporação de ativos não correntes, como equipamentos. Perdas incluem também as não realizadas como, por exemplo, os efeitos de eventual acréscimo anormal na taxa de câmbio de uma moeda estrangeira quando temos empréstimos naquela moeda.

Por outro lado, a reavaliação de certos ativos e passivos pode dar origem a acréscimos ou decréscimos no Patrimônio Líquido. Embora tais acréscimos ou decréscimos possam parecer iguais, na natureza, aos oriundos de Receitas e Despesas, eles não são incluídos na demonstração de resultados sob certos conceitos de manutenção de capital. Ao contrário, tais itens são incluídos no Patrimônio Líquido como reservas de reavaliação ou de manutenção de capital (ajustes de manutenção de capital).

164 CAPÍTULO 12

DRE (modelo tradicional)

Na Demonstração de Resultados (DRE), genericamente, tem-se, pela ordem:

Receitas Operacionais
(–) Deduções de Receitas
= Receitas Operacionais Líquidas
(–) Custos das Vendas (considerados Despesa na DRE)
= Resultado em Vendas
(–) Despesas Operacionais
= Resultado Operacional
+ ou Receitas e Despesas Não Operacionais
(–) (incluindo Ganhos e Perdas)
= Resultado Antes do Imposto de Renda
(–) Imposto de Renda e Contribuição Social
= Resultado Líquido

O que deve caracterizar a DRE é que é a demonstração que melhor evidencia o desempenho da empresa no período, é a clareza das denominações e, sempre que possível, deve ser apresentada de forma dedutiva. Existem algumas variantes de apresentação, mas a vista acima parece bastante elucidativa das etapas e componentes de uma DRE.

Pausa e Reflexão

Na Demonstração de Resultado acima, encontramos dois termos subtrativos nãos comentados neste capítulo: Deduções de Receitas e Custo das Vendas. Sua missão aqui é diferenciar os quatro termos: *Deduções*, *Despesas*, *Custos* e *Perdas*.

DRE (modelo completo considerando o pronunciamento do CPC 26)

Modelo de Demonstração do Resultado do Exercício com base na Legislação – Lei 6.404/76 com as alterações das Leis 11.638/07 e 11.941/09 e das Normas Contábeis – CPC 26 e Resolução CFC 1.255/09.

RECEITA BRUTA DE VENDAS
(–) DEDUÇÕES DE VENDAS
Vendas Canceladas
Descontos Incondicionais
Devoluções de Vendas
(–) IMPOSTOS SOBRE VENDAS
ICMS sobre Faturamento
RECEITA LÍQUIDA DE VENDAS
(–) Custo dos Produtos e Serviços Vendidos
LUCRO BRUTO
(+/–) DESPESAS E RECEITAS OPERACIONAIS
Despesas Comerciais
Despesas Administrativas
Despesas Tributárias
Outras Receitas Operacionais
Outras Despesas Operacionais
Resultado de Investimentos em Coligadas e Controladas
RESULTADO ANTES DAS DESPESAS E RECEITAS FINANCEIRAS
(+/–) RESULTADO FINANCEIRO LÍQUIDO
Despesas Financeiras
Receitas Financeiras
RESULTADO ANTES DOS TRIBUTOS SOBRE O LUCRO
(–) Provisão para CSLL
(–) Provisão para IRPJ
RESULTADO LÍQUIDO DAS OPERAÇÕES CONTINUADAS
Resultado líquido após os tributos das operações descontinuadas
Resultado líquido de baixas de ativos e mensuração do valor justo
RESULTADO LÍQUIDO DO PERÍODO

Lucro Líquido por ação:
Destinação:
    • Participação de Acionistas ou sócios não controladores
    • Aos proprietários da entidade controladora

166 CAPÍTULO 12

Leitura Complementar

Aspectos gerais dos termos subtrativos na DRE

(No livro *Curso de contabilidade para não contadores,* os autores procuram simplificar as principais diferenças.)

Diferença entre Despesa e Ativo (Investimento)

Quando há um gasto que deverá trazer benefícios futuros para a empresa, denomina-se este gasto de Investimento. Pelo fato de este gasto ser classificado no Ativo, podemos chamar, em vez de Investimento, simplesmente de Ativo.

A característica do Ativo é trazer benefícios futuros ou ter potencial para gerar receitas e, consequentemente, lucro para a empresa. Assim, uma máquina, quando adquirida, tem potencial de trazer benefícios por muitos anos.

Despesa é exatamente o contrário. Depois da sua ocorrência, não traz mais benefícios para a empresa. A despesa com comissão de vendedores provocou uma receita, mas não trará mais benefício para a empresa. Daí afirmar-se que despesa é bem ou serviço consumido para a obtenção da receita.

Imagine uma senhora que vai a um supermercado fazer compras de alimentos. Chegando a sua casa, guarda esta compra na despensa e vai fazer sua Contabilidade pessoal. Não há dúvidas, aquele alimento trará benefícios para ela e sua família, é um Investimento, contabilizado no Ativo.

Passando o tempo, todavia, a senhora prepara o alimento e apronta uma linda mesa para os seus queridos saciarem sua fome. Olhando para aquela farta mesa, ela pensa: "não há dúvida, ainda é Ativo, pois vai proporcionar um benefício para todos nós".

Após ingerir aquele alimento, inicia-se o processo de transformação de Ativo em despesa nos estômagos daquela família. Resta, apenas, a senhora ir até sua contabilidade; baixar (excluir) o valor da compra do seu Ativo e lançar como uma despesa (não vai mais trazer benefícios, expirou).

Assim, todas as vezes em que um Ativo perde o seu potencial de trazer benefícios, seu valor é tirado do total do Ativo (baixado) e lançado como uma despesa. Não se esqueça, chamaremos de despesa se provocar um último benefício (direta ou indiretamente), pois o Ativo expirou, morreu.

Se todavia não trouxer o último benefício não é despesa, mas perda. Imagine se, no caso da senhora acima, sua compra fosse roubada: não haveria benefício para ela e sua família. Ela teria que baixar o seu Ativo como perda.

Diferença entre Ativo e Custo

Custo é a utilização de bens ou serviços na produção de outros bens ou serviços.

Assim, na fabricação de uma mesa utilizam-se vários bens que a empresa tem no seu estoque (madeira, pregos, tinta, parafusos etc.) e serviços (mão de obra, serviços de terceiros etc.).

No final, a mesa estará pronta para ser usada, para trazer benefícios ou ser vendida. Como ela vai trazer benefícios, permanece no Ativo. Podemos dizer que este Ativo (mesa) custou $ "x" e foi contabilizado ao custo histórico, ou custo original ou custo de fabricação.

O termo *custo* é um gasto reconhecido só no momento do uso dos fatores de produção (material, mão de obra...) para a fabricação de um produto ou serviço. Assim, quando a empresa comprou madeira, pregos, tinta... teve um gasto, vamos admitir, de $ 1.000. Como este gasto vai trazer benefícios, tem a característica de um Investimento, portanto é contabilizado no Ativo como Estoque de Material.

No momento da fabricação da mesa, estes fatores (material) são tirados do almoxarifado e levados para a produção. Contabilmente, tiramos aqueles $ 1.000 da conta Estoque de Material e os lançamos num novo controle (conta ou sistema contábil) com o título Custo de Produção.

Aí começam os Custos: somamos ao valor do material usado na mão de obra a depreciação das máquinas que estão sendo utilizadas para a fabricação da mesa, a energia elétrica consumida pelas máquinas, a manutenção das máquinas, enfim, todos os gastos para produção.

Se estivéssemos num final de mês e a mesa não estivesse pronta, o custo acumulado até o momento apareceria no Ativo como "Estoque de Produto em Andamento" (Estoque em Elaboração). Ao terminar a mesa, somam-se todos os custos de produção e contabiliza-se como um "Estoque de Produto Acabado" no Ativo.

Portanto, numa indústria, Custo é o gasto para se produzir um bem que contabilmente permanece no Ativo da empresa.

Diferença entre Custo *versus* Despesa *versus* Perda

Admita que a mesa fabricada por aquela indústria foi totalmente destruída por um incêndio. É necessário tirá-la do Ativo, pois não traz mais benefício

168 CAPÍTULO 12

para a empresa. Por ser um fato anormal, imprevisível, e por não provocar receita, tratamos o valor baixado do Ativo como perda. Portanto, perda é identificada por não ter nenhum valor compensante.

No entanto, a hipótese anterior felizmente não é comum. O comum seria vender a mesa. No momento da venda, o estoque é baixado, pois o bem está sendo transferido para um comprador e não trará mais benefícios para a empresa. Quando subtraímos o bem vendido do Ativo, tratamo-lo como despesa, pois está provocando uma receita, último benefício. Agora não haverá mais benefício.

Poderíamos chamar de Despesa do Produto Vendido. Todavia, esta terminologia não é habitual, ainda que seja a correta. Convencionou-se chamar este item de Custo do Produto Vendido, pela sua origem, ou seja, Custo de Produção.

Dessa forma, todos os gastos originados na fábrica, por ocasião da venda do bem produzido, são conhecidos como Custo dos Produtos Vendidos.

Por convenção, as despesas abrangem apenas os gastos de escritório e administração.

Pela Lei das Sociedades Anônimas, identificamos três tipos de despesa: de vendas, administrativas e financeiras. Para fins deste trabalho, seguiremos a convenção em que Custos são os gastos de fábrica e Despesas os gastos de escritório e administração central.

Atividades Práticas

1. Pesquisa

Normalmente, as Contas de Ativo são classificadas de acordo com o grau de liquidez decrescente. O Passivo, de acordo com o prazo de pagamento, ou seja, quanto antes for o pagamento, o item aparece em primeiro lugar. Pesquise agora a ordem de classificação da Demonstração de Resultado citando pelo menos dois livros diferentes.

2. Questionário – sala de aula ou *Homework*

1. Por que a Demonstração de Resultado do Exercício é chamada de Fluxo? Ou ainda de uma demonstração dinâmica e não estática?

2. Qual é a definição de lucro de Hicks? Por que é considerada a melhor definição?

3. Quais são as duas fórmulas de apurar resultado? Qual é a melhor?

4. Faça um resumo das diferenças dos termos: receita, ganho, custo, despesa e perda.

5. Por que dividendos pagos não são tratados como despesa?

3. Atividade extrassala de aula (Biblioteca)

1. Pesquise em outras fontes a diferença entre fluxo econômico (DRE) e fluxo financeiro (DFC).

2. A Leitura Complementar deste capítulo menciona o livro *Curso de contabilidade para não contadores*. No livro *O ensino da contabilidade*, de autoria de Marion, é abordado o enfoque diferencial para futuros contadores e futuros não contadores que precisam da Contabilidade. Comente esta diferença e avalie o enfoque de seu ensino atual.

PARTE V

RELATÓRIOS CONTÁBEIS

- Os Relatórios Contábeis significam os Produtos Finais da Contabilidade.

- A preocupação desta parte é mostrar como a Teoria da Contabilidade influencia na elaboração destes relatórios.

- Aqui existe uma preocupação em mostrar aspectos diferenciados entre a Lei das Sociedades Anônimas e as Normas do Conselho Federal de Contabilidade.

O BALANÇO PATRIMONIAL

13.1 Introdução

O Balanço Patrimonial é a peça contábil que retrata a posição (saldo) das contas de uma entidade após todos os lançamentos das operações de um período terem sido feitos, após todos os provisionamentos (depreciação, devedores duvidosos etc.) e ajustes, bem como após o encerramento das contas de Receita e Despesa também ter sido executado.

Hierarquia

O Balanço Patrimonial é a mais importante demonstração contábil de "posição" das contas num determinado momento. Imagine-se a estrutura e hierarquia do sistema contábil de informação mais ou menos desta forma simplificada:

174 CAPÍTULO 13

Os Princípios Fundamentais representam a cúpula de todo o edifício contábil, principalmente da Contabilidade Financeira.

O Processamento e os Ajustes correspondem à fase de acumulação sistemática dos registros de operações, bem como dos ajustes de final de exercício (incluindo os encerramentos de receitas e despesas).

O principal relatório

Os Relatórios de Posição representam a posição da entidade num determinado momento, no que se refere a suas principais contas. O Balanço Patrimonial é o principal deles. Pode-se ter, todavia, detalhamentos de grupos do Balanço como Bancos, Valores a Receber, Imobilizados etc.

Os Fluxos

Os Relatórios de Fluxos descrevem o que aconteceu em determinadas contas durante o período. Assim, tem-se **Relatório de Receitas e Despesas** (Nossa Demonstração de Resultados), que retrata a movimentação, no período, de receitas e despesas, pelo Regime de Competência. Outro relatório de fluxos importante é o popular Fluxo de Caixa, que está ganhando cada vez mais hierarquia dentro das preocupações dos teóricos da evidenciação contábil, organismos internacionais e nacionais de Princípios Contábeis e os usuários em geral, e foi introduzido pela Lei 11.638/07.

Os relatórios de Comparação e de Exceção (ou de situações especiais) já pertencem mais ao campo da Contabilidade Gerencial e não serão tratados aqui.

> **Pausa e Reflexão**
>
> Dentro deste contexto, defina o que é um Relatório Estatístico e o que é um Relatório Dinâmico.

13.2 Poder preditivo do Balanço Patrimonial

Inferência

Embora o Balanço represente uma situação aparentemente estática, informando, portanto, sobre o passado e o presente principalmente, ele,

O balanço patrimonial **175**

como todas as peças contábeis, apresenta **um poder informativo de natureza preditiva**, na medida em que os usuários, sabedores do cuidado e do zelo com que foi elaborado o Balanço, podem inferir, com alguns ajustes pessoais adicionais, as seguintes dimensões básicas, importantes para a tomada de decisões visando ao futuro:

– posição de liquidez e endividamento;

– a representatividade dos principais grupos patrimoniais como, por exemplo, o Imobilizado comparado com o Patrimônio Líquido, o Circulante Passivo (Exigível a Curto Prazo) com o Circulante Ativo (Realizável a Curto Prazo) etc.;

– se as contas tiverem sido avaliadas e colocadas em termos de poder aquisitivo da data do Balanço, ou estiverem expressas em algum tipo de moeda forte, ou a custos de reposição etc., o Balanço pode ser uma indicação inicial de quanto um investidor deveria investir, aproximadamente, para ter uma empresa equivalente.

É evidente que as avaliações e comparações anteriores e outras ficam fortalecidas à medida que se dispõe de Balanços para mais de um período, de Balanços de empresas concorrentes etc.

O poder preditivo geral do Balanço Patrimonial, entretanto, consiste em dar uma razoável dose de confiança em que, se os eventos retratados se repetirem, os resultados serão equivalentes, no futuro.

Passado e futuro

Assim, o Balanço é uma sombra do passado que se projeta para o futuro. Os analistas deverão fazer as estimativas necessárias para ajustar o Balanço às mudanças nas expectativas e transações. Também não se pode esquecer que o próprio Balanço já incorpora estimativas, como **depreciações, provisionamentos** etc.

Pausa e Reflexão

As projeções das Demonstrações Financeiras, os orçamentos etc., são instrumentos pertencentes à Contabilidade ou à Administração Financeira? Discuta.

13.3 Uma estrutura de balanços não usada entre nós

O Balanço Patrimonial não dispensa uma boa estruturação das principais categorias de Ativos e Passivos bem como, residualmente, do Patrimônio Líquido, que o compõem.

O lado esquerdo do Balanço tem sido, tradicionalmente, o lado do Ativo.

Uma estruturação que se poderia considerar seria:

Balanço europeu (antes do processo de harmonização contábil) já praticado por alguns países europeus

No lado do Ativo, iniciar-se com o de Longo Prazo terminando nas disponibilidades (é a ordem inversa à adotada pela legislação brasileira), portanto em ordem crescente de liquidez. No lado do passivo, idem, eliminando o grupo Resultado de Exercícios Futuros.

ATIVO	PASSIVO E PATRIMÔNIO LÍQUIDO
Ativo Não Corrente	Passivo Exigível a Longo Prazo
Imobilizações Técnicas	Passivo Exigível a Curto Prazo
Imobilizações Financeiras	Patrimônio Líquido
Diferidos	Capital
Realizável a Longo Prazo	Reservas de Lucros
	Lucros Acumulados
Ativo Corrente	
Estoques	
Recebíveis	
Disponibilidades	

Liquidez crescente

A razão pela qual se pode preferir ordem crescente de liquidez é, exatamente, mostrar os ativos na ordem crescente de seu equivalente – caixa que é, como visto, o ativo por excelência e contra o qual todos os demais devem ser referenciados.

Ao mesmo tempo, tem-se que verificar primeiro, principalmente nas empresas de porte, manufatureiras, a estrutura permanente de funcionamento e manutenção das atividades da empresa. Entretanto, a ordem inversa também tem suas vantagens.

O essencial é que os subgrupos representem com adequação as contas componentes.

Ciclo operacional

As definições de curto e longo prazo precisariam ser cuidadosamente revistas. Talvez a adoção do ciclo operacional da empresa, como divisor, pudesse ser um critério mais interessante. Entretanto, por razões de comparabilidade entre empresas, tem sido mais utilizado um critério de tempo.

No que se refere a certo valor a receber e a pagar, como já visto, defende-se seu cálculo a Valor Presente, tal como introduzido pela Lei 11.638/07 para os elementos do ativo decorrentes de operações de longo prazo, bem como para obrigações, encargos e riscos classificados no exigível a longo prazo; e no caso dos de curto prazo, caso seja relevante o efeito desse ajuste.

O Balanço Patrimonial é o herdeiro das primeiras manifestações da existência da Contabilidade, antes mesmo das partidas dobradas. É o descendente direto do Inventário e como inventário patrimonial geral aperfeiçoado deve ser considerado.

Pausa e Reflexão

A metodologia americana é a classificação dos grupos de contas do Balanço por Ordem de Liquidez Decrescente. Compare-a com a metodologia europeia e comente as vantagens de cada metodologia.

13.4 Evolução da estrutura do Balanço Patrimonial no Brasil

Com o Decreto-lei 2.627/40, tivemos uma estrutura europeia de Balanço Patrimonial com grupos de contas conhecidos como Resultado Pendente, Compensação, Provisão para Depreciação etc.

CAPÍTULO 13

Estes termos foram abolidos a partir da Lei 6.404/76, com a qual passamos a abordar um modelo americano. Com o advento das Leis 11.638/07 e 11.941/09, passamos para uma estrutura com base na Contabilidade Internacional.

Evolução do Ativo

Ativo		
Lei 6.404/76	Lei 11.638/07	MP 449/08 e Lei 11.941/09
Circulante	Circulante	Circulante
Realizável a Longo Prazo	Realizável a Longo Prazo	Não Circulante
Permanente	Permanente	• Realizável
• Investimentos	• Investimentos	• Investimentos
• Imobilizado	• Imobilizado	• Imobilizado
• Diferido	• Intangível	• Intangível
	• Diferido	

Evolução do Passivo

Passivo		
Lei 6.404/76	Lei 11.638/07	MP 449/08 e Lei 11.941/09
Circulante	Circulante	Circulante
Exigível a Longo Prazo	Exigível a Longo Prazo	Não Circulante
Resultados de Exercícios Futuros	Resultado de Exercícios Futuros	• Exigível a Longo Prazo
Patrimônio Líquido	Patrimônio Líquido	Patrimônio Líquido
• Capital Social	• Capital Social	• Capital Social
• Reserva de Capital	• Reserva de Capital	• Reserva de Capital
• Reserva de Reavaliação	• Ajustes de Avaliação Patrimonial	• Ajustes de Avaliação Patrimonial
• Reserva de Lucros	• Reserva de Lucros	• Reserva de Lucros
• Lucros ou Prejuízos Acumulados	• Ações em Tesouraria	• Ações em Tesouraria
	• Prejuízos Acumulados	• Prejuízos Acumulados

Numa linguagem muito simples, para leigos entenderem o Balanço Patrimonial, poderíamos explicar da seguinte forma os grupos de contas, facilitando sua leitura, interpretação e análise:

ATIVO	PASSIVO e PATRIMÔNIO LÍQUIDO
Circulante (São contas que estão constantemente em giro – em movimento –, sendo que a conversão em dinheiro será, no máximo, no próximo exercício social.)	Circulante (São obrigações exigíveis que serão liquidadas no próximo exercício social: nos próximos 365 dias após o levantamento do Balanço.)
Não Circulante – Realizável a Longo Prazo (São Bens e Direitos que se transformarão em dinheiro após um ano do levantamento do Balanço.) – Investimentos (São as inversões financeiras de caráter permanente que geram rendimentos e não são necessárias à manutenção da atividade fundamental da empresa.) – Imobilizado (São itens corpóreos de natureza permanente que serão utilizados para a manutenção da atividade básica da empresa.) – Intangível (São itens não corpóreos destinados à manutenção da atividade básica da empresa.)	Não Circulante – Exigível a Longo Prazo (São as obrigações exigíveis que serão liquidadas com prazo superior a um ano – Dívidas a longo prazo.) Patrimônio Líquido (São os recursos dos proprietários aplicados na empresa. Os recursos significam o capital mais seu rendimento – Reservas de Lucro.)

Os Grupos de Contas, bem como as Contas, serão apresentados em ordem de liquidez (conversão em dinheiro) decrescente.

Pausa e Reflexão

Haveria mais partes difíceis para o leigo em Contabilidade entender o Balanço Patrimonial? Quais?

180 CAPÍTULO 13

Leitura Complementar

Balanço Patrimonial – NBC TG 1000 – Seção 4

4.1 Esta seção dispõe sobre as Informações que devem ser apresentadas no balanço patrimonial e como apresentá-las. O balanço patrimonial apresenta os ativos, passivos e patrimônio líquido da entidade em uma data específica – o final do período contábil.

Informação que deve ser apresentada no balanço patrimonial

4.2 O balanço patrimonial deve incluir, no mínimo, as seguintes contas que apresentam valores:

(a) caixa e equivalentes de caixa;

(b) contas a receber e outros recebíveis;

(c) ativos financeiros (exceto os mencionados nos itens (a), (b), (j) e (k));

(d) estoques;

(e) ativo imobilizado;

(f) propriedade para investimento, mensurada pelo valor justo por meio do resultado;

(g) ativos intangíveis;

(h) ativos biológicos, mensurados pelo custo menos depreciação acumulada e perdas por desvalorização;

(i) ativos biológicos, mensurados pelo valor justo por meio do resultado;

(j) investimentos em coligadas. No caso do balanço individual ou separado, também os investimentos em controladas;

(k) investimentos em empreendimentos controlados em conjunto;

(l) fornecedores e outras contas a pagar;

(m) passivos financeiros (exceto os mencionados nos itens (l) e (p));

(n) passivos e ativos relativos a tributos correntes;

(o) tributos diferidos ativos e passivos (devem sempre ser classificados como não circulantes);

(p) provisões;

O balanço patrimonial **181**

(q) participação de não controladores, apresentada no grupo do patrimônio líquido mas separadamente do patrimônio líquido atribuído aos proprietários da entidade controladora;

(r) patrimônio líquido pertencente aos proprietários da entidade controladora.

4.3 A entidade deve apresentar contas adicionais, cabeçalhos e subtotais no balanço patrimonial sempre que forem relevantes para o entendimento da posição patrimonial e financeira da entidade.

Distinção entre circulante e não circulante

4.4 A entidade deve apresentar ativos circulantes e não circulantes, e passivos circulantes e não circulantes, como grupos de contas separados no balanço patrimonial, de acordo com os itens 4.5 a 4.8, exceto quando uma apresentação baseada na liquidez proporcionar informação confiável e mais relevante. Quando essa exceção se aplicar, todos os ativos e passivos devem ser apresentados por ordem de liquidez (ascendente ou descendente), obedecida a legislação vigente.

Ativo circulante

4.5 A entidade deve classificar um ativo como circulante quando:

(a) espera realizar o ativo, ou pretender vendê-lo ou consumi-lo durante o ciclo operacional normal da entidade;

(b) o ativo for mantido essencialmente com a finalidade de negociação;

(c) esperar realizar o ativo no período de até doze meses após a data das demonstrações contábeis; ou

(d) o ativo for caixa ou equivalente de caixa, a menos que sua troca ou uso para liquidação de passivo seja restrita durante pelo menos doze meses após a data das demonstrações contábeis.

4.6 A entidade deve classificar todos os outros ativos como não circulantes. Quando o ciclo operacional normal da entidade não for claramente identificável, presume-se que sua duração seja de doze meses.

Passivo circulante

4.7 A entidade deve classificar um passivo como circulante quando:

(a) espera liquidar o passivo durante o ciclo operacional normal da entidade;

182 CAPÍTULO 13

(b) o passivo for mantido essencialmente para a finalidade de negociação;

(c) o passivo for exigível no período de até doze meses após a data das demonstrações contábeis; ou

(d) a entidade não tiver direito incondicional de diferir a liquidação do passivo durante pelo menos doze meses após a data de divulgação.

4.8 A entidade deve classificar todos os outros passivos como não circulantes.

Ordem e formato dos itens no balanço patrimonial

4.9 Esta Norma não prescreve a ordem ou o formato para apresentação dos itens no balanço patrimonial, mas lembra a necessidade do atendimento à legislação vigente. O item 4.2 fornece simplesmente uma lista dos itens que são suficientemente diferentes na sua natureza ou função para permitir uma apresentação individualizada no balanço patrimonial. Adicionalmente:

(a) as contas do balanço patrimonial devem ser segregadas quando o tamanho, a natureza ou a função de item ou agregação de itens similares, for tal que, sua apresentação separada seja relevante na compreensão da posição patrimonial e financeira da entidade; e

(b) a nomenclatura de contas utilizada e sua ordem de apresentação ou agregação de itens semelhantes podem ser modificadas de acordo com a natureza da entidade e de suas transações, no sentido de prover informação que seja relevante na compreensão da posição financeira e patrimonial da entidade.

4.10 A decisão acerca da apresentação separada de itens adicionais deve ser baseada na avaliação de todas as seguintes informações:

(a) dos valores, natureza e liquidez dos ativos;

(b) da função dos ativos na entidade; e

(c) dos valores, natureza e prazo dos passivos.

Informação a ser apresentada no balanço patrimonial ou em notas explicativas

4.11 A entidade deve divulgar, no balanço patrimonial ou nas notas explicativas, obedecida a legislação vigente, as seguintes subclassificações de contas:

(a) ativo imobilizado, nas classificações apropriadas para a entidade;

O balanço patrimonial **183**

(b) contas a receber e outros recebíveis, demonstrando separadamente os valores relativos a partes relacionadas, valores devidos por outras partes, e recebíveis gerados por receitas contabilizadas pela competência mas ainda não faturadas;

(c) estoques, demonstrando separadamente os valores de estoques:

(i) mantidos para venda no curso normal dos negócios;

(ii) que se encontram no processo produtivo para posterior venda;

(iii) na forma de materiais ou bens de consumo que serão consumidos no processo produtivo ou na prestação de serviços;

(d) fornecedores e outras contas a pagar, demonstrando separadamente os valores a pagar para fornecedores, valores a pagar a partes relacionadas, receita diferida, e encargos incorridos;

(e) provisões para benefícios a empregados e outras provisões;

(f) grupos do patrimônio líquido, como por exemplo, prêmio na emissão de ações, reservas, lucros ou prejuízos acumulados e outros itens que, conforme exigido por esta Norma, são reconhecidos como resultado abrangente e apresentados separadamente no patrimônio líquido.

4.12 A entidade que tenha seu capital representado por ações deve divulgar, no balanço patrimonial ou nas notas explicativas, as seguintes informações:

(a) para cada classe de capital representado por ações:

(i) quantidade de ações autorizadas;

(ii) quantidade de ações subscritas e totalmente integralizadas, e subscritas, mas não totalmente integralizadas;

(iii) valor nominal por ação, ou que as ações não têm valor nominal;

(iv) conciliação da quantidade de ações em circulação no início e no fim do período;

(v) direitos, preferências e restrições associados a essas classes, incluindo restrições na distribuição de dividendos ou de lucros e no reembolso do capital;

(vi) ações da entidade detidas pela própria entidade ou por controladas ou coligadas;

184 CAPÍTULO 13

(vii) ações reservadas para emissão em função de opções e contratos para a venda de ações, incluindo os termos e montantes;

(b) descrição de cada reserva incluída no patrimônio líquido.

4.13 A entidade que não tenha o capital representado por ações, tal como uma sociedade de responsabilidade limitada ou um "truste", deve divulgar informação equivalente à exigida no item 4.12(a), evidenciando as alterações durante o período em cada categoria do patrimônio líquido, e os direitos, preferências e restrições associados com cada uma dessas categorias.

4.14 Se, na data de divulgação, a entidade tiver contrato de venda firme para alienação de ativos, ou grupo de ativos e passivos relevantes, a entidade deve divulgar as seguintes informações:

(a) descrição do ativo ou grupo de ativos e passivos;

(b) descrição dos fatos e circunstâncias da venda ou plano;

(c) o valor contabilizado dos ativos ou, caso a alienação ou venda envolva um grupo de ativos e passivos, o valor contabilizado desses ativos e passivos.

Pausa e Reflexão

Estruture o Balanço Patrimonial exatamente como diz a Lei das Sociedades por Ações e compare com as Normas do CFC, fazendo suas observações.

Leitura Complementar

Balanço Patrimonial

Leis 6.404/76, 11.638/07 e 11.941/09 – Artigos 178 a 182

Art. 178. No balanço, as contas serão classificadas segundo os elementos do patrimônio que registrem, e agrupadas de modo a facilitar o conhecimento e a análise da situação financeira da companhia.

§ 1º No ativo, as contas serão dispostas em ordem decrescente de grau de liquidez dos elementos nelas registrados, nos seguintes grupos:

I – ativo circulante;

II – ativo não circulante, composto por ativo realizável a longo prazo, investimentos, imobilizado e intangível.

§ 2º No passivo, as contas serão classificadas nos seguintes grupos:

I – passivo circulante;

II – passivo não circulante; e

III – patrimônio líquido, dividido em capital social, reservas de capital, ajustes de avaliação patrimonial, reservas de lucros, ações em tesouraria e prejuízos acumulados. (Redação dada pela Lei nº 11.638/2007.)

§ 3º Os saldos devedores e credores que a companhia não tiver direito de compensar serão classificados separadamente.

Ativo

Art. 179. As contas serão classificadas do seguinte modo:

I – no ativo circulante: as disponibilidades, os direitos realizáveis no curso do exercício social subsequente e as aplicações de recursos em despesas do exercício seguinte;

II – no ativo realizável a longo prazo: os direitos realizáveis após o término do exercício seguinte, assim como os derivados de vendas, adiantamentos ou empréstimos a sociedades coligadas ou controladas (artigo 243), diretores, acionistas ou participantes no lucro da companhia, que não constituírem negócios usuais na exploração do objeto da companhia;

III – em investimentos: as participações permanentes em outras sociedades e os direitos de qualquer natureza, não classificáveis no ativo circulante, e que não se destinem à manutenção da atividade da companhia ou da empresa;

IV – no ativo imobilizado: os direitos que tenham por objeto bens corpóreos destinados à manutenção das atividades da companhia ou da empresa ou exercidos com essa finalidade, inclusive os decorrentes de operações que transfiram à companhia os benefícios, riscos e controle desses bens; (Redação dada pela Lei nº 11.638/2007.)

V – (Revogado pela Lei nº 11.941/2009.)

VI – no intangível: os direitos que tenham por objeto bens incorpóreos destinados à manutenção da companhia ou exercidos com essa finalidade, inclusive o fundo de comércio adquirido. (Incluído pela Lei nº 11.638/2007.)

Parágrafo único. Na companhia em que o ciclo operacional da empresa tiver duração maior que o exercício social, a classificação no circulante ou longo prazo terá por base o prazo desse ciclo.

Passivo Exigível

Art. 180. As obrigações da companhia, inclusive financiamentos para aquisição de direitos do ativo não circulante, serão classificadas no passivo circulante, quando se vencerem no exercício seguinte, e no passivo não circulante, se tiverem vencimento em prazo maior, observado o disposto no parágrafo único do artigo 179 desta Lei.

Resultados de Exercícios Futuros

Art. 181. (Revogado pela Lei nº 11.941/2009)

Patrimônio Líquido

Art. 182. A conta do capital social discriminará o montante subscrito e, por dedução, a parcela ainda não realizada.

§ 1º Serão classificadas como reservas de capital as contas que registrarem:

a) a contribuição do subscritor de ações que ultrapassar o valor nominal e a parte do preço de emissão das ações sem valor nominal que ultrapassar a importância destinada à formação do capital social, inclusive nos casos de conversão em ações de debêntures ou partes beneficiárias;

b) o produto da alienação de partes beneficiárias e bônus de subscrição.

§ 2º Será ainda registrado como reserva de capital o resultado da correção monetária do capital realizado, enquanto não capitalizado.

§ 3º Serão classificadas como ajustes de avaliação patrimonial, enquanto não computadas no resultado do exercício em obediência ao regime de competência, as contrapartidas de aumentos ou diminuições de valor atribuídos a elementos do ativo e do passivo, em decorrência da sua avaliação a valor justo, nos casos previstos nesta Lei ou, em normas expedidas pela Comissão de Valores Mobiliários, com base na competência conferida pelo § 3º do art. 177 desta Lei. (Redação dada pela Lei nº 11.941/2009.)

§ 4º Serão classificados como reservas de lucros as contas constituídas pela apropriação de lucros da companhia.

O balanço patrimonial **187**

§ 5º As ações em tesouraria deverão ser destacadas no balanço como dedução da conta do patrimônio líquido que registrar a origem dos recursos aplicados na sua aquisição.

1. Pesquisa

A Lei das Sociedades por Ações – 6.404/76 – determinou os grupos de contas do Balanço Patrimonial e o conteúdo de cada grupo. A Lei 11.638/07 alterou algumas contas dessa demonstração. Após descrever a atual estrutura do Balanço Patrimonial nos moldes da Lei das S.A. atual, compare com a estrutura da Lei 6.404/76 e a estrutura anterior a 1976, ou seja, o Decreto-lei 2.627, de 1940.

Atividades Práticas

2. Questionário – sala de aula ou *Homework*

1. Faça uma comparação entre a estrutura europeia do Balanço Patrimonial e a estrutura americana.

2. Por que a ideia de Ciclo Operacional está ligada a Curto e Longo Prazos na Contabilidade?

3. O que é Passivo a Descoberto? Qual pode ser o futuro da entidade que está nessa situação?

4. Por que grupos como "Diferido" e "Resultado do Exercício Futuro" foram extintos?

5. Como explicar para leigos o Balanço Patrimonial?

3. Atividade extrassala de aula (Biblioteca)

1. Faça um estudo com base na Lei das S.A. sobre Ciclo Operacional e Curto e Longo Prazos. Normalmente, os livros didáticos abordam esse assunto.

2. Antes da expressão Balanço Patrimonial, este relatório era conhecido como Balanço Geral. Pesquise a diferença.

3. Escolha três questões ou exercícios para resolução no capítulo 3 do Livro de Exercícios de *Contabilidade empresarial* (Marion/GEN | Atlas).

14

A DEMONSTRAÇÃO DO RESULTADO DO EXERCÍCIO

14.1 Introdução

Esta é a principal demonstração de fluxos. Como visto, compara receitas com despesas do período, reconhecidas e apropriadas, conforme foi visto nos capítulos próprios, apurando um **Resultado** que pode ser positivo (receitas superando as despesas), negativo (despesas superando as receitas) ou nulo (igualdade entre receitas e despesas), sendo esta última configuração muito rara, mas admissível teoricamente.

Princípios fundamentais

A **Demonstração do Resultado do Exercício** é a expressão máxima, juntamente com o Balanço Patrimonial, da evidenciação contábil emanada da aplicação criteriosa dos procedimentos de escrituração e ajuste, tudo obedecendo aos **Princípios de Contabilidade**, prioritariamente à **Competência**.

Alguns usuários e autores mais recentes procuram, justamente, apresentar outra demonstração de fluxo, a de Caixa, como muito importante para a evidenciação contábil, no que concordamos, mas não em substituição à **Demonstração do Resultado**, e sim adicionalmente a esta última, tal como considerado pela Lei 11.638/07, pelo CPC e pelas Normas Contábeis.

> **Pausa e Reflexão**
>
> Expressões como *Superávit* e *Déficit* foram aportuguesadas. Qual é a relação dessas expressões com a DRE?

14.2 Poder preditivo da Demonstração de Resultados (DRE)

Valem as mesmas considerações feitas por ocasião da apresentação do Balanço Patrimonial. Até que, nesse aspecto, a **Demonstração do Resultado** pode ter mais poder preditivo do que o próprio Balanço, pois este último alinha os saldos das contas num determinado momento, sendo mais útil para se avaliar uma situação estática, ao passo que a Demonstração do Resultado refere-se a um período e descreve as causas do aparecimento de determinado resultado.

DRE projetada

Este último é o fluxo final mais importante de todo o processo de apuração contábil e o elemento individual que apresenta a maior potencialidade preditiva, pois, dependendo de: (1) relacionamento entre receitas operacionais e despesas operacionais; (2) elementos não operacionais; (3) certos ganhos e perdas extraordinários etc., pode-se projetar com maior ou menor facilidade a propensão de lucratividade da entidade.

É claro que o **lucro operacional** é muito mais projetável do que o resultado líquido do período, visto este último ter sido calculado após a adição e a dedução de alguns itens não usuais e às vezes não repetitivos, como certos ganhos e perdas.

Para ter uma maior significância é claro que, tanto as contas do Balanço quanto as da Demonstração do Resultado precisam estar expressas em poder aquisitivo de uma mesma data, de preferência da data do **Balanço Patrimonial Final**.

> **Pausa e Reflexão**
>
> Pesquise, se houver, a diferença entre DRE projetada e Orçamento Operacional.

14.3 A estrutura da apresentação da Demonstração de Resultado

Itens mais repetitivos

A estruturação de apresentação da Demonstração do Resultado deve ser planejada de forma a apresentar primeiro os elementos de maior potencial de repetibilidade no futuro, tais como Receitas Operacionais, líquidas das deduções diretas, logo em seguida deduzindo-se as despesas operacionais diretamente atribuíveis às receitas.

Em seguida, as demais despesas operacionais atribuídas ao período, chegando-se ao Resultado Operacional, o principal elemento de resultado da Demonstração. Em seguida, os demais elementos positivos e negativos da formação do Resultado.

Encargos financeiros

As **Despesas Financeiras** deveriam ser evidenciadas como não operacionais. É muito importante para um usuário da Demonstração verificar qual foi o **Resultado Operacional** que seria obtido independentemente da forma de financiamento dos recursos aplicados no ativo, tenha sido com recursos próprios ou de terceiros.

Operacional ou não operacional?

Quanto às Receitas Financeiras, a rigor, também poderiam ser enquadradas como **não operacionais**. Alguns autores sustentam que, na realidade brasileira, as receitas financeiras (mais até do que as despesas) são resultantes de operações tão usuais (como os juros líquidos de aplicações temporárias de excedentes de liquidez) que devem ser classificadas como operacionais. Além disso, elas são originadas do ativo tanto quanto o lucro bruto com estoques ou a receita de equivalência patrimonial.

A preocupação aqui é mais com a qualidade e clareza informativa da demonstração. E, como visto, é importante demonstrar ao usuário qual teria sido o resultado operacional se a empresa não tivesse recorrido a capitais de terceiros, a fim de avaliar o risco do empreendimento, bem como a eficácia e eficiência com que as operações da entidade foram conduzidas no período.

A demonstração do resultado do exercício **191**

> **Pausa e Reflexão**
>
> Por que não se admite Encargos Financeiros de Custeio serem tratados no item Custo do Produto Vendido na DRE?

14.4 Demonstração de Resultado (DRE) e Demonstração do Resultado Abrangente (DRA)

Normas Contábeis no Brasil, como a Resolução do CFC 1.185/09 e o CPC 26, exigem que a entidade apresente a DRE e a DRA. Assim, a DRA passa a ser obrigatória mesmo não sendo prevista na Lei das Sociedades Anônimas. A Resolução CFC 1.255/09 diz:

> "5.2 A entidade deve apresentar seu resultado abrangente para o período em duas demonstrações – a demonstração do resultado do exercício (DRE) e a demonstração do resultado abrangente (DRA) – sendo que nesse caso a demonstração do resultado do exercício apresenta todos os itens de receita e despesa reconhecidos no período, exceto aqueles que são reconhecidos no resultado abrangente [...].
>
> 5.4 A demonstração do resultado abrangente deve iniciar com a última linha da demonstração do resultado; em sequência devem constar todos os itens de outros resultados abrangentes [...]. Esta Norma fornece tratamento distinto para as seguintes circunstâncias:
>
> (a) os efeitos de correção de erros e mudanças de políticas contábeis são apresentados como ajustes retrospectivos de períodos anteriores ao invés de como parte do resultado no período em que surgiram; e
>
> (b) três tipos de outros resultados abrangentes são reconhecidos como parte do resultado abrangente, fora da demonstração do resultado, quando ocorrem:
>
> (i) alguns ganhos e perdas provenientes da conversão de demonstrações contábeis de operação no exterior;
>
> (ii) alguns ganhos e perdas atuariais (Benefícios a Empregados);

192 CAPÍTULO 14

(iii) algumas mudanças nos valores justos de instrumentos de *hedge* (Tópicos sobre Instrumentos Financeiros). [...]

5.6 A entidade deve divulgar separadamente na demonstração do resultado abrangente os seguintes itens, como alocações para o período:

(a) resultado do período, atribuível:

(i) à participação de acionistas ou sócios não controladores;

(ii) aos proprietários da entidade controladora;

(b) resultado abrangente total do período, atribuível:

(i) à participação de acionistas ou sócios não controladores.

(ii) aos proprietários da entidade controladora.

Abordagem de duas demonstrações

5.7 Dentro dessa abordagem de duas demonstrações, a demonstração do resultado do exercício deve apresentar, no mínimo, e obedecendo à legislação vigente, as contas a seguir enunciadas que apresentem valores, com o lucro líquido ou prejuízo como última linha."

14.4.1 Demonstração do Resultado do Exercício (DRE)

"(a) receitas;

(b) custo dos produtos, das mercadorias ou dos serviços vendidos;

(c) lucro bruto;

(d) despesas com vendas, gerais, administrativas e outras despesas e receitas operacionais;

(e) parcela do resultado de investimento em coligadas (Investimento em Controlada e em Coligada) e empreendimentos controlados em conjunto (Investimento em Empreendimento Controlado em Conjunto (*Joint Venture*), contabilizada pelo método de equivalência patrimonial;

(f) resultado antes das receitas e despesas financeiras;

(g) despesas e receitas financeiras;

(h) resultado antes dos tributos sobre o lucro;

(i) despesa com tributos sobre o lucro;

(j) resultado líquido das operações continuadas;

(k) valor líquido dos seguintes itens:

(i) resultado líquido após tributos das operações descontinuadas;

(ii) resultado após os tributos decorrentes da mensuração ao valor justo menos despesas de venda ou na baixa dos ativos ou do grupo de ativos à disposição para venda que constituem a unidade operacional descontinuada;

(l) resultado líquido do período;"

14.4.2 Demonstração do Resultado Abrangente (DRA)

"5.7 A demonstração do resultado abrangente deve começar com o resultado do período como primeira linha, transposto da demonstração do resultado, e evidenciar, no mínimo, as contas que apresentem valores nos itens a seguir:

(a) cada item de outros resultados abrangentes classificado por natureza;

(b) parcela dos outros resultados abrangentes de coligadas, controladas e controladas em conjunto, contabilizada pelo método de equivalência patrimonial;

(c) resultado abrangente total. [...]

5.8 De acordo com esta Norma, os efeitos de correção de erros e mudanças de práticas contábeis são apresentados como ajustes retrospectivos de períodos anteriores ao invés de como parte do resultado do período em que surgiram.

5.9 A entidade deve apresentar contas adicionais, cabeçalhos e subtotais na demonstração do resultado abrangente e na demonstração do resultado do exercício, quando essa apresentação for relevante para o entendimento do desempenho financeiro da entidade.

5.10 A entidade não deve apresentar ou descrever qualquer item de receita ou despesa como 'item extraordinário' na demonstração do resultado ou na demonstração do resultado abrangente, ou em notas explicativas."

14.4.3 Apresentação da DRA

A DRA pode ser apresentada de três maneiras:

a) como continuidade da DRE;
b) na Demonstração das Mutações do Patrimônio Líquido (DMPL); ou
c) como um relatório próprio.

O CPC sugere como ideal a DMPL. Porém, quando apresentada como um relatório próprio, o valor inicial deveria ser o resultado apurado na DRE (última linha).

Pausa e Reflexão

Faça uma comparação dos principais aspectos da DRE × DRA.

14.5 Modelo ideal da DRE

Modelo de Demonstração do Resultado do Exercício com base na Legislação – Lei 6.404/76 com as alterações das Leis 11.638/07 e 11.941/09 e das Normas Contábeis – CPC 26 e Resolução CFC 1.255/09.

RECEITA BRUTA DE VENDAS
(–) DEDUÇÕES DE VENDAS
Vendas Canceladas
Descontos Incondicionais
Devoluções de Vendas
(–) IMPOSTOS SOBRE VENDAS
ICMS sobre Faturamento
RECEITA LÍQUIDA DE VENDAS
(–) Custo dos Produtos e Serviços Vendidos

LUCRO BRUTO
(+/–) DESPESAS E RECEITAS OPERACIONAIS
Despesas Comerciais
Despesas Administrativas
Despesas Tributárias
Outras Receitas Operacionais
Outras Despesas Operacionais
Resultado de Investimentos em Coligadas e Controladas
RESULTADO ANTES DAS DESPESAS E RECEITAS FINANCEIRAS
(+/–) RESULTADO FINANCEIRO LÍQUIDO
Despesas Financeiras
Receitas Financeiras
RESULTADO ANTES DOS TRIBUTOS SOBRE O LUCRO
(–) Provisão para CSLL
(–) Provisão para IRPJ
RESULTADO LÍQUIDO DAS OPERAÇÕES CONTINUADAS
Resultado líquido após os tributos das operações descontinuadas
Resultado líquido de baixas de ativos e mensuração do valor justo
RESULTADO LÍQUIDO DO PERÍODO

Lucro Líquido por ação:
 Destinação:
    • Participação de Acionistas ou sócios não controladores
    • Aos proprietários da entidade controladora

Pausa e Reflexão

Faça uma comparação estruturando a DRE segundo o CFC e segundo a Lei das Sociedades por Ações.

196 CAPÍTULO 14

Atividades Práticas

1. Pesquisa

Antes da instituição da DRE, esta demonstração era conhecida como Demonstração de Lucros e Perdas (DLP). Obtenha um modelo de DLP e indique as principais diferenças da DRE.

2. Questionário – sala de aula ou *Homework*

1. Qual a diferença entre DRE e DRA?

2. Comente as principais diferenças entre o grupo Operacional e o Não Operacional na DRE.

3. Em termos de importância, qual é a hierarquia da DRE em relação ao Fluxo de Caixa e outros fluxos?

4. Qual a importância de se considerar o valor preditivo da DRE?

5. Comente o item Despesas Financeiras, considerando a Lei das S.A. e a Teoria da Contabilidade.

3. Atividade extrassala de aula (Biblioteca)

1. Pesquise por que Impostos sobre Vendas devem ser classificados antes de Despesa. Despesa vem antes de Perdas?

2. O *Manual de Contabilidade das Sociedades por Ações* – FIPECAFI – é considerado a "Bíblia da Contabilidade". Leia o capítulo sobre a DRE nesse livro e faça um resumo das referências (explícitas ou implícitas) aos Princípios Fundamentais de Contabilidade.

3. Por meio de uma pesquisa em livros de Contabilidade, indique por que Dividendos não aparecem na DRE.

15

A DEMONSTRAÇÃO DAS MUTAÇÕES DO PATRIMÔNIO LÍQUIDO (DMPL)

15.1 Introdução

A Demonstração das Mutações do Patrimônio Líquido, dada sua amplitude, abrange a Demonstração de Lucros ou Prejuízos Acumulados. A Comissão de Valores Mobiliários, no Brasil, exige, para as companhias de Capital Aberto, a DMPL.

DLPA *versus* DMPL

Ao contrário da DLPA (**Demonstração de Lucros ou Prejuízos Acumulados**), que fornece a movimentação basicamente de uma única conta do Patrimônio Líquido (Lucros ou Prejuízos Acumulados), a **Demonstração das Mutações do Patrimônio Líquido** (DMPL) evidencia a movimentação, no período, de todas as contas do PL. Assim, todo acréscimo e/ou diminuição do PL são evidenciados por meio dessa demonstração, conta por conta principal, bem como a formação e utilização de reservas, inclusive as de lucro.

É oportuno frisar que a DMPL é muito importante, além das finalidades próprias, para a elaboração da **Demonstração dos Fluxos de Caixa** (pelo método indireto), e para ser fornecida às empresas investidoras que avaliam seus investimentos permanentes em coligadas ou controladas pelo Método da Equivalência Patrimonial.

> **Pausa e Reflexão**
>
> Por que a CVM exige a DMPL para as Cias. Abertas, não aceitando a DLPA disposta na Lei das Sociedades por Ações?

15.2 Poder preditivo da Demonstração das Mutações do Patrimônio Líquido

Projeção do PL

A Demonstração das Mutações do Patrimônio Líquido fornece indicações importantes para os usuários sobre as movimentações internas das contas de Patrimônio Líquido, além da movimentação da conta de Lucros ou Prejuízos Acumulados, que podem ser úteis para discernir o "estilo" da entidade, no que se refere aos aumentos de capital, dividendos, constituição e reversão de reservas, propostas de distribuição de lucro, tipos de reservas criadas etc.

Clarifica e explicita a movimentação das contas de PL durante o período, sendo, portanto, no que se refere ao poder preditivo, um complemento do Balanço Patrimonial.

> **Pausa e Reflexão**
>
> Poderíamos dizer que, ao fazer o Balanço projetado, automaticamente estaremos projetando a DMPL?

15.3 Estrutura de apresentação da Demonstração das Mutações do Patrimônio Líquido

Linhas *versus* colunas

A Estruturação da Demonstração deve ser feita de forma a evidenciar, o mais claramente possível, cada conta principal que compõe o Patrimônio Líquido da entidade, **nas colunas**, e, **nas linhas**, os eventos que fizeram com que houvesse movimentação para ou entre as contas assim dispostas.

Assim, basicamente:

a) indica-se uma coluna para cada conta do Patrimônio Líquido (no que se refere às Reservas indicando o grupo de Reservas a que pertence). Se houver a conta dedutiva "Capital a Realizar", subtrai-se a mesma da conta Capital Social e é utilizada a remanescente conta de Capital Realizado;

b) nas linhas, indicam-se os principais eventos que proporcionam movimentação nas contas inseridas nas colunas; e

c) em seguida, efetuam-se as adições e/ou subtrações de acordo com as movimentações.

Pausa e Reflexão

Na estruturação da DMPL há a inclusão da DLPA. Mostre como isto é possível.

15.4 As normas brasileiras de Contabilidade sobre a Demonstração de Lucros ou Prejuízos Acumulados e a Demonstração das Mutações do Patrimônio Líquido

Na verdade, como as companhias de capital aberto devem publicar a Demonstração das Mutações do Patrimônio, e como nesta deve ser incluída a de Lucros ou Prejuízos Acumulados, considera-se que a mais includente e global é a DMPL, já que visa a evidenciar a posição inicial, as movimentações e a posição final de todas as contas do Patrimônio Líquido.

Ajustes

A disposição mais importante, ou seja, o que deve ser considerado como **ajuste de exercícios anteriores**, está perfeitamente de acordo com o disposto no art. 186 da Lei das S.A.: "os ajustes de exercícios anteriores serão considerados apenas os decorrentes de efeito da mudança de critério contábil, ou da retificação de erro imputável a determinado exercício anterior, e que não possam ser atribuídos a fatos subsequentes".

De certa forma, a NBC-T-3-4 é mais detalhada do que a Lei das Sociedades por Ações na enunciação do que a DLPA deve conter; citando,

200 CAPÍTULO 15

especificamente, a parcela correspondente à realização de reavaliação, líquida do efeito dos impostos correspondentes, as compensações de prejuízos, as destinações do lucro líquido do período etc.

Dividendo por ação

Trata-se de detalhes e de diferenças terminológicas. Entretanto, a NBC não prevê a indicação do montante do dividendo por ação do capital social, como o faz a lei societária.

No que se refere à DMPL, a NBC-T-3-S limita-se a enunciar as principais linhas que devem compô-la. Nem poderia ser diferente, dado que, embora seja considerada uma Demonstração extremamente ilustrativa (dada a complexidade da composição de nossos Patrimônios Líquidos devido ao fenômeno inflacionário e às normas societárias), trata-se apenas de uma evidenciação de todas as contas do Patrimônio Líquido, as principais, contendo saldo inicial, movimentações e saldo final.

Pausa e Reflexão

Relacione a rubrica Ajustes de Exercícios Anteriores com os Princípios de Contabilidade.

Leitura Complementar

AS NBCs

NBC-T 3-4 – Da Demonstração de Lucros ou Prejuízos Acumulados

3.4.1 – Conceito

    3.4.1.1 – A demonstração de lucros ou prejuízos acumulados é a demonstração contábil destinada a evidenciar, num determinado período, as mutações nos resultados acumulados da Entidade.

3.4.2 – Conteúdo e Estrutura

    3.4.2.1 – A demonstração de Lucros ou Prejuízos Acumulados discriminará:

        a) o saldo no início do período;

        b) os ajustes de exercícios anteriores;

A Demonstração das Mutações do Patrimônio Líquido (DMPL) 201

c) as reversões de reservas;

d) a parcela correspondente à realização de reavaliação, líquida do efeito dos impostos correspondentes;

e) o resultado líquido do período;

f) as compensações de prejuízos;

g) as destinações do lucro líquido do período;

h) os lucros distribuídos;

i) as parcelas de lucros incorporados ao capital;

j) o saldo no final do período.

3.4.2.2 – Os ajustes dos exercícios anteriores são apenas os decorrentes de efeitos de mudança de critério contábil, ou da retificação de erro imputável a determinado exercício anterior, e que não possam ser atribuídos a fatos subsequentes.

3.4.2.3 – A Entidade que elaborar a demonstração das mutações do Patrimônio Líquido, nela incluirá a demonstração de lucros ou prejuízos acumulados.

NBC-T 3-5 – Da demonstração das Mutações do Patrimônio Líquido

3.5.1 – Conceito

3.5.1.1 – A demonstração das mutações do Patrimônio Líquido é a demonstração contábil destinada a evidenciar, num determinado período, a movimentação das contas que integram o patrimônio da Entidade.

3.5.2 – Conteúdo e Estrutura

3.5.2.1 – A demonstração das mutações do Patrimônio Líquido discriminará:

a) os saldos no início do período;

b) os ajustes de exercícios anteriores;

c) as reversões e transferências de reservas e lucros;

d) os aumentos de capital discriminando sua natureza;

e) a redução de capital;

f) as destinações do lucro líquido do período;

g) as reavaliações de ativos e sua realização, líquida do efeito dos impostos correspondentes;

h) o resultado líquido do período;

i) as compensações de prejuízos;

j) os lucros distribuídos;

k) os saldos no final do período.

15.5 Modelo Simplificado da DMPL

DEMONSTRAÇÃO DAS MUTAÇÕES DO
PATRIMÔNIO LÍQUIDO – DMPL

Movimentações	Capital Reali-zado	Ágio na Emis-são de Ações	Incen-tivos Fiscais	Reservas de Lucro					Lucros Acu-mula-dos	Total
				Legal	Esta-tutária	p/ Con-tingên-cia	Orça-mentá-ria	Lucros a Rea-lizar		
Saldo no Início do Período	–	–	–	–	–	–	–	–	–	–
Ajustes de Exercícios Anteriores	–	–	–	–	–	–	–	–	–	–
Aumento de Capital						–			–	–
Reversão de Reservas									–	
Lucro Líquido do Exercício									–	–
Proposta da Administração										
Reserva Legal					–				–	
Reserva Estatutária						–			–	
Reservas p/ Contingências							–		–	
Reserva Orçamentária								–	–	
Reserva Lucros a Realizar									–	–
Dividendos										
–	–	–	–	–	–	–	–	–	–	–

A Demonstração das Mutações do Patrimônio Líquido (DMPL) **203**

No caso de se optar pela Demonstração do Resultado Abrangente (DRA), a Demonstração das Mutações do Patrimônio Líquido (DMPL) teria que incluir uma coluna de "Outros Resultados Abrangentes" e linhas com contas do Resultado Abrangente (*vide* exemplo do CPC 26).

Demonstração do Resultado Abrangente e a DMPL

Exemplo extraído do anexo retificado do CPC 26, com seus adendos.

	Capital Social Integralizado	Reservas de Capital, Opções Outorgadas e Ações em Tesouraria (1)	Reservas de Lucros (2)	Lucros ou Prejuízos Acumulados	Outros Resultados Abrangentes (3)	Patrimônio Líquido dos Sócios da Controladora	Participação dos Não Controladores no Pat. Líq. das Controladas	Patrimônio Líquido Consolidado
Saldos Iniciais								
Aumento de Capital								
Gastos com Emissão de Ações								
Opções Outorgadas Reconhecidas								
Ações em Tesouraria Adquiridas								
Ações em Tesouraria Vendidas								
Dividendos								
Transações de Capital com os Sócios								
Lucro Líquido do Período								
Ajustes Instrumentos Financeiros								
Tributos s/ Ajustes Instrum. Financeiros								
Eq. Patrim. s/ Ganhos Abrang. de Coligadas								
Ajustes de Conversão do Período								
Trib. s/ Ajustes de Conv. do Período								
Outros Resultados Abrangentes								
Reclassific. p/ Res. – Aj. Instrum. Financ.								
Resultado Abrangente Total								
Constituição de Reservas								
Realização da Reserva Reavaliação								
Trib. sobre Real. da Res. de Reavaliação								
Saldos Finais								

204 CAPÍTULO 15

Atividades Práticas

1. Pesquisa

Recorte de jornais (ou de outras fontes) uma publicação das Demonstrações Financeiras com DMPL e outra publicação com DLPA. Após avaliar ambas as demonstrações, indique a mais fácil de se entender. Justifique.

2. Questionário – sala de aula ou *Homework*

1. Por que há necessidade de se fazer ajuste na DLPA?

2. Estruture uma DMPL com linhas e colunas, indicando o nome de algumas contas.

3. Como se poderia definir a DMPL?

4. Por que a conta Dividendos (remuneração ao Capital Próprio) aparece na DLPA e Despesa Financeira (remuneração ao Capital de Terceiros) aparece na ORE? Isso não é incoerente?

5. Por que o grupo de contas do Patrimônio Líquido necessita de uma demonstração (DMPL) explicando suas variações? Esse grupo é considerado tão importante assim?

3. Atividade extrassala de aula (Biblioteca)

1. Indique, pesquisando em outros livros, a diferença entre Capital Social, Capital Nominal, Capital Integralizado, Capital a Realizar e Capital Próprio.

2. Este capítulo fala sobre o Método de Equivalência Patrimonial. Pesquise o que significa isso.

3. Pesquise quando é obrigatória a DLPA, e quando é obrigatória a DMPL.

16

DEMONSTRAÇÃO DOS FLUXOS DE CAIXA

16.1 Introdução

No capítulo que trata dos Objetivos da Contabilidade, comentamos acerca da diversidade de informações requisitadas pelos usuários, de acordo com seus variados modelos decisórios. Ressaltamos, ainda, a importância da busca do atendimento dessas necessidades por meio das Demonstrações Contábeis, cujo objetivo básico é prover informação útil para a tomada de decisões.

Um relatório obrigatório a partir da Lei 11.638/07

Mais recentemente, tem sido observado um grande interesse dos usuários pelo conhecimento dos fluxos de caixa das entidades. O interesse é atribuído à maior facilidade de entendimento das informações que enfocam o caixa e à sua objetividade.

Esse fato, associado às dificuldades demonstradas por grande parte dos usuários na compreensão das informações baseadas no conceito de Capital Circulante Líquido, tem feito com que muitos países substituam as Demonstrações de Fluxos do CCL (Demonstração de Origens e Aplicações de Recursos) por outras que retratam as movimentações ocorridas no Caixa das entidades.

No Brasil, a Lei 11.638/07, que alterou a Lei das Sociedades por Ações, introduziu, em seu art. 188, a Demonstração dos Fluxos de Caixa (ou, simplesmente, DFC) em lugar da Demonstração de Origens e Aplicações de Recursos (DOAR), que não está mais sendo abordada nesta edição deste livro.

Pausa e Reflexão

Análise do Caixa é mais importante que a Análise do Capital Circulante Líquido?

16.2 Qual a importância da DFC?

As Demonstrações Contábeis (com exceção apenas do Balanço Patrimonial – que é um relatório estático) são consideradas dinâmicas por evidenciarem fluxos. A Demonstração de Resultado do Exercício e a Demonstração de Mutações do Patrimônio Líquido retratam, por exemplo, fluxos econômicos, porque contêm elementos relacionados com a variação da riqueza.

A Demonstração dos Fluxos de Caixa e a DOAR constituem-se em fluxos financeiros, por refletirem as movimentações de dinheiro ocorridas nas entidades. A diferença é verificada na amplitude de enfoques desses relatórios. A DOAR (conforme comentamos no capítulo anterior) indica a folga financeira de curto prazo – excesso de ativos circulantes sobre passivos circulantes, ou o inverso.

Disponível

A DFC, por sua vez, demonstra a origem e a aplicação de todo o dinheiro que transitou pelo Caixa em um determinado período e o resultado desse fluxo. O Caixa considerado engloba as contas Caixa e Bancos – por esse motivo, consideramos que seria mais adequada a intitulação Demonstração do Fluxo de Disponível. Neste livro, entretanto, utilizamos a denominação DFC por ser a forma geralmente mais adotada.

A análise conjunta da DFC e da Demonstração de Resultado pode esclarecer situações controvertidas sobre o porquê de a empresa ter um lucro considerável e estar com o Caixa baixo, não conseguindo liquidar todos os seus compromissos. Ou ainda, embora seja menos comum, o porquê de a empresa ter prejuízo em um período, embora o Caixa tenha aumentado.

Fluxo projetado

É importante mencionar a diferenciação existente entre a DFC e o instrumento financeiro que reflete prospectivamente as movimentações do Caixa previstas para acontecer em um determinado período de tempo: o Fluxo de Caixa Projetado. Tal fluxo é elaborado no âmbito interno das organizações e contempla em geral um período de tempo curto. Na literatura, às vezes, ambos são tratados simplesmente por "Fluxo de Caixa", o que provoca para os menos iniciados nos termos contábil-financeiros certo tipo de confusão.

A DFC propicia a elaboração de um melhor planejamento financeiro, de forma que não ocorra excesso de Caixa, mas que se mantenha o montante necessário para fazer face aos compromissos imediatos. Também permite que se saiba quando buscar empréstimos para cobrir a insuficiência de fundos, bem como quando aplicar no mercado financeiro o excesso de recursos.

Por meio do conhecimento do que ocorreu no passado, é possível para o gerente fazer uma boa projeção do Fluxo de Caixa para o futuro. A comparação do Fluxo Projetado com o real indica as variações que, quase sempre, demonstram as deficiências nas projeções. Essas variações são excelentes subsídios para aperfeiçoamento de novas projeções de Fluxos de Caixa.

Pausa e Reflexão

Poderíamos chamar o Fluxo de Caixa Projetado de Orçamento Financeiro?

16.3 Quais as limitações da DFC?

A importância da informação "caixa" é indiscutível. Entretanto, muitas vezes é observado certo exagero em sua defesa, por meio de argumentos que, muitas vezes, chegam a querer considerá-la mais importante que a informação "lucro".

Na verdade, o que existe é uma estreita ligação entre as informações elaboradas sob a ótica do caixa e do resultado, sendo que essas abordagens se diferenciam, basicamente, pelo momento do reconhecimento dos seus efeitos sobre o patrimônio. Dessa forma, por exemplo, os processos de pagamento pela aquisição de ativos e sua respectiva depreciação são tratamentos dados, nas duas concepções, ao mesmo fato observado. Ambos registram uma "saída" verificada no patrimônio, considerada em momentos distintos, de acordo com os Regimes de Caixa e Competência, respectivamente.

Imperfeição do Fluxo de Caixa

Em uma primeira análise, pode-se imaginar que a DFC, por se basear na informação "caixa" – aparentemente tão objetiva e exata –, está livre de manipulações. Acontece que o Fluxo de Caixa é tanto ou mais manipulável do que os resultados do Regime de Competência, além do que, para esse propósito, podem ser utilizados artifícios legais. É possível, por exemplo, conseguir uma melhora relevante no fluxo de caixa atrasando pagamentos a fornecedores, contratando compras a prazos maiores ou acelerando recebimentos de clientes. A armadilha está no fato de que isso não se repetirá no ano seguinte.

É importante lembrar que, para um bom número de decisões dos vários tipos de usuários, os demonstrativos financeiros somente são efetivamente importantes quando podem ser utilizados como instrumento de predição sobre eventos ou tendências futuras. Isto não quer dizer que a informação sobre o passado ou o presente não seja importante, mas significa que somente tem validade se o que foi retratado em termos contábeis no passado for relevante para o futuro, ou, explicando melhor, se, ocorrendo no futuro o mesmo conjunto de eventos ocorridos no passado, tivermos algum tipo de segurança de que os parâmetros financeiros passados se repetirão.

Ocorre que, normalmente, os relatórios contábeis tradicionais não vêm acompanhados de quadros informativos suplementares, demonstrando informações históricas e preditivas sobre indicadores de interesse para os vários usuários. Da mesma forma, a simples adoção da DFC não chega a ser suficiente para atender integralmente ao interesse dos usuários pelas informações dos fluxos de caixa.

> **Pausa e Reflexão**
>
> Por que se diz que é possível manipular uma Contabilidade pelo Regime de Caixa (o mesmo não acontece com o Regime de Competência)?

16.4 Os métodos de elaboração da Demonstração dos Fluxos de Caixa

A Demonstração dos Fluxos de Caixa é elaborada de diversas maneiras. Discutiremos aqui sua apresentação por meio dos Métodos Direto e Indireto, os mais utilizados nos países que a adotam compulsoriamente. A diferença básica entre esses métodos consiste na forma como são apresentados os recursos provenientes das operações.

Método indireto

O fluxo obtido a partir dessa concepção é denominado Fluxo de Caixa pelo Método Indireto ou Fluxo de Caixa no Sentido Amplo. Isso se explica a partir da análise dos fundamentos de sua elaboração.

É estruturado por meio de um procedimento semelhante ao da DOAR, podendo mesmo ser considerado como uma ampliação da mesma. Consiste em estender à análise dos itens não circulantes – própria daquele relatório – as alterações ocorridas nos itens circulantes (passivo e ativo circulante), excluindo, logicamente, as disponibilidades, cuja variação se está buscando demonstrar.

Assim, são efetuados ajustes ao lucro líquido pelo valor das operações consideradas como receitas ou despesas, mas que, então, não afetaram as disponibilidades, de forma que se possa demonstrar a sua variação no período. De forma análoga à DOAR, só que nesse caso enfocando o Caixa, consideram-se como aplicações (saídas) do caixa o aumento nas

210 CAPÍTULO 16

contas do Ativo Circulante e as diminuições no Passivo Circulante. Por outro lado, as diminuições de Ativo Circulante e aumentos nas contas do Passivo Circulante correspondem às origens (entradas) de caixa.

Apesar de evidenciar a variação ocorrida nas disponibilidades, o fluxo estruturado, dessa maneira, não demonstra as diversas entradas e saídas de dinheiro do caixa pelos seus valores efetivos, mas fornece uma simplificação a partir de uma diferença de saldos ou incluindo alguns itens que não afetam as disponibilidades como despesas antecipadas, provisão para imposto de renda etc.

Esse modelo é, muitas vezes, preferido por aqueles que elaboram o Fluxo de Caixa, justamente pelas semelhanças existentes em relação ao método de montagem da DOAR, com o qual estão mais habituados. Entretanto, deixa lacunas importantes na evidenciação das informações.

> **Pausa e Reflexão**
>
> O Método Indireto é comparado com a DOAR. Todavia, qual é a diferença fundamental entre a DFC Indireta e a DOAR?

Método direto

O Fluxo de Caixa pelo Método Direto é também denominado Fluxo de Caixa no Sentido Restrito. Muitos referem-se ao mesmo como o "verdadeiro Fluxo de Caixa", porque, ao contrário do que se verifica no modelo visto anteriormente, nele são demonstrados todos os recebimentos e pagamentos que efetivamente concorreram para a variação das disponibilidades no período.

Logicamente, exige um maior esforço na sua elaboração, uma vez que deve ser feito todo um trabalho de segregação das movimentações financeiras, necessitando de controles específicos para esse fim.

As entradas e saídas do Caixa são evidenciadas a começar das vendas pelos seus valores efetivamente realizados (recebidos), em vez do lucro líquido, como no Método Indireto. A partir daí, são considerados todos os recebimentos e pagamentos oriundos das operações ocorridas no período.

Pode-se, dessa forma, verificar que esse modelo possui um poder informativo bastante superior ao do Método Indireto, sendo melhor tanto aos usuários externos quanto ao planejamento financeiro do empreendimento.

> **Pausa e Reflexão**
>
> Tire suas conclusões. Qual método da DFC é melhor para o usuário: o direto ou o indireto?

16.5 As informações fornecidas pela DFC substituem as evidenciadas na DOAR?

Em função da própria diferença de abrangências, as informações prestadas pelos referidos relatórios não se excluem. A análise individual dessas demonstrações não expressa necessariamente a mesma ideia acerca da saúde financeira da entidade, podendo mesmo levar a conclusões diferentes. Isso ocorre, por exemplo, no caso típico da assunção de empréstimos: a DFC, vista isoladamente, indica melhora na sua situação financeira a curtíssimo prazo, não refletindo, porém, nos compromissos de pagamento assumidos e nas consequências que a necessidade de honrá-los poderá ocasionar no futuro.

DFC *versus* DOAR

Em virtude de possuir um conteúdo mais detalhado, a DFC é mais eficaz nas análises feitas para prazos mais curtos, mostrando-se, dessa forma, mais útil ao gerente financeiro. A DOAR, por sua vez, propicia uma visão do comportamento do capital circulante líquido no médio e longo prazo. Para o usuário externo, que tem acesso às demonstrações contábeis em períodos anuais, este relatório se mostra com uma maior capacidade informativa. A questão é que, conforme mencionamos, seu conteúdo é de mais difícil compreensão por grande parte dos usuários.

Por esses motivos, consideramos que a DFC deve ser adotada visando a atender ao interesse dos usuários pelo conhecimento do fluxo de caixa

212 CAPÍTULO 16

das empresas e por ser compreendida mais facilmente, principalmente pelos usuários menos afeitos à Contabilidade. Por outro lado, a DOAR poderia não ter sido substituída, apesar de sua reconhecida complexidade, pois satisfaz àqueles usuários que podem usufruir da sua superioridade informativa ou mesmo pelo ganho proporcionado pela análise conjunta.

O Pronunciamento CPC 03 trata da Demonstração dos Fluxos de Caixa.

Pausa e Reflexão

A partir da Lei 11.638/07, as S.A. de Capital Aberto devem elaborar cinco relatórios contábeis obrigatórios. Essa quantidade de demonstrações é boa para os usuários? Será que há compreensão de todas elas?

Leitura Complementar

NBC-T-3.8 – Demonstração dos Fluxos de Caixa

Objetivo

1. As informações dos fluxos de caixa de uma entidade são úteis para proporcionar aos usuários das demonstrações contábeis uma base para avaliar a capacidade de a entidade gerar caixa e equivalentes de caixa, bem como suas necessidades de liquidez. As decisões econômicas que são tomadas pelos usuários exigem avaliação da capacidade de a entidade gerar caixa e equivalentes de caixa, bem como da época e do grau de segurança de geração de tais recursos.

2. Esta norma fornece informação acerca das alterações históricas de caixa e equivalentes de caixa de uma entidade por meio de demonstração que classifique os fluxos de caixa do período por atividades operacionais, de investimento e de financiamento.

Alcance

3. A entidade deve elaborar demonstração dos fluxos de caixa de acordo com os requisitos desta norma e apresentá-la como parte integrante das suas demonstrações contábeis divulgadas ao final de cada período.

4. Os usuários das demonstrações contábeis se interessam em conhecer como a entidade gera e usa os recursos de caixa e equivalentes de caixa, independentemente da natureza das suas atividades, mesmo que o caixa seja considerado como produto da entidade, como é o caso de instituição financeira. As entidades necessitam de caixa essencialmente pelas mesmas razões, por mais diferentes que sejam as suas principais atividades geradoras de receita. Elas precisam dos recursos de caixa para efetuar suas operações, pagar suas obrigações e prover um retorno para seus investidores. Assim sendo, esta norma requer que todas as entidades apresentem uma demonstração dos fluxos de caixa.

Benefícios das Informações dos Fluxos de Caixa

5. A demonstração dos fluxos de caixa, quando usada em conjunto com as demais demonstrações contábeis, proporciona informações que habilitam os usuários a avaliar as mudanças nos ativos líquidos de uma entidade, sua estrutura financeira (inclusive sua liquidez e solvência) e sua capacidade para alterar os valores e prazos dos fluxos de caixa, a fim de adaptá-los às mudanças nas circunstâncias e oportunidades. As informações sobre os fluxos de caixa são úteis para avaliar a capacidade de a entidade gerar recursos dessa natureza e possibilitam aos usuários desenvolver modelos para avaliar e comparar o valor presente de futuros fluxos de caixa de diferentes entidades. A demonstração dos fluxos de caixa também melhora a comparabilidade dos relatórios de desempenho operacional para diferentes entidades porque reduz os efeitos decorrentes do uso de diferentes tratamentos contábeis para as mesmas transações e eventos.

6. Informações históricas dos fluxos de caixa são frequentemente usadas como indicador do valor, época e grau de segurança dos fluxos de caixa futuros. Também são úteis para verificar a exatidão das avaliações feitas, no passado, dos fluxos de caixa futuros, assim como para examinar a relação entre a lucratividade e os fluxos de caixa líquidos e o impacto de variações de preços.

Definições

7. Os seguintes termos são usados nesta norma, com os significados abaixo especificados:

a) Caixa compreende numerário em espécie e depósitos bancários disponíveis.

b) Equivalentes de caixa são aplicações financeiras de curto prazo, de alta liquidez, que são prontamente conversíveis em um montante conhecido de caixa e que estão sujeitas a um insignificante risco de mudança de valor.

c) Fluxos de caixa são as entradas e saídas de caixa e equivalentes de caixa.

d) Atividades operacionais são as principais atividades geradoras de receita da entidade e outras atividades diferentes das de investimento e de financiamento.

e) Atividades de investimento são as referentes à aquisição e à venda de ativos de longo prazo e de outros investimentos não incluídos nos equivalentes de caixa.

f) Atividades de financiamento são aquelas que resultam em mudanças no tamanho e na composição do capital próprio e no endividamento da entidade, não classificadas como atividade operacional.

Caixa e Equivalentes de Caixa

8. Os equivalentes de caixa são mantidos com a finalidade de atender a compromissos de caixa de curto prazo e não para investimento ou outros fins. Para ser considerada equivalente de caixa, uma aplicação financeira deve ter conversibilidade imediata em um montante conhecido de caixa e estar sujeita a um insignificante risco de mudança de valor.

9. Empréstimos bancários são geralmente considerados como atividades de financiamento. Assim, deverão ser considerados os saldos bancários a descoberto, decorrentes de empréstimos obtidos por meio de instrumentos como cheques especiais ou contas correntes garantidas. A parcela não utilizada do limite dessas linhas de crédito não deverá compor os equivalentes de caixa.

10. Os fluxos de caixa excluem movimentos entre itens que constituem caixa ou equivalentes de caixa porque esses componentes são parte da gestão financeira da entidade e não parte de suas atividades operacionais, de investimentos ou de financiamento. A gestão do caixa inclui o investimento do excesso de caixa em equivalentes de caixa.

Apresentação de uma Demonstração dos Fluxos de Caixa

11. A demonstração dos fluxos de caixa deve apresentar os fluxos de caixa de período classificados por atividades operacionais, de investimento e de financiamento.

Demonstração dos fluxos de caixa **215**

12. A entidade deve apresentar seus fluxos de caixa decorrentes das atividades operacionais, de investimento e de financiamento da forma que seja mais apropriada a seus negócios. A classificação por atividade proporciona informações que permitem aos usuários avaliar o impacto de tais atividades sobre a posição financeira da entidade e o montante de seu caixa e equivalentes de caixa. Essas informações podem também ser usadas para avaliar a relação entre essas atividades.

13. Uma única transação pode incluir fluxos de caixa classificados em mais de uma atividade. Por exemplo, quando o desembolso de caixa para pagamento de um empréstimo inclui tanto os juros como o principal, a parte dos juros pode ser classificada como atividade operacional, mas a parte do principal deve ser classificada como atividade de financiamento.

Atividades Operacionais

14. O montante dos fluxos de caixa decorrentes das atividades operacionais é um indicador-chave da extensão na qual as operações da entidade têm gerado suficientes fluxos de caixa para amortizar empréstimos, manter a capacidade operacional da entidade, pagar dividendos e juros sobre o capital próprio e fazer novos investimentos sem recorrer a fontes externas de financiamento. As informações sobre os componentes específicos dos fluxos de caixa operacionais históricos são úteis, em conjunto com outras informações, na projeção de futuros fluxos de caixa operacionais.

15. Os fluxos de caixa decorrentes das atividades operacionais são basicamente derivados das principais atividades geradoras de receita da entidade. Portanto, eles geralmente resultam das transações e de outros eventos que entram na apuração do lucro líquido ou prejuízo. Exemplos de fluxos de caixa que decorrem das atividades operacionais são:

   (a) recebimentos de caixa pela venda de mercadorias e pela prestação de serviços;

   (b) recebimentos de caixa decorrentes de *royalties*, honorários, comissões e outras receitas;

   (c) pagamentos de caixa a fornecedores de mercadorias e serviços;

   (d) pagamentos de caixa a empregados ou por conta de empregados;

   (e) recebimentos e pagamentos de caixa por seguradora de prêmios e sinistros, anuidades e outros benefícios da apólice;

216 CAPÍTULO 16

(f) pagamentos ou restituição de caixa de impostos sobre a renda, a menos que possam ser especificamente identificados com as atividades de financiamento ou de investimento; e

(g) recebimentos e pagamentos de caixa de contratos mantidos para negociação imediata ou disponíveis para venda futura.

Algumas transações, como a venda de um ativo imobilizado, podem resultar em ganho ou perda, que é incluído na apuração do lucro líquido ou prejuízo. Os fluxos de caixa relativos a tais transações são fluxos de caixa provenientes de atividades de investimento. Entretanto, pagamentos para a produção ou aquisição de ativos destinados a aluguel para terceiros e, em sequência, para serem vendidos, são fluxos de caixa das atividades operacionais. Os recebimentos de aluguéis e das subsequentes vendas de tais ativos são também fluxos de caixa das atividades operacionais.

16. Uma entidade pode ter títulos e empréstimos para fins de intermediação que sejam semelhantes a estoques adquiridos especificamente para revenda. Portanto, os fluxos de caixa decorrentes da compra e venda desses títulos são classificados como atividades operacionais. Da mesma forma, as antecipações de caixa e os empréstimos feitos por instituições financeiras são comumente classificados como atividades operacionais, uma vez que se referem à principal atividade geradora de receita dessas entidades.

17. A conciliação entre o lucro líquido e o fluxo de caixa líquido das atividades operacionais deve ser fornecida de forma que os usuários tenham elementos para avaliar os efeitos líquidos das atividades operacionais e de outros eventos que afetam o lucro líquido e os fluxos operacionais de caixa em diferentes períodos.

Atividades de Investimento

18. A divulgação em separado dos fluxos de caixa decorrentes das atividades de investimento é importante porque tais fluxos de caixa representam a extensão em que os dispêndios de recursos são feitos pela entidade com a finalidade de gerar resultados e fluxos de caixa no futuro. Exemplos de fluxos de caixa decorrentes das atividades de investimento são:

(a) pagamentos de caixa para aquisição de ativo imobilizado, intangível e outros ativos de longo prazo. Esses desembolsos incluem os custos de desenvolvimento ativados e ativos imobilizados de construção própria;

(b) recebimentos de caixa resultantes da venda de ativo imobilizado, intangível e outros ativos de longo prazo;

(c) pagamentos para aquisição de ações ou instrumentos de dívida de outras entidades e participações societárias em *joint ventures* (exceto desembolsos referentes a títulos considerados como equivalentes de caixa ou mantidos para negociação imediata ou venda futura);

(d) recebimentos de caixa provenientes da venda de ações ou instrumentos de dívida de outras entidades e participações societárias em *joint ventures* (exceto recebimentos referentes aos títulos considerados como equivalentes de caixa e os mantidos para negociação);

(e) adiantamentos de caixa e empréstimos feitos a terceiros (exceto adiantamentos e empréstimos feitos por instituição financeira);

(f) recebimentos de caixa por liquidação de adiantamentos ou amortização de empréstimos concedidos a terceiros (exceto adiantamentos e empréstimos de uma instituição financeira);

(g) pagamentos de caixa por contratos futuros, a termo, de opção e *swap*, exceto quando tais contratos forem mantidos para negociação imediata ou venda futura, ou os pagamentos forem classificados como atividades de financiamento; e

(h) recebimentos de caixa por contratos futuros, a termo, de opção e *swap*, exceto quando tais contratos forem mantidos para negociação imediata ou venda futura, ou os recebimentos forem classificados como atividades de financiamento.

Quando um contrato for contabilizado como proteção (*hedge*) de uma posição identificável, os fluxos de caixa do contrato devem ser classificados do mesmo modo como foram classificados os fluxos de caixa da posição que estiver sendo protegida.

Atividades de Financiamento

19. A divulgação separada dos fluxos de caixa decorrentes das atividades de financiamento é importante por ser útil para prever as exigências sobre futuros fluxos de caixa pelos fornecedores de capital à entidade. Exemplos de fluxos de caixa decorrentes das atividades de financiamento são:

(a) caixa recebido pela emissão de ações ou outros instrumentos patrimoniais;

218   CAPÍTULO 16

(b) pagamentos de caixa a investidores para adquirir ou resgatar ações da entidade;

(c) caixa recebido proveniente da emissão de debêntures, empréstimos, títulos e valores, hipotecas e outros empréstimos de curto e longo prazos;

(d) amortização de empréstimos e financiamentos, incluindo debêntures emitidas, hipotecas, mútuos e outros empréstimos de curto e longo prazos; e pagamentos de caixa por arrendatário, para redução do passivo relativo a arrendamento mercantil financeiro.

Atividades Práticas

1. Pesquisa

A Demonstração dos Fluxos de Caixa é tida como financeira, enquanto que na Demonstração do Resultado do Fluxo de Caixa do livro *Contabilidade empresarial* (Marion/GEN | Atlas) há uma comparação entre fluxo financeiro e fluxo econômico. Analise esta comparação, mostrando a importância principalmente para o pequeno empresário.

2. Questionário – sala de aula ou *Homework*

1. Quais as vantagens e desvantagens da DFC pelos métodos direto e indireto?
2. Qual a diferença entre DFC e DOAR?
3. Em quantos subgrupos poderíamos dividir os ingressos no caixa?
4. O que compreendem as atividades operacionais nos Fluxos de Caixa?
5. É possível um caixa negativo? Explique.

3. Atividade extrassala de aula (Biblioteca)

1. Recorte de jornais ou baixe no sítio da CVM (www.cvm.org.br) um Fluxo de Caixa e uma DOAR (publicada até 2015), e verifique quais as diferenças entre as duas demonstrações.
2. Com base na atividade anterior, qual você acredita que era a utilidade da DOAR para fins de análise?

DEMONSTRAÇÃO DO VALOR ADICIONADO (DVA)

17.1 Introdução

A Contabilidade, no cumprimento de seu papel de fornecedora de informações para os diversos tipos de usuários, deve gerar, além de informações econômico-financeiras, informações sobre responsabilidade social. Daí, a Lei 11.638/07 tornou obrigatória mais uma demonstração: a Demonstração de Valor Adicionado (DVA).

Mais um relatório obrigatório a partir da Lei 11.638/07

A Lei 11.638/07 tornou obrigatória a Demonstração do Valor Adicionado (DVA) para as Sociedades Anônimas de Capital Aberto. Essa lei determina que a empresa deve evidenciar o valor da riqueza gerada e a sua distribuição entre os agentes que contribuíram para a geração dessa riqueza, tais como empregados, financiadores, acionistas, governo e outros, bem como a parcela da riqueza não distribuída.

A DVA é uma das vertentes do Balanço Social que está em maior evidência, e atende às necessidades relativas a informações sobre a riqueza gerada e a forma de distribuição, apesar de pouco difundida pelos usuários da Contabilidade. Acredita-se que, provavelmente, em futuro próximo, o Balanço Social, em todas as suas vertentes, também se torne

220 CAPÍTULO 17

obrigatório, pois é peça fundamental para divulgação de informações sociais, ambientais e econômicas à sociedade.

De Luca (1998, p. 28) considera que a DVA é "um conjunto de informações de natureza econômica. É um relatório contábil que visa a demonstrar o valor da riqueza gerada pela empresa e a distribuição para os elementos que contribuíram para a sua geração".

Entende-se que o valor adicionado serve para evidenciar o valor da riqueza criada pela empresa, e a quem pertencem os resultados econômicos apurados. Assim, a Demonstração do Valor Adicionado é um instrumento de informação de que as empresas se utilizam para demonstrarem parte das suas responsabilidades sociais e sua contribuição para a geração da riqueza nacional. Evidencia à sociedade o quanto a empresa gerou de riqueza e como foi distribuída.

Os principais usuários da DVA, segundo Santos (2003), são:

- governo: utilizará a DVA para o cálculo do PIB, para saber o impacto das operações das empresas na criação da riqueza interna e, também, dos impostos;
- empregados: os empregados ou sindicatos têm como principal objetivo utilizar a DVA para comparar e analisar a remuneração, cargos dos trabalhadores, em relação aos dos administradores;
- gestores: utilizam as informações da DVA como um instrumento de Contabilidade Gerencial, buscando ser eficaz no cumprimento de suas responsabilidades para com todos os seus usuários, sejam eles acionistas, empregados, governo e a sociedade; e
- bancos: analisam a DVA para verificar a riqueza gerada e a capacidade de cumprir os compromissos assumidos.

Algumas empresas, espontaneamente, têm desenvolvido trabalhos no sentido de levar aos usuários uma informação de melhor qualidade, por meio do aperfeiçoamento dos seus relatórios, gerando informações mais transparentes. Na sequência, veremos como se elabora uma DVA.

17.2 Elaboração da DVA

De forma genérica,

"a Demonstração do Valor Adicionado divide-se em duas partes: a demonstração da geração do valor adicionado bruto gerado pela empresa e a segunda parte do modelo de distribuição do valor adicionado apresenta a forma como a riqueza gerada está sendo distribuída pelos agentes econômicos" (SANTOS, 2003, p. 38).

As informações que constam da Demonstração de Valor Adicionado devem ser retiradas da Demonstração do Resultado do Exercício. Como as informações são extraídas da Contabilidade, deverão ter como base o Princípio da Competência.

A Fundação Instituto de Pesquisas Contábeis, Atuariais e Financeiras (FIPECAFI), que acompanha o trabalho e a produção científica da Faculdade de Economia e Administração da Universidade de São Paulo, por meio de seus pesquisadores desenvolveu um modelo-referência de Demonstração de Valor Adicionado, que também é utilizado na elaboração da edição anual de publicação das Melhores e Maiores empresas da revista *Exame* (SANTOS, 2003).

A DVA é composta das seguintes informações:

1. Receitas:
   a) vendas de mercadorias, produtos e serviços – Com os valores do ICMS e IPI incidentes sobre essas receitas incluídos, ou seja, corresponde à Receita Bruta ou Faturamento Bruto;
   b) provisão para devedores duvidosos – Reversão/Constituição – Inclui os valores relativos à constituição/baixa de provisão para devedores duvidosos;
   c) receitas não operacionais – Inclui valores considerados fora das atividades principais da empresa, tais como: ganhos ou perdas na baixa de imobilizados, ganhos ou perdas na baixa de investimentos etc.
2. Insumos adquiridos de terceiros:
   a) matérias-primas consumidas (incluídas no Custo dos Produtos Vendidos);
   b) custo das mercadorias e serviços vendidos (não inclui gastos com pessoal próprio); e

c) materiais, energia, serviço de terceiros e outros (inclui valores relativos às aquisições e pagamentos a terceiros).

Nos valores dos custos dos produtos e mercadorias vendidas, materiais, serviços, energia etc. consumidos deverão ser considerados os impostos (ICMS e IPI) incluídos no momento das compras, recuperáveis ou não.

Perda/Recuperação de valores ativos – Inclui valores relativos a valor de mercado de estoques e investimentos etc. (se no período o valor líquido for positivo deverá ser somado).

3. Valor Adicionado Bruto (diferença entre itens 1 e 2).

4. Retenções

Depreciação, amortização e exaustão – Deverá incluir a despesa contabilizada no período.

5. Valor Adicionado Líquido Produzido pela Entidade (diferença entre os itens 3 e 4).

6. Valor Adicionado recebido em transferência – Inclui os seguintes valores:

a) Resultado de Equivalência Patrimonial (inclui os valores recebidos como dividendos relativos a investimentos avaliados ao custo, sejam estes receitas ou despesas);

b) Receitas financeiras (inclui todas as receitas financeiras, independentemente de sua origem).

7. Valor Adicionado total a distribuir (soma dos itens 5 e 6).

8. Distribuição do Valor Adicionado – O valor gerado no item 7, ou seja, a riqueza gerada pela empresa, deve ser distribuído aos agentes econômicos que auxiliaram nessa geração, tais como:

a) funcionários (custos com pessoal) – Neste item, deverão ser incluídos os salários, encargos e benefícios, apropriados ao custo do produto/serviço ou resultado do período (não incluir encargos com o INSS);

b) governo (impostos, taxas e contribuições) – Além das contribuições devidas ao INSS, Imposto de Renda e Contribuição Social, todos os demais impostos, taxas e contribuições deverão ser

Demonstração do Valor Adicionado (DVA) **223**

incluídos neste item. Os valores relativos ao ICMS e IPI deverão ser considerados como os valores devidos ou já reconhecidos aos cofres públicos, representando a diferença entre os impostos incidentes sobre as vendas e os valores considerados dentro do item 2 – Insumos adquiridos de terceiros;

c) bancos e locadores (juros e aluguéis) – Devem ser consideradas as despesas financeiras e as de juros, relativas a quaisquer tipos de empréstimos e financiamentos junto às instituições financeiras, empresas do grupo ou outras e os aluguéis (incluindo-se as despesas com *leasing*) pagos ou creditados a terceiros;

d) acionistas (juros sobre capital próprio e dividendos) – Inclui os valores pagos ou creditados aos acionistas;

e) lucros retidos/prejuízo do exercício – Devem ser incluídos os lucros ou prejuízos gerados no período.

Observa-se que a DVA destaca dados importantes na análise do comportamento passado, e pode contribuir no desenvolvimento das perspectivas futuras da organização, com relação aos diversos tipos de usuários da informação. Reflete o desempenho econômico e social por meio da distribuição da riqueza.

17.3 Balanço Social e Valor Adicionado

O Balanço Social evidencia o perfil social das empresas: relações de trabalho dentro da empresa (empregados: quantidade, sexo, escolaridade, encargos sociais, gastos com alimentação, educação e saúde do trabalhador, previdência privada); tributos pagos; investimentos para a comunidade (em cultura, esportes, habitação, saúde pública, saneamento, assistência social etc.); investimentos no meio ambiente etc. Há quatro tipos de vertentes de Balanço Social, sendo que a que mais se destaca é a Demonstração do Valor Agregado ou Adicionado.

Muito comum nos países da Europa Ocidental, o Valor Adicionado ou Valor Agregado procura evidenciar para quem a empresa está canalizando a renda obtida; ou ainda, admitindo que o valor o qual a empresa

224 CAPÍTULO 17

adiciona por meio de sua atividade seja um "bolo", para quem estão sendo distribuídas as fatias do bolo e de que tamanho são essas fatias.

Se subtrairmos das vendas todas as compras de bens e serviços, teremos o montante de recursos que a empresa gera para remunerar salários, juros, impostos e reinvestir em seu negócio. Esses recursos financeiros gerados levam-nos a contemplar o montante de valor que a empresa está agregando (adicionando como consequência de sua atividade). É o Produto Interno Bruto – PIB da empresa.

O Pronunciamento CPC 09 aborda a Demonstração do Valor Adicionado.

Uma prefeitura

Imagine, por exemplo, a Prefeitura de uma cidade ter que tomar a decisão de receber ou não determinada empresa em seu município. A pergunta correta seria: quanto a determinada empresa vai agregar em renda para a região?

Em função dessa empresa, o orçamento do município será acrescido, pois terá que investir em infraestrutura e em sua manutenção em função de uma nova demanda.

Admita-se que a Prefeitura terá gastos adicionais anuais na área de ensino, saúde, segurança, ambiente (despoluição de rio e outros) no total de $ 250, tudo em decorrência da instalação da nova empresa.

Para melhor análise, a Prefeitura solicita uma Demonstração do Valor Adicionado da empresa, que mostra o seguinte:

Quadro 17.1 Exemplo de valor adicionado.

	Ano 1	%	Ano 2	%
Vendas	(5.000)	–	5.000	–
(–) Compras de Bens/Serviços	(2.500)	–	2.000	–
Valor Adicionado	(2.500)	100	3.000	100
Distribuição Valor Adicionado				
Salários				
Pessoal de Fábrica	500	20	510	17
Pessoal Administrativo	400	16	480	16
		36		33
Diretoria/Acionistas				
Pró-Labore (honorários Diretoria)	800	32	1.050	35
Dividendo	250	10	360	12
		42		4
Juros	150	6	90	3
Impostos				
Municipal	25	1	30	1
Estadual	50	2	60	2
Federal	75	3	90	3
		6		6
Reinvestimento	200	8	270	9
Outros	50	2	60	2

Na Demonstração do Valor Adicionado, observa-se que o item "Impostos" permanece inalterado, o que propicia uma boa análise para a prefeitura. Todavia, o valor do imposto recolhido ao município é muito baixo. Admitindo-se que os diretores/acionistas não morarão na cidade e que os juros não se reverterão em favor do município, o que se agregará ao fluxo de renda do município será o item Salário.

226 CAPÍTULO 17

Com esses dados, caberia analisar se o pequeno imposto para o município e o acréscimo no fluxo de renda em salário de pessoas que residirão na região (gerando mais negócios, mais arrecadação) compensarão o acréscimo no orçamento, e o benefício da vinda da empresa seria viável.

Um sindicato

Imagine ainda o presidente do sindicato analisando a "distribuição do bolo" que aumentou em 20% do ano 1 para o ano 2 (de $ 2.500 para $ 3.000). Certamente, ele não ficaria calado diante de uma redução da fatia do bolo para seus afiliados (salário de fábrica caiu de 20% para 17%). Poderia ficar irritado ao ver que a fatia do bolo aumentou consideravelmente para os diretores/acionistas. Seria um bom motivo para uma greve?

Contabilidade social

Poderíamos dizer que Balanço Social está no contexto da Contabilidade Social, pois envolve aspectos econômicos e sociais de um país. Alguns denominam essa Contabilidade de Contabilidade Nacional, já que ela envolve a renda nacional, balanço de pagamentos etc.

De maneira geral, quando tratamos do Balanço Social da empresa, de uma unidade individualizada, podemos dizer que se trata de um campo da Contabilidade. Todavia, quando tratamos do Balanço Social no âmbito geral da economia (seja em nível regional, municipal, estadual ou nacional) considerando a soma dos ramos de atividades, a renda nacional, podemos dizer que se trata de um campo da Economia e não da Contabilidade.

Pausa e Reflexão

Por que, no Brasil, ainda se pratica tão pouco o Balanço Social?

Contabilidade ambiental

A Contabilidade Financeira, quando aplicada à avaliação e mensuração das informações relativas ao meio ambiente, é denominada de Contabilidade Ambiental ou Ecológica.

Demonstração do Valor Adicionado (DVA) **227**

A Contabilidade Ambiental preocupa-se com a proteção do meio ambiente. Em função de os recursos naturais se tornarem cada vez mais escassos, um número crescente de empresas participa de um desenvolvimento sustentável, de gerenciamento ambiental para redução de custos operacionais, de cuidados para reduzir o risco de poluição acidental ou insidiosa etc. De maneira geral, destaca os custos ambientais nas despesas gerais (proporcionando uma análise financeira em relação à preservação do meio ambiente), evidencia no Ativo os investimentos nessa área, cria provisão para riscos ambientais no Passivo etc.

Pausa e Reflexão

Por que a Contabilidade Ambiental é tão discutida nos nossos dias?

Leitura Complementar

Exemplo de Balanço Social de uma Pequena Empresa

(FHN – Farmácia Homeopática Natural) – Maceió – AL

A empresa está inserida no mercado há 16 anos, desenvolvendo um trabalho que visa a uma assistência farmacêutica integral ao cliente, desde a manipulação dos medicamentos à orientação final (posologia, modo de usar, interação medicamentosa, entre outras).

A nossa atividade está basicamente voltada para três segmentos: Homeopatia, Fitoterapia e Fitocosmética.

Homeopatia – É um método científico baseado em três leis que foram largamente experimentadas pelo seu precursor, Samuel Hahnemann. Ele iniciou seus estudos em 1790, quando, traduzindo a Matéria Médica de Cullen, ficou admirado com a sintomatologia produzida pela *China oficinallis*, quando tomada em doses excessivas. Observou, ainda, que a malária produzia estes mesmos sintomas e que a medicação indicada para o tratamento dessa doença era a China (usada até os nossos dias). A partir dessa observação, imaginou a possibilidade de outras substâncias possuírem as mesmas propriedades – LEI DOS SEMELHANTES.

228 CAPÍTULO 17

A partir dessa constatação, começou a experimentar várias substâncias no homem são. Começou consigo, seus familiares e discípulos. Iniciou catalogando os sintomas mentais, gerais e locais que cada substância provocava, quando ingerida pelo homem são. Chamou esse conjunto de sintomas de PATOGENESIA. O resultado desses estudos denominou de EXPERIMENTAÇÃO NO HOMEM SÃO.

Com a continuação do experimento, ele observou que se diluísse a dose os efeitos causados eram atenuados no homem são; entretanto, ao ser administrado ao paciente em doses cada vez mais diluídas, os resultados obtidos tinham maior eficácia. Essas doses obedeciam a um critério determinado que compreendia diluições, seguidas de um certo número de agitações (sucussões). Chamou essa técnica de DINAMIZAÇÃO. Com esse processo de diluições e sucussões foi estabelecida a terceira lei – DOSES MÍNIMAS.

Fitoterapia – A fitoterapia, ou terapia pelas plantas, era conhecida e praticada pelas antigas civilizações. Pode-se afirmar que o hábito de recorrer às virtudes curativas de certos vegetais é uma das primeiras manifestações do esforço do homem para compreender e utilizar a natureza.

A história da fitoterapia se confunde com a história da farmácia, em que até o século passado medicamentos eram basicamente formulados à base de plantas medicinais. O descobrimento das propriedades curativas das plantas foi no início meramente intuitivo, ou observando os animais que, quando doentes, buscavam nas ervas cura para suas afecções.

Fitocosmética – Segmento da ciência cosmetológica que se dedica ao estudo e aplicação dos princípios ativos vegetais em proveito da higiene, da estética, de correção e manutenção de um estado normal e sadio da pele e dos cabelos.

Nesse contexto, temos como objetivo divulgar o medicamento como bem de saúde, deixando a visão mercantilista de bem de consumo. Com essa filosofia, acreditamos estar contribuindo socialmente com a saúde da comunidade alagoana, ao mesmo tempo esperamos estar correspondendo às expectativas dos nossos clientes.

Recursos Humanos

A empresa conta com 18 funcionários, distribuídos na matriz-Centro e nas Filiais Farol e Mangabeiras. Dezesseis do sexo feminino e dois do sexo masculino, assim compostos: 4 farmacêuticas; 4 técnicas; 2 estoquistas; 1 auxiliar administrativo; 1 gerente de informática e 6 balconistas.

O grau de instrução dos mesmos é, no mínimo, Ensino Médio, cursos técnicos específicos (informática, química) e Superior (farmácia).

A farmácia conta ainda com participação efetiva da sócia-gerente, farmacêutica e responsável técnica pela empresa.

Saúde

A Farmácia implantou o programa de Medicina e Segurança no Trabalho, com contratação de consultoria específica. Temos plano de saúde próprio, em parceria com a UNIMED, sendo o custo compartilhado, 50% da empresa e 50% restante dos empregados.

Educação

Desenvolvemos um programa de qualidade total. Sempre estamos reciclando nosso pessoal dentro de um programa de educação continuada.

Legislação

A Farmácia cumpre à risca a Legislação em vigor, como também acata todas as orientações/normativos provenientes do Conselho Regional de Farmácia, e obedece ao padrão estabelecido pela Vigilância Sanitária.

No aspecto tributário, a empresa aderiu ao Sistema de Imposto Simplificado (SIMPLES), implantado pelo Governo Federal.

Para o Governo Estadual, em cumprimento à legislação, efetuamos o pagamento do ICMS de forma antecipada. Trabalhamos com todo o sistema fiscal informatizado, em todas as unidades farmacêuticas.

Meio Ambiente

A empresa está sempre atenta, buscando comprar material de embalagem reciclável. Cuidado especial é dado ao lixo contaminado que só é disponibilizado para coleta depois de esterilizado. Ressaltamos que todas as nossas embalagens, cartões de aniversário e outros documentos enviados aos clientes são feitos em papel reciclado, evitando ao máximo o uso de plástico ou qualquer outro material contaminante.

230 CAPÍTULO 17

Relatórios Contábeis

Demonstração do *Valor Adicionado 20XX*

Vendas/Receitas	524.962,65
Produtos manipulados	403.609,20
Mercadorias revendidas	120.881,62
Receitas financeiras	471,83
Materiais adquiridos de terceiros	(139.777,51)
Serviços de terceiros	(118.118,59)
Despesas diversas	(19.249,17)
Valor adicionado	247.817,38

Distribuição do *Valor Adicionado*

Empregados		
Salários	122.246,07	49%
Benefícios, encargos sociais e treinamento	29.185,87	12%
		61%
Governo		
Federal – Simples	30.562,00	12%
Estadual – ICMS	46.574,38	19%
		31%
Financiadores		
Encargos financeiros	9.061,63	4%
Sócios	1.000,00	1%
Retenções		
Depreciação	7.953,72	3%
Lucros	1.233,71	1%

Atividades Práticas

1. Pesquisa

Busque saber quais países publicam Balanço Social e DVA. Há países que consideram a DVA como uma demonstração obrigatória para publicação?

2. Questionário – sala de aula ou *Homework*

1. Qual o objetivo da DVA?

2. Quais as principais informações detectáveis no Valor Agregado?

3. Como se divide a DVA?

4. Quais os possíveis agentes para os quais a riqueza gerada pela empresa é distribuída?

5. Diferencie os termos: *Contabilidade Geral*, *Contabilidade Social* e *Contabilidade Ambiental*.

3. Atividades extrassala de aula (Biblioteca)

1. Recorte de jornais ou pesquise no sítio da CVM (www.cvm.org.br) as empresas que publicaram a DVA entre os anos de 2012 e 2015, verifique quais geraram valor adicionado e como este foi distribuído entre os agentes.

2. Junto à biblioteca, Internet ou em jornais, busque uma demonstração contábil publicada que contenha Balanço Social. Faça um breve comentário sobre o Balanço Social selecionado em comparação ao apresentado no texto deste capítulo.

TEORIAS SOBRE ESCRITURAÇÃO CONTÁBIL

- Esta parte propõe ao leitor uma meditação cuidadosa sobre os termos Débito e Crédito.
- É abordada, inicialmente, uma visão europeia dos princípios de Débito e Crédito.
- Em seguida, abordaremos superficialmente a visão pragmática norte-americana.
- Por fim, são mostrados aspectos detalhados das normas sobre escrituração do Conselho Federal de Contabilidade.

18

ASPECTOS SOBRE ESCRITURAÇÃO CONTÁBIL

18.1 As principais teorias da escola europeia

Possivelmente, o maior pesquisador e escritor sobre a Escola Europeia de Contabilidade foi Francisco D'Auria. Em seu livro *Primeiros Princípios de Contabilidade Pura*, em 1959, encontramos um vasto relato sobre o assunto. Em seguida, proporcionamos alguns resumos sobre diversas teorias que compõem a Escola Europeia de Contabilidade. É extraído de seus livros o que é descrito a seguir.

18.1.1 Teoria das cinco contas gerais

Fundamento

Edmond De Granges é tido como o criador da teoria das cinco contas gerais. Seu filho, com nome igual ao do pai, também foi escritor de Contabilidade e afirma que

> "seu progenitor foi quem criou as partidas-dobradas, tirando-a do caos em que se encontravam quando escreveu sua pequena obra, em 1795, sob o título de: escrituração tornada fácil, e por conseguinte a ele se deve atribuir o mérito da primeira invenção".

236 CAPÍTULO 18

A assertiva de Edmond De Granges Filho de que é "uma invenção" é falsa. A história da contabilidade deve perdoar a excessiva admiração de filho...

Segundo Fábio Besta, Girandeau já havia escrito: *"les comptes généraux représentent le néegociant lui-même"*.

De Granges afirmara que

"para se fazer uma ideia das contas, não é preciso ver nelas outra coisa senão as do comerciante do qual se escrituram os livros e é preciso conceber que *debitar uma dessas contas, é debitar o próprio comerciante* sob o nome dessa conta em particular" e que "todas as dificuldades na arte das contas se vencem *debitando a pessoa que recebe, ou a conta do objeto que se recebe; e creditando a pessoa que fornece ou a conta do objeto que se fornece"*.

As "contas gerais", segundo De Granges, são cinco: "Capital", "Lucros e Perdas", "Caixa", "Mercadorias", "Créditos e Débitos", aludindo à larga subdivisão que cada uma dessas contas se faz na prática.

Princípio de "Débito" e "Crédito"

Pelo fundamento da teoria, deduzimos o princípio do "débito" e do "crédito" da conta.

De Granges formulou uma regra que ganhou foros de axioma. *"Debitar aquele que recebe e creditar aquele que fornece"* é a regra ditada pelo autor da teoria das cinco contas gerais.

Como as relações de débito e crédito são pessoais, De Granges imaginou que todas as contas representam o comerciante e, por isso, ele é "devedor" *quando recebe* e "credor" *quando fornece*.

Pausa e Reflexão

Poderíamos dizer que o princípio de débito e crédito, nessa teoria, é o fato material de receber coisas e entregar coisas?

Aspectos sobre escrituração contábil **237**

18.1.2 Teoria personalista

Histórico

A *teoria das cinco contas gerais* não deixa de ser personalista, porquanto as contas representam pessoas.

Na corrente personalista incorporou-se o notável publicista Giovanni Rossi, que à obra de Cerboni aditou farta produção literária. Rossi proclamou o "grande princípio da personalidade de todas as contas", e sentenciava: "para a arte das contas, todo o direito, seja real ou pessoal, deve ser considerado pessoal", e argumentava:

> "onde há *deve* e *haver*, é claro que há uma pessoa que deve e outra que *tem haver*" donde o princípio: "cada conta é aberta a uma pessoa, ou a uma personalidade da qual representa os direitos e as obrigações".

Princípio de "Débito" e "Crédito"

A teoria personalista funda-se no fato jurídico dos direitos e obrigações em oposição, assim:

- *Direito é crédito;*
- *Obrigação é débito;*
- *Diminuição de direito é débito;* e
- *Diminuição de obrigação é crédito.*

É perfeitamente coerente o princípio, que está apoiado em relações de direito. A tradicional divisão da conta em seção de débitos e seção de crédito é corroborada suficientemente por essa teoria, porquanto débito e crédito são situações jurídicas admiravelmente ajustadas às relações de direitos e obrigações entre pessoas.

Pausa e Reflexão

Nessa teoria, é possível pensar que o caixa é uma pessoa (fantasma): quando ele recebe dinheiro, fica devendo para a empresa – daí chamar-se débito a entrada de dinheiro na empresa?

18.1.3 Teoria materialista

Histórico

Antes de passarmos em revista esta teoria, concebida em diversas formas por seus autores, apreciemos, de modo geral, como se materializam os fatos que a Contabilidade registra.

Todo fato administrativo é o efeito de um movimento de forças da riqueza individualizada. Assim, podemos considerá-lo como um efeito físico, ou mecânico, e também como grandeza.

A teoria das "contas a valor" idealizada por Fábio Besta, posto que baseada na doutrina econômica do valor, não deixa de ser *materialista*, visto como considera elementos e mutações destes; a teoria de Emanuele Pisani, autor do método *estatmográfico*, contempla o movimento patrimonial, classificando os fatos administrativos em *estáticos*, *dinâmicos* e *estático-dinâmicos*; a teoria de Giovanni Rossi, criador do *método de xadrez*, baseia-se nas grades patrimoniais, *positivas e negativas*; a teoria positiva de J. Dumarchey tem seu ponto de apoio no *valor econômico*. Todas teorias materialísticas, como se vê.

Trataremos das teorias de Besta, Rossi e Dumarchey, que estiveram mais em voga. Veremos, a seguir, como age qualquer teoria baseada no simples materialismo, fazendo referências particularizadas à *teoria mecânica* de Pisani.

Princípio de "Débito" e "Crédito"

Na teoria materialista, a dualidade *débito – crédito* é abolida, substituída pela *carga – descarga, mais – menos, positivo – negativo, mutação ativa – mutação passiva*, salvo quando se consideram as relações jurídicas entre pessoas.

O princípio que preside ao registro dos fatos é o do aumento ou diminuição das espécies materiais. Tudo aquilo que se adiciona a uma espécie positivada corresponde a *débito* – tomando este vocábulo em seu sentido técnico de valor ativo, e tudo aquilo que se deduz de uma espécie corresponde a *crédito* – como diminuição de valor ativo. Em que, porém, não haja uma espécie ativa, a teoria materialística admite o conceito jurídico do crédito a pessoas – o que corresponde a valor negativo, ou *passivo patrimonial*. Esta exceção quebra o princípio diretivo do registro, privando-o do conceito universal que deve ser característico nas concepções teóricas.

Aspectos sobre escrituração contábil **239**

> **Pausa e Reflexão**
>
> No que a teoria materialista se opõe à personalista?

18.1.4 Teoria matemática

Histórico

Tendo a Contabilidade suas origens simultâneas às primeiras manifestações de cálculo; não sendo a "conta" senão cômputo; e tendo existência a Aritmética, a partir do *Abacus* de Fibonacci, em 1202, é estranhável que somente em 1790, com a obra de Forni, se procurasse uma demonstração matemática, como a fez esse autor, a respeito da concepção patrimonial.

Clitofonte Bellini, em seu *Trattato elementare teorico-pratico di Ragioneria Generale*, de 1910, expôs a "teoria matemática da conta", dizendo:

> "qualquer que seja o conceito de conta, em seu significado concreto, é sempre o de uma entidade matemática, isto é, uma grandeza, pondo em evidência o valor de uma coisa e as variações nele havidas".

Bellini menciona as obras de Giovanni Rossi: *Trattato dell'unità teoretica dei metodi di scrittura in partita doppia*, editado em 1895, e *Teoria matematica della scrittura doppia italiana*, editada em 1901, declarando que repetiu conceitos elementares de ordem matemática e adotou os símbolos contidos nessas duas obras.

Dumarchey, um dos mais notáveis autores franceses, da época presente, tem-se dedicado à demonstração matemática das doutrinas contábeis, sendo ele o criador da teoria positiva, em que faz larga aplicação algébrica.

Princípio de "Débito" e "Crédito"

Pela teoria matemática, *débito* é quantidade positiva e crédito, negativa, em relação a cada elemento *ativo*, e vice-versa em relação a cada elemento *passivo*.

A diminuição de débito se opera mediante adição ao crédito, que é negativo daquele, e a diminuição de crédito se opera por adição ao débito.

240 CAPÍTULO 18

Dissemos que esta teoria admite a substituição de débito e crédito pelos sinais + e –, transformando-se a função em puras operações aritméticas de *adição* e *subtração*. A substituição teria fundamento lógico, mas iria ferir um convencionalismo de uso multissecular.

> **Pausa e Reflexão**
>
> É possível afirmar que essa teoria seria mais fácil de ser entendida por leigo, já que se trata mais de uma convenção que de uma questão conceitual?

18.1.5 Teoria econômica

Histórico

A *conta* é o "centro de gravidade" da aplicação contábil. Ela é um raciocínio aritmético para medir a grandeza dos valores relacionados entre si e as pessoas. A ideia de valor implica a de riqueza – *economia*.

As contas foram sempre feitas com elementos econômicos. Como, porém, toda a economia está relacionada a pessoas, sobrepujando interesse destas, *a conta se fez para pessoas*. E, assim, o quadro técnico "conta" foi considerado em função das pessoas a que estava relacionada a riqueza.

De Pacioli a Cerboni, a conta teve personalidade tão pronunciada que seu conceito econômico ficou latente.

Fábio Besta foi o primeiro a evidenciar o valor econômico na função da conta, imaginando e definindo a função do "controle econômico". A corrente de cultores da Contabilidade que lhe seguiram as pegadas se denominou *racionalista*, a qual tomou o encargo de combater o *personalismo*, e propugnar as "contas a valor".

A obra de Dumarchey, fundada no *positivismo da Contabilidade*, demonstra que a conta se forma com o "valor econômico".

A concepção *patrimonialista* também se alicerça no "valor econômico", com a particularidade de estabelecer vínculo entre "valor" e "pessoa".

Concluiremos, então, que assentam na teoria econômica o *controlismo*, o *positivismo* e o *patrimonialismo*, porquanto é a riqueza em ação, e riqueza individualizada – *patrimônio* – a matéria ou objeto sobre que incide qualquer desses três sistemas teóricos.

Princípio de "Débito" e "Crédito"

Do que vimos de expor, quanto à teoria econômica ou de *contas* a *valor*, se deduz que *débito* representa, convencionalmente, a existência de valores ativos e, também, a diminuição de elementos passivos e diferenciais, e crédito a existência de valores passivos, a diminuição de elementos ativos e aumento positivo nos diferenciais.

O princípio torna-se artificioso, nessa teoria, adotando-se *débito* e *crédito*. Mais racionais seriam os sinais *mais* e *menos*, passando a ter fundamento matemático, mais conforme com o materialismo fundamental dessa teoria.

> **Pausa e Reflexão**
>
> No item 18.2, estaremos abordando sucintamente o enfoque da escola norte-americana. Seria possível dizer que a Teoria Econômica é a que mais se aproxima da escola norte-americana, ou vice-versa?

18.1.6   Teoria patrimonial

Histórico

Consciente ou inconscientemente, a Contabilidade tem sido aplicada aos patrimônios. De qualquer modo, a riqueza individualizada é o objeto essencial desta Ciência.

Enquanto não se constituíram riquezas familiares e estas não passaram a ser definidas – o que aconteceu após a queda do regime feudal –, registravam-se fatos da administração pública. O tabernáculo dos hebreus, o Templo de Delos em Atenas, o *Ager Publicus* dos Romanos, o *Domsday Book* de Guilherme, o Conquistador, o patrimônio do Estado Pontifício, na Idade Média, a administração "cameral" dos príncipes feudais – e depois dos "conventos" –, tudo atesta que se zelava, se administrava e se escriturava o patrimônio público.

242 CAPÍTULO 18

O incremento comercial dos fins da Idade Média em diante deu origem à boa gestão dos negócios e a escrituração lhe fez companhia. Mas no comércio interessam o "capital" e as transações. O conceito de patrimônio não se fazia sentir.

A seguir, cogitou-se da Contabilidade dos "bens baronais" e da "gestão rural", em que se evidenciava um patrimônio.

Os progressos científicos da matéria, verificados no século XIX, não se dirigiram à caracterização patrimonial, predominando o conceito comercial de "capital".

Cerboni pendia para a Contabilidade Pública, em que a questão patrimonial se subordina à financeira. Somente Besta e alguns outros autores italianos se ocupam do patrimônio, em suas exposições teóricas.

Princípio de "Débito" e "Crédito"

Repetimos aqui que mantemos as designações "débito" e "crédito", unicamente como respeito à tradição. A rigor, nesta teoria, "débito" deve ser substituído pela indicação positiva + e "crédito" pela negativa –.

Baseada no monocontismo, esta teoria contempla a conta fundamental "Patrimônio", que é positivo ou negativo, aumenta ou diminui.

Quando se cria ou aumenta um valor ativo, o fato é positivo para o patrimônio – há um "débito"; quando se diminui, o fato é negativo – há um "crédito"; quando se cria ou aumenta um valor passivo, o fato é positivo – há um "crédito", passivo; quando diminui, o fato é negativo – há um "débito", passivo; quando se enriquece o patrimônio, o fato é positivo – há um "crédito"; quando se empobrece, o fato é negativo – há um "débito".

Substituindo "débito" e "crédito", respectivamente, pelos sinais + e –, temos o seguinte esquema da Conta Patrimonial.

A		P		D	
+	–	+	–	+	–

> **Pausa e Reflexão**
>
> Seria correto pensar que, pelo fato de o Patrimônio ser o alvo da Contabilidade, a Teoria Patrimonial seria a melhor?

18.1.7 Teoria positiva

Histórico

Se positivo é o real, a verdade comprovada, o resultado certo da experiência, devemos admitir como positiva qualquer teoria que se conforme com a realidade e com fatos comprovados.

As várias teorias que passamos em revista, todas correspondem à realidade, respeitados os conceitos que lhes servem de base. Umas, porém, são incompletas – quando limitam a aplicação da Contabilidade ao comércio –, outras são particularizadas – quando admitem determinado objeto.

Dumarchey publicou a obra *Teoria Positiva da Contabilidade*, em 1914. No prefácio da 2ª edição, de 1933, diz:

> "a trajetória percorrida pela doutrina positiva da contabilidade, desde 1914".

Efetivamente, o conhecido autor francês vinha, de longa data, fazendo estudos matemáticos a respeito de assuntos de Contabilidade. Mas o conceito que se revela em sua citada obra é o das "unidades de valores que constituem as contas". Assim, positiva é a sua teoria, porque, de fato, são as unidades de valor que a Contabilidade contempla em sua elaboração. Mas tão positiva é esta teoria quanto o são outras que conceituam o objeto de modo diverso mas não menos real.

Princípio de "Débito" e "Crédito"

O autor da teoria positiva, após fazer a demonstração matemática da conta, conclui:

> "Uma vez que a soma algébrica da expressão é nula, torna-se evidente que a soma de todos os termos positivos é igual à soma de

244 CAPÍTULO 18

todos os termos negativos. Na mesma conta, a coluna da esquerda deverá ser destinada aos termos que entram no Balanço com o sinal +; e a coluna da direita, aos termos que entram no Balanço com o sinal –."

Dumarchey chama, ainda, *débito*, *dever* ou *entrada* a todas as importâncias inscritas na coluna da esquerda de uma conta; *crédito*, *haver* ou *saída* a todas as importâncias inscritas na coluna da direita e enuncia este, por assim dizer, *teorema de Contabilidade*:

"Num Balanço, em qualquer instante, a soma das importâncias referentes a *débito*, a *dever* ou a *entrada*, é igual à soma das importâncias referentes a *crédito*, a *haver* ou a *saída*."

O mesmo autor ensina:

"*debitar* uma conta é inscrever uma importância na sua coluna esquerda; *creditar* uma conta é inscrever uma importância na sua coluna da direita".

> **Pausa e Reflexão**
>
> Pelo fato de os grandes gêneros não terem chegado a uma teoria dominante, a um acordo, isto depõe contra a chamada escola europeia?

18.2 O pragmatismo da escola norte-americana

18.2.1 O "fantasma" do débito e do crédito

Método utilizado

Por muito tempo, no Brasil, conceitos de débito e crédito foram dados aos estudantes de Contabilidade de maneira complexa, de forma tal que muitos contadores deixavam a faculdade sem saber debitar e creditar.

A tentativa de conceituar débito e crédito encontrava séria resistência no iniciante em Contabilidade, pois era levado a pensar que débito significava coisa desfavorável e crédito significava coisa favorável.

Novo método

Com o advento da "escola americana contábil" no Brasil, basicamente introduzida pelo livro *Contabilidade introdutória* por uma equipe de professores da FEA/USP, houve uma notável simplificação para o estudante de Contabilidade, uma vez que aquela escola dispõe que tais denominações (débito e crédito), "hoje em dia, são simplesmente convenções contábeis".

Convenções contábeis

Dessa forma, em vez de chamarmos "lado esquerdo do Razonete"; denominamos *débito* (portanto, débito é como chamamos o lado esquerdo de uma conta

e *crédito* é como chamamos o lado direito de uma conta).

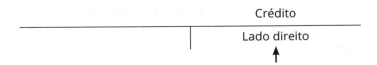

O sol e a lua

Poderíamos chamar o lado esquerdo de "sol" e o lado direito de "lua", ou outra denominação qualquer. Todavia, dada a tradição contábil, convencionamos denominar o lado esquerdo do Razonete (uma conta qualquer) de débito e o lado direito (uma conta qualquer) de crédito.

Verbos "Debitar" e "Creditar"

Poderíamos chamar Débito-Crédito de Adição-Subtração.

Em decorrência dessas denominações, concluímos que lançar qualquer valor no lado esquerdo de uma conta é debitar. Lançar qualquer valor no lado direito de uma conta é creditar. Daí, a conjugação dos verbos debitar e creditar.

D	Caixa	C
200.000		50.000

Neste exemplo, debitamos $ 200.000 à conta Caixa e creditamos $ 50.000 à conta Caixa. Ou seja, lançamos $ 200.000 no lado esquerdo da conta Caixa (Debitamos) e lançamos $ 50.000 no lado direito da conta Caixa (Creditamos).

Se apurarmos o saldo da Conta Caixa acima, chegaremos a $ 150.000.

D	Caixa	C		
200.000		50.000		200.000
150.000			(–)	50.000
				150.000

Os saldos

Este saldo de $ 150.000 (constante no lado esquerdo de uma conta) chamaremos de "saldo devedor", pois a sobra (o saldo) está no lado do débito (lado esquerdo). Normalmente, as contas com saldo devedor são classificáveis no Ativo, pois saldo devedor é o excesso no lado esquerdo de uma conta, e Ativo é o lado esquerdo do balanço.

Saldo devedor

> Então, sempre que o Débito for maior que o Crédito teremos saldo devedor:
> Débito > Crédito = Saldo Devedor.

Saldo credor

Se o Crédito for maior que o Débito teremos "saldo credor".

D	Contas a Pagar	C
120.000		280.000
		160.000

Contas a Pagar apresenta um saldo no lado do Crédito (lado direito), portanto, "saldo credor" de $ 160.000. Normalmente, as contas com saldo credor são classificáveis no Passivo e Patrimônio Líquido (lado direito).

O mecanismo de débito e crédito

Como já observamos, os aumentos de uma conta são registrados de um lado e as diminuições de outro. Se for uma conta de Ativo, os aumentos são lançados no lado esquerdo (débito) e as diminuições no lado direito (crédito).

Se for uma conta de *Passivo* ou *Patrimônio Líquido*, os aumentos são lançados no lado direito (crédito) e as diminuições no lado esquerdo (débito).

Qualquer conta de Ativo		Qualquer conta de Passivo e PL	
Débito	Crédito	Débito	Crédito
$ Aumentos	$ Diminuições	$ Diminuições	$ Aumentos

Método das partidas dobradas

Este método, desenvolvido pelo Frei Luca Pacioli, na Itália, século XV, hoje universalmente aceito, dá início a uma nova fase para Contabilidade como disciplina adulta, além de desabrochar a "escola contábil italiana", que iria dominar o cenário contábil até o início do século XX.

Conteúdo do método

O método consiste em que, para qualquer operação, haverá um débito e um crédito de igual valor ou um débito (ou mais débitos) de valor idêntico a um crédito (ou mais créditos). Portanto, "não há débito(s) sem crédito(s) correspondente(s)".

Pausa e Reflexão

Poderíamos partir de uma premissa simplista: "o fato de os europeus discutirem durante quatro séculos débito e crédito, criando várias teorias sem conseguir harmonizar os conceitos, levou os americanos a tratarem esses termos (débito e crédito) como mera convenção"?

248 CAPÍTULO 18

Leitura Complementar

Escola Europeia *versus* Americana

Trecho do livro *O Ensino da Contabilidade* – Marion/GEN | Atlas, em seu capítulo 2, sobre Metodologia do Ensino da Contabilidade.

Observa-se no Brasil, em termos de sequência de pontos, a presença marcante de *dois métodos didáticos* distintos no ensino da Contabilidade Geral ou Contabilidade Introdutória.

Na primeira metodologia, constata-se que, após algumas definições introdutórias, desenvolve-se, ainda no início do ano, a teoria do débito e do crédito. Primeiramente, esses termos são conceituados; em seguida, demonstram-se suas aplicações.

Posteriormente à prática da escrituração, fala-se em Balancete, em Apuração do Resultado, para, já próximo ao final do ano, chegar-se às Demonstrações Financeiras (basicamente: Balanço Patrimonial e Demonstração do Resultado do Exercício).

Esta metodologia é conhecida como método didático decorrente da Escala Contábil Italiana (especificamente) ou Escola Europeia (em geral). Para simplificação, de nosso trabalho, apenas com objetivo de evitar conceitos longos, trataremos esta metodologia de ensino como "Escola Contábil Italiana".

Na segunda metodologia, a diretriz básica parte de uma visão dos Relatórios Contábeis e, em seguida, estuda os lançamentos contábeis que originaram aqueles relatórios.

A justificativa para essa metodologia é muito simples: a evolução histórica da Contabilidade. A princípio, a Contabilidade existia em forma de inventários periódicos (Relatórios Contábeis), em que se avaliava a riqueza, em determinado momento, bem como a variação dessa riqueza, na comparação do inventário, em momentos distintos. Assim, sobreviveu a Contabilidade por milhares de anos. Recentemente (século, XV d.C., aproximadamente), foram idealizadas as formas (lançamentos contábeis) para se chegar àqueles relatórios.

Uma das vantagens desta metodologia é, principalmente, a facilidade de aprender débito e crédito. Como diz Leone: "A teoria do débito e crédito é uma barreira para o estudante".

Esta metodologia é denominada por algumas facções como método didático decorrente da Escola Americana. Da mesma forma que a primeira

Aspectos sobre escrituração contábil **249**

metodologia, trataremos, para simplificar nossa dissertação, sem comprometimento de nossa parte, simplesmente de "Escola Contábil Norte-americana".

A. Influência Italiana (Escola Contábil Italiana)

A primeira escola a abordar oficialmente a Contabilidade no Brasil foi a Escola de Comércio Álvares Penteado, fundada em 1902.

Na época, prevalecia no cenário mundial da Contabilidade a Escala Italiana, evidenciando-se Gino Zappa e Fábio Besta. Este último escreveu *La ragioneria*, em três volumes, que é, segundo o Prof. Sérgio Iudícibus, possivelmente a melhor obra já escrita até o momento sobre Contabilidade, e está no mesmo nível de *Accounting theory*, de Elden S. Hendricksen.

A influência exercida na Contabilidade ensinada no Brasil, naquele período, foi claramente da Escola Italiana.

Um dos professores e excelente escritor na área contábil, possivelmente aquele que mais meditou a teoria italiana, foi Francisco D'Auria. Outros professores tiveram passagem notável neste período na Escola de Comércio Álvares Penteado, além de D'Auria, como Frederico Herrmann Júnior (um dos fundadores da Editora Atlas S.A. e autor de *Contabilidade Superior, Custos Industriais, Análise de Balanços para Administração Financeira* e outros), Horácio Berlinck, Américo Oswaldo Campiglia, Milton Improtal e Antenor da Silva Negrine.

Em 1940, com o advento do Decreto-lei nº 2.627, Lei das Sociedades por Ações, é ressaltada a grande influência exercida pela Escola Contábil Italiana, de modo específico (Escola Europeia, de modo geral), pois a referida lei é totalmente de inspiração europeia.

O grande problema que vemos dentro desta escola de ensino é a dificuldade que o aluno tem para entender débito e crédito. Quando isso não é bem dominado pelo aluno, acaba prejudicando o desenvolvimento dos pontos seguintes, já que falta a base de tudo. Isso leva o aluno a uma desmotivação.

Além disso, essa metodologia explora demasiadamente a parte árida da Contabilidade (escrituração/ajustes/métodos), não dando ênfase aos objetivos da Contabilidade como instrumento de tomada de decisão.

B. Influência Americana (Escola Contábil Americana)

Em 1946, foi fundada a Faculdade de Economia, Administração e Contabilidade da Universidade de São Paulo – FEA/USP – e nela foi instalado o Curso de

Ciências Contábeis e Atuariais, que deu origem ao Departamento de Contabilidade e Atuária da FEA/USP.

Grande parte dos professores do curso de Ciências Contábeis da FEA/USP era da Escola de Comércio Álvares Penteado, proporcionando, dessa forma, a continuidade da metodologia italiana no ensino da Contabilidade nessa faculdade.

Surge aí a oportunidade de professores trabalharem em regime de dedicação integral; esses professores concentram seus esforços não só na docência, mas também (e isso é extremamente importante) na pesquisa, constituindo-se o primeiro núcleo de pesquisa contábil do Brasil.

Por meio desse núcleo, constituído inicialmente dos professores já referidos, iriam surgir, na década de 1960, os primeiros traços da influência americana na metodologia do ensino da Contabilidade.

Uma das razões (entre as várias existentes) que o campo profissional propiciou a mudança da Escola Italiana para a Escola Americana foi a entrada das empresas de Auditoria anglo-americanas que acompanha as multinacionais recém-chegadas ao Brasil. Essas empresas, detentoras de manuais de procedimentos de Auditoria em grupos empresariais, investiam em treinamento, forneciam profissionais de alto nível para elaboração de normas contábeis em nível de governo, influenciavam as empresas menores (e possivelmente até legisladores) com os novos procedimentos contábeis. Tudo isso contribuiu para a inversão do rumo contábil no Brasil.

Com a atenção voltada para o mercado de trabalho (veja-se que as multinacionais e as empresas de Auditoria são excelentes mercados de trabalho para os contadores) e para a própria tendência da Contabilidade em nível de legislação governamental (surgem as Circulares nº 220 e 179 do Banco Central, de tendência norte-americana) e em nível empresarial, a equipe de professores do Departamento de Contabilidade e Atuária da FEA/USP teve a sensibilidade de adotar, em coerência com a tendência da profissão contábil, o método didático norte-americano no ensino da Contabilidade Geral (ou Introdutória) no Brasil. Isso ocorreu pela primeira vez em 1964.

Esse método didático, baseado no livro de Finey & Miller, *Introductory accounting,* dá origem à obra *Contabilidade introdutória,* elaborada por uma equipe de professores do Departamento de Contabilidade da FEA/USP, sob a coordenação do Prof. Sérgio de Iudícibus e Alkíndar de Toledo Ramos. Ressalte-se que o método foi introduzido em Contabilidade Geral, cuja regência da cátedra estava a cargo do Prof. José da Costa Boucinhas.

Contabilidade introdutória, além de ser responsável pela difusão dessa metodologia por todo o país, dá um toque especial de "Contabilidade brasileira" à metodologia norte-americana quando evidencia importantes aspectos da realidade brasileira. Daí seu surpreendente sucesso editorial, não só pela clareza, objetividade e didática de exposição, mas também por sua fidelidade às peculiaridades contábeis nacionais.

A consolidação da Escola Americana no Brasil é um fato consumado com a Lei das Sociedades por Ações – Lei nº 6.404, de 15 de dezembro de 1976 –, que tem sua parte contábil inspirada na doutrina norte-americana.

Atividades Práticas

1. Pesquisa

Indique pelo menos três livros de Contabilidade que não aderiram à escola contábil americana, e identifique qual teoria é a escolhida na explicação do débito e crédito.

2. Questionário – sala de aula ou *Homework*

1. Faça um resumo de todas as teorias relativas à explicação Débito/Crédito da escola contábil europeia.

2. Indique qual teoria da escola europeia mais se parece com a escola contábil americana. Justifique.

3. Os críticos à escola contábil americana dizem "que não se pode tratar Débito e Crédito como uma convenção, mas sim conceituar estes termos". Você concorda com essa crítica? Justifique.

4. Os críticos à escola contábil europeia dizem "que grandes expoentes europeus da Contabilidade tentaram durante mais de quatro séculos explicar Débito e Crédito. Não conseguiram uma harmonia entre eles, ou seja, uma teoria critica a outra. Se elas não chegaram a um acordo, seria um contrassenso sobrecarregar os alunos ensinando Débito/Crédito por meio de uma das Teorias que se contradizem entre si". Você concorda com essa crítica? Justifique.

5. Por que chamamos Débito e Crédito de "fantasmas"?

3. Atividade extrassala de aula (Biblioteca)

1. Encontre no dicionário os termos: Teoria, Positivismo, Débito, Crédito, Conta, Personalista, Materialista, Tabernáculo e Baronais.

2. Possivelmente, depois de Pacioli, Fábio Besta é considerado o expoente mundial da Contabilidade. Busque uma biografia resumida sobre ele.

19

AS NORMAS DO CONSELHO DE CONTABILIDADE SOBRE ESCRITURAÇÃO CONTÁBIL

19.1 Introdução

A NBC-T-2, **Da Escrituração Contábil** (envolvendo as NBCT-2-1, T-2-2, T-2-4, T-2-5, T-2-6, T-2-7), trata exaustivamente da Escrituração e Documentação no processo contábil. Comentaremos algumas das disposições mais importantes.

A NBC-T-2-1, **Das Formalidades da Escrituração Contábil**, estabelece que a Entidade deve manter um sistema de escrituração uniforme dos seus atos e fatos administrativos, por meio de processo manual, mecanizado ou eletrônico.

Sistema de escrituração

Importante notar a ênfase no termo sistema de escrituração, atribuindo características mais ordenadas ao processo de escrituração, o qual, admitidamente, pode ser manual, mecânico ou eletrônico. A necessidade de a escrituração ser executada em ordem cronológica de dia, mês e ano é também destacada, bem como outras características formais.

O item 2.3.1 destaca que "A escrituração contábil é a emissão de relatórios, peças, análises e mapas demonstrativos e demonstrações contábeis são de atribuição e responsabilidade exclusivas de Contabilistas legalmente habilitados".

254 CAPÍTULO 19

A NBC T-2-1 admite a escrituração do livro Diário por meio de partidas mensais, bem como sua escrituração de forma resumida, desde que haja escrituração analítica em registros auxiliares.

Verifica-se que a NBC T-2-1 é detalhada, como de resto as demais. Destaca-se a preocupação com a ordem cronológica da escrituração, e que esta seja atribuição precípua de Contabilistas legalmente habilitados, entre outras proposições.

Sempre dentro da NBC-T-2, **Da Escrituração Contábil**, a NBC-T-2-2 trata da **Documentação Contábil**.

Define que documento contábil, *stricto sensu*, é aquele que comprova os atos e fatos que originam lançamento(s) na escrituração contábil da Entidade.

Não é necessário comentar a NBC-T-2-4, **Da Retificação de Lançamentos**.

Contas de compensação

A NBC-T-2-5, **Das Contas de Compensação**, enfatiza o fato de que as contas de compensação constituem sistema próprio e que nelas registrar-se-ão os atos relevantes cujos efeitos se possam traduzir em modificações no patrimônio da Entidade. Veja-se a preocupação do CFC em detectar aquelas operações que possam vir a ter efeitos futuros no patrimônio da Entidade, a serem evidenciadas de várias formas.

Entretanto, deve-se lembrar que cabe ao Contador detectar com muito cuidado se uma operação irá ou poderá ter efeitos futuros no patrimônio ou se já produziu seus efeitos, como no caso de provisão para contingências e outros eventos que podem e devem ser registrados já no âmbito das contas patrimoniais.

O CFC editou a NBC-T-2-6, **Da Escrituração Contábil das Filiais**, e NBC-T-2-7, **Do Balancete**, ressaltando aspectos fundamentais relativos a Filiais e Balancete.

Filiais

No que se refere à escrituração das Filiais, nota-se a preocupação em caracterizar que a escrituração de todas as unidades deverá integrar um

As normas do Conselho de Contabilidade sobre escrituração contábil **255**

único sistema contábil, com a observância dos Princípios Fundamentais de Contabilidade e que permita a identificação das transações de cada uma dessas unidades.

Ressalte-se que a Norma se refere à

"entidade que tiver unidade operacional ou de negócios, quer como filial, agência, sucursal ou assemelhada".

Pausa e Reflexão

Uma das finalidades principais da Norma é a de forçar a adoção por parte das filiais de um sistema contábil que respeite os Princípios Fundamentais da Contabilidade. O objetivo é evitar, enfim, que a escrituração das Filiais seja realizada de forma caótica, intermitente ou não revestida de formalidades da escrituração?

19.2 Outras considerações

É preciso entender que, mesmo com os sistemas eletrônicos, o processo de escrituração precisa obedecer a certas formalidades. Deve ser sempre possível individualizar a ocorrência de determinada operação por meio de seu lançamento no Diário e Razão, principalmente.

Os livros revestem-se de algumas formalidades legais que devem ser observadas, embora modernamente os processos tenham sido simplificados.

Plano de contas

É necessário entender a **escrituração** como um processo dentro de um planejamento e de uma sistemática contábil. Assim, para que a escrituração seja feita ordeira e consistentemente, é necessário, antes de mais nada, que seja elaborado um **Plano de Contas** que efetivamente capte todas as operações da entidade de forma detalhada quanto possível, evitando excessos de desdobramento de contas.

Ao mesmo tempo, será necessário um **Manual de Contabilização** em que todas as contas constantes do Plano de Contas devem ter seu

256 CAPÍTULO 19

mecanismo de débito e crédito perfeitamente explicitado, de forma a eliminar inconsistências e classificações diferenciadas de um mesmo evento, comuns na falta do Manual com a mudança do contabilista.

A **Escrituração**, vista de forma sistêmica, é o **processamento** dos insumos que são os eventos e transações, do qual, após os ajustes, sairão as demonstrações contábeis.

Pausa e Reflexão

Qual é a relação de Escrituração com Plano de Contas?

19.3 As NBCs

NBC-T-2.1 – *Das Formalidades da Escrituração Contábil*

2.1.1 A Entidade deve manter um sistema de escrituração uniforme dos seus atos e fatos administrativos, por meio de processo manual, mecanizado ou eletrônico.

2.1.2 A escrituração será executada:

- a) em idioma e moeda corrente nacionais;
- b) em forma contábil;
- c) em ordem cronológica de dia, mês e ano;
- d) com ausência de espaços em branco, entrelinhas, borrões, rasuras, emendas ou transportes para as margens; e
- e) com base em documentos de origem externa ou interna ou, na sua falta, em elementos que comprovem ou evidenciem fatos e a prática de atos administrativos.

   2.1.2.1 A terminologia utilizada deverá expressar o verdadeiro significado das transações.

   2.1.2.2 Admite-se o uso de códigos e/ou abreviaturas nos históricos dos lançamentos, desde que permanentes e uniformes, devendo constar em elenco identificador no "Diário" ou em registro especial revestido das formalidades extrínsecas.

As normas do Conselho de Contabilidade sobre escrituração contábil **257**

Contabilista habilitado

2.1.3 A escrituração contábil é a emissão de relatórios, peças, análises e mapas demonstrativos, e demonstrações contábeis são de atribuição e responsabilidade exclusivas de contabilista legalmente habilitado.

2.1.4 O balanço e demais Demonstrações Contábeis de encerramento de exercício serão transcritos no "Diário", completando-se com as assinaturas do contabilista e do titular ou representante legal da Entidade.

Igual procedimento será adotado quanto às Demonstrações Contábeis elaboradas por força de disposições legais, contratuais ou estatutárias.

Diário e razão

2.1.5 O "Diário" e o "Razão" constituem os registros permanentes da Entidade.

Os registros auxiliares, quando adotados, devem obedecer aos preceitos gerais da escrituração contábil, observadas as peculiaridades da sua função. No "Diário" serão lançadas, em ordem cronológica, com individuação, clareza e referência ao documento provante, todas as operações ocorridas incluídas as de natureza aleatória, e quaisquer outros fatos que provoquem variações patrimoniais.

2.1.5.1 Observado o disposto no *caput*, admite-se:

a) a escrituração do "Diário" por meio de partidas mensais;

b) a escrituração resumida ou sintética do "Diário", com valores totais que não excedam a operações de um mês, desde que haja escrituração analítica lançada em registros auxiliares.

258 CAPÍTULO 19

Fichas

2.1.5.2 Quando o "Diário" e o "Razão" forem feitos por processo que utilize fichas ou folhas soltas, deverá ser adotado o registro "Balancetes Diários e Balanços".

2.1.5.3 No caso de a Entidade adotar para sua escrituração contábil o processo eletrônico, os formulários contínuos, numerados mecânica ou tipograficamente, serão destacados e encadernados em forma de livro.

2.1.5.4 Os registros permanentes e auxiliares previstos nesta Norma serão registrados no Registro Público competente.

Pausa e Reflexão

Qual é a diferença entre Diário e Razão?

NBC-T-2 – *Da Escrituração Contábil*

NBC-T-2.2 – *Da Documentação Contábil*

2.2.1 A documentação contábil compreende todos os documentos, livros, papéis, registros e outras peças, que apoiam e compõem a escrituração contábil.

    2.2.1.1 Documento contábil, *stricto sensu*, é aquele que comprova os atos e fatos que originam lançamento(s) na escrituração contábil da Entidade.

2.2.2 A documentação contábil é hábil quando revestida das características intrínsecas ou extrínsecas essenciais, definidas na legislação, na técnica contábil ou aceitas pelos "usos e costumes".

2.2.3 A documentação contábil pode ser de origem interna, quando gerada na própria Entidade, ou externa, quando proveniente de terceiros.

2.2.4 A Entidade é obrigada a manter em boa ordem a documentação contábil.

As normas do Conselho de Contabilidade sobre escrituração contábil **259**

Pausa e Reflexão

Por que documentação contábil está ligada à convenção da objetividade?

NBC-T-2 – *Da Escrituração Contábil*

NBC-T-2.4 – *Da Retificação de Lançamentos*

2.4.1 Retificação de lançamento é o processo técnico de correção de um registro realizado com erro na escrituração contábil das Entidades.

2.4.2 São formas de retificação:

a) o estorno;

b) a transferência; e

c) a complementação.

2.4.2.1 Em qualquer das modalidades supracitadas, o histórico do lançamento deverá precisar o motivo da retificação, a data e a localização do lançamento de origem.

Estorno

2.4.3 O estorno consiste em lançamento inverso àquele feito erroneamente, anulando-o totalmente.

2.4.4 Lançamento de transferência é aquele que promove a regularização de conta indevidamente debitada ou creditada, por meio da transposição do valor para a conta adequada.

2.4.5 Lançamento de complementação é aquele que vem, posteriormente, complementar, aumentando ou reduzindo o valor anteriormente registrado.

2.4.6 Os lançamentos realizados fora da época devida deverão ter consignados, nos seus históricos, as datas efetivas das ocorrências e a razão do atraso.

Pausa e Reflexão

Por que existem estornos?

260 CAPÍTULO 19

NBC-T-2 – *Da Escrituração Contábil*

NBC-T-2.5 – *Das Contas de Compensação*

  2.5.1 As contas de compensação constituem sistema próprio.

  2.5.2 Nas contas de compensação registrar-se-ão os atos relevantes cujos efeitos possam se traduzir em modificações no patrimônio da Entidade.

  2.5.3 A escrituração das contas de compensação será obrigatória nos casos em que se obrigue especificamente.

Pausa e Reflexão

Por que a Lei das S.A., na estruturação do Balanço Patrimonial, não fala de contas de compensação?

NBC-T-2 – *Da Escrituração Contábil*

NBC-T-2.6 – *Da Escrituração Contábil das Filiais*

  01 – A Entidade que tiver unidade operacional ou de negócios, quer como filial, agência, sucursal ou assemelhada, e que optar por sistema de escrituração descentralizado, deverá ter registros contábeis que permitam a identificação das transações de cada uma dessas unidades, observando o que prevê a NBC-T-2 – Da Escrituração Contábil.

  02 – A escrituração de todas as unidades deverá integrar um único sistema contábil, com a observância dos Princípios Fundamentais da Contabilidade aprovados pelo Conselho Federal de Contabilidade.

Detalhamento

  03 – O grau de detalhamento dos registros contábeis ficará a critério da Entidade.

As normas do Conselho de Contabilidade sobre escrituração contábil **261**

04 – As contas recíprocas relativas às transações entre matriz e unidades, bem como entre estas, serão eliminadas quando da elaboração das demonstrações contábeis.

05 – As despesas e receitas que não possam ser atribuídas às unidades serão registradas na matriz.

06 – O rateio de despesas e receitas, da matriz para as unidades, ficará a critério da administração da Entidade.

Pausa e Reflexão

O que são contas recíprocas?

NBC-T-2 – *Da Escrituração Contábil*

NBC-T-2.7 – *Do Balancete*

01 – O balancete de verificação do razão é a relação de contas, com seus respectivos saldos, extraídos dos registros contábeis em determinada data.

02 – O grau de detalhamento do balancete deverá ser consentâneo com sua finalidade.

Conteúdo do balancete

03 – Os elementos mínimos que devem constar do balancete são:

    a) identificação da Entidade;

    b) data a que se refere;

    c) abrangência;

    d) identificação das contas e respectivos grupos;

    e) saldo das contas, indicando se devedores ou credores; e

    f) soma dos saldos devedores e credores.

04 – O balancete que se destinar aos fins externos à Entidade deverá conter nome e assinatura do contabilista responsável, sua categoria profissional e número de registro no CRC.

05 – O balancete deve ser levantado, no mínimo, mensalmente.

262 CAPÍTULO 19

Pausa e Reflexão

Para que serve o Balancete de Verificação?

NBC-T-6 – *Da Divulgação das Demonstrações Contábeis*

NBC-T-6.1 – *Da Forma de Apresentação*

6.1.1 Conceito

6.1.1.1 Divulgação é o ato de colocar as demonstrações contábeis da Entidade à disposição de seus usuários.

6.1.1.2 São meios de divulgação:

a) a publicação das demonstrações contábeis na imprensa, oficial ou privada, em qualquer das suas modalidades;

b) a remessa das demonstrações contábeis a titulares do capital, associados, credores, órgãos fiscalizadores ou reguladores, bolsa de valores, associações de classe, entidades de ensino e pesquisa, e outros interessados;

c) a comunicação de que as demonstrações contábeis estão à disposição dos titulares do capital, associados e demais interessados, em local ou locais identificados.

Meios de divulgação

6.1.1.2.1 Os meios de divulgação referidos nos itens *a*, *b* e *c* podem decorrer tanto de disposições legais, regulamentares ou regimentais, como de iniciativa da própria entidade.

6.1.1.3 A forma de apresentação das demonstrações contábeis para divulgação obedecerá aos modelos definidos em interpretações técnicas.

As normas do Conselho de Contabilidade sobre escrituração contábil **263**

6.1.2 Objetivos e conteúdo

6.1.2.1 A divulgação das demonstrações contábeis tem por objetivo fornecer, aos seus usuários, um conjunto mínimo de informações de natureza patrimonial, econômica, financeira, legal, física e social que lhes possibilitem o conhecimento e a análise da situação da Entidade.

6.1.2.2 O conteúdo, a forma de apresentação e a divulgação das demonstrações contábeis de Entidades com atividades atípicas ou com regulamentação específica são tratados em normas próprias.

Pausa e Reflexão

O que é mais correto: a denominação Demonstrações Contábeis ou Demonstrações Financeiras?

NBC – T-6.2 – *Do Conteúdo das Notas Explicativas*

6.2.1 Disposições gerais

6.2.1.1 Esta norma trata das informações mínimas que devem constar das notas explicativas. Informações adicionais poderão ser requeridas em decorrência da legislação e outros dispositivos regulamentares específicos em função das características da Entidade.

Notas explicativas

6.2.2 Definição e conteúdo das notas explicativas

6.2.2.1 As notas explicativas são parte integrante das demonstrações contábeis.

6.2.2.2 As informações contidas nas notas explicativas devem ser relevantes, complementares e/ou suplementares àquelas não suficientemente evidenciadas ou não constantes nas demonstrações contábeis propriamente ditas.

CAPÍTULO 19

6.2.2.3   As notas explicativas incluem informações de natureza patrimonial, econômica, financeira, legal, física e social, bem como os critérios utilizados na elaboração das demonstrações contábeis e eventos subsequentes ao balanço.

Disposição das notas explicativas

6.2.3   Aspectos a observar na elaboração das notas explicativas

6.2.3.1   Os seguintes aspectos devem ser observados na elaboração das notas explicativas:

a)   as informações devem contemplar os fatores de integridade, autenticidade, precisão, sinceridade e relevância;

b)   os textos devem ser simples, objetivos, claros e concisos;

c)   os assuntos devem ser ordenados obedecendo à ordem observada nas demonstrações contábeis, tanto para os agrupamentos como para as contas que os compõem;

d)   os assuntos relacionados devem ser agrupados segundo seus atributos comuns;

e)   os dados devem permitir comparações com os de datas de períodos anteriores; e

f)   as referências a leis, decretos, regulamentos, Normas Brasileiras de Contabilidade e outros atos normativos devem ser fundamentadas e restritas aos casos em que tais citações contribuam para o entendimento do assunto tratado na nota explicativa.

Pausa e Reflexão

De maneira geral, as Demonstrações Contábeis são feitas numa base que os leigos possam entender. Deveríamos dar o mesmo tratamento para Notas Explicativas?

NBC-T-6.3 – *Das Republicações*

6.3.1 Disposições gerais

Erros e omissões

6.3.1.1 A nova divulgação das demonstrações contábeis – nesta norma denominada de republicação – ocorre quando as demonstrações publicadas anteriormente contiverem erros significativos e/ou quando não foram divulgadas informações relevantes para o seu correto entendimento ou que sejam consideradas insuficientes.

6.3.1.2 A republicação de demonstrações contábeis não deve ser confundida com a publicação de informação tipo "errata". Esta tem por objetivo corrigir erro na publicação.

6.3.2 Fundamentos e procedimentos para republicação

6.3.2.1 A republicação de demonstrações contábeis aplica-se quando:

a) as demonstrações forem elaboradas em desacordo com os princípios fundamentais de Contabilidade, ou com infringência de normas de órgãos reguladores; e

O poder da assembleia

b) a assembleia de sócios ou acionistas, quando for o caso, aprovar a retificação das Demonstrações Contábeis Publicadas.

6.3.2.2 As demonstrações contábeis quando republicadas devem destacar que se trata de "republicação", bem como explicitar as razões que a motivaram e a data da primeira publicação.

6.3.2.3 Não é necessária a republicação de demonstrações contábeis quando a assembleia de sócios ou acionistas alterar apenas a destinação de resultados proposta pela administração da Entidade.

266 CAPÍTULO 19

Pausa e Reflexão

Indique quais dos seguintes órgãos têm poder de mandar republicar Demonstrações: CFC, CVM, IBRACON, BACEN, AGO, Conselhos Regionais e IASC.

Leitura Complementar

Pronunciamentos Contábeis

Leis das Sociedades por Ações (Leis 6.404/76 e 11.638/07)

Apesar de não ter enunciado um corpo de princípios contábeis, a Lei n$^{\circ}$ 6.404/76, no Art. 177, sem alteração na Lei 11.638/07, exige a obediência aos mesmos, enfatizando os princípios da uniformidade e da competência:

"Art. 177. A escrituração da companhia será mantida em registros permanentes, com obediência aos preceitos da legislação comercial e desta lei e aos princípios de contabilidade geralmente aceitos, devendo observar métodos ou critérios contábeis uniformes no tempo e registrar as mutações patrimoniais segundo o regime de competência."

A escrituração da companhia é a base para elaboração das demonstrações financeiras, as quais devem "exprimir com clareza a situação do patrimônio da companhia e as mutações ocorridas no exercício" (Art. 176).

O Art. 183, por sua vez, elege o custo de aquisição como princípio básico de avaliação dos elementos do ativo, excetuada a hipótese em que haverá ajustes de avaliação patrimonial que devem ser realizados para reconhecer situações de aumentos ou diminuições de valor atribuídos a elementos do Ativo e Passivo, em decorrência de sua avaliação a preço de mercado, previstos no § 3° do Art. 182.

Ainda sobre o princípio da competência, enfatizando os aspectos da confrontação das despesas com as receitas dentro dos períodos contábeis aplicáveis, o § 1° do Art. 187 dispõe:

"§ 1° Na determinação do resultado do exercício serão computados:

a) as receitas e os rendimentos ganhos no período, independentemente da sua realização em moeda; e

b) os custos, despesas, encargos e perdas, pagos ou incorridos, correspondentes a essas receitas e rendimentos."

As normas do Conselho de Contabilidade sobre escrituração contábil **267**

> Quanto às divulgações em notas explicativas, o § 5º, letra *a*, do Art. 176 estabelece:
>
> "§ 5º As notas deverão indicar:
>
> a) os principais critérios de avaliação dos elementos patrimoniais, especialmente estoques (...)"

Atividades Práticas

1. Pesquisa

De uma forma muito sucinta a Lei das S.A. dispõe sobre Escrituração Contábil. Investigue o(s) artigo(s) e faça seus comentários.

2. Questionário – Sala de aula ou *Homework*

1. Qual é a importância do Diário e do Razão para a Contabilidade?

2. Por que há necessidade de fazer estorno na Contabilidade? Nos processos eletrônicos de escrituração há necessidade de estorno? Justifique.

3. Qual é a importância do Balancete de Verificação no processo de escrituração contábil?

4. Das normas sobre a escrituração contábil, destaque as três mais importantes.

5. Se praticamente não existe mais escrituração manual, por que ainda denominamos o Diário e o Razão de *livros* contábeis?

3. Atividade extrassala de aula (Biblioteca)

1. Até alguns anos recentes, o Razão não era obrigatório na Contabilidade. Descubra quando mudou essa regra destacando a data e o número da resolução.

2. Normalmente, se fala em quatro sistemas de escrituração: manual, maquinizado, mecanizado e eletrônico. Com o auxílio de um livro de Contabilidade, explique essas diferenças.

3. O Código Civil, no seu Livro II, é a lei maior sobre escrituração contábil no Brasil. Detecte o que esse código fala sobre a escrituração contábil.

PESQUISA E PERSPECTIVAS

- Nesta parte é apresentada uma visão abrangente desde o início histórico da Contabilidade, passando pela sua fase de crescimento como ciência, até o momento brasileiro.
- Esta visão histórica ampla é complementada pelas perspectivas e novos desafios da Teoria da Contabilidade.

METODOLOGIAS E ENFOQUES DA PESQUISA CONTÁBIL

20.1 Metodologia científica

Qualquer análise de fenômenos relativos às ciências sempre parte de duas metodologias científicas opostas, quais sejam:

a) o método de análise dedutivo;
b) o método de análise indutivo.

A história da evolução das ciências, principalmente da Física, demonstra claramente que não existe uma superioridade manifesta de uma abordagem sobre a outra, embora os grandes cientistas, por preferências ou dotes pessoais, tenham sido mais propensos ao método indutivo ou dedutivo.

Galileu *versus* Einstein

Galileu partiu do indutivo para o dedutivo, ao passo que Einstein foi sempre dedutivo, ou melhor, "imaginou" o funcionamento de certas leis do universo a partir da dedução, mais do que de experiências reais.

Em Contabilidade, o processo dedutivo consistiria em iniciar-se com os objetivos e postulados e, destes, derivar princípios lógicos que proveriam as bases para as aplicações concretas, segundo o autor Eldon S. Hendriksen.

272 CAPÍTULO 20

Entretanto, um dos problemas de se utilizar exclusivamente a metodologia dedutiva é que, se qualquer dos postulados ou premissas for falso, todo o processo seguinte também o será, embora logicamente deduzido.

Método indutivo

Já o processo (ou metodologia) indutivo consiste em obter conclusões ou leis gerais a partir de observações e mensurações parciais detalhadas, realizadas, se possível, com métodos laboratoriais.

Em Contabilidade, a aplicação da indução poderia ser feita pela observação e análise de informações financeiras relativas a empresas, entidades e eventos. Se pudermos localizar relacionamentos recorrentes, poderemos efetuar generalizações. Entretanto, mesmo no indutivo, algum grau de dedução (ou intuição) sempre é importante, para separar o que é relevante, ou o evento relevante que se quer analisar.

Suponha-se que, para generalizar ou extrair regras gerais de comportamento das empresas sobre políticas de extensão de crédito, se resolva fazer uma análise estatística cuidadosa de relacionamentos entre provisão para devedores duvidosos e valores a receber, no tempo. Ao escolher esta variável contábil para extrair leis financeiras, está-se fazendo um prejulgamento, utilizando, assim, intuição e dedução, antes de se iniciar a análise indutiva.

Ciência e história

Em ciência, as duas metodologias devem ser empregadas. Na história da evolução da Ciência Contábil, todavia, tem prevalecido, de certa forma, a dedução, ou melhor dizendo, a normatização, mesmo porque no processo indutivo, para ser aplicado rigorosamente e não transformar-se em algo puramente empírico (embora o termo empírico não seja negativo de per si), o pesquisador precisa estar muito bem preparado e conhecer métodos formais de análise de dados.

É inegável, todavia, que ao se alcançar um estágio mais avançado de conhecimento contábil (mesmo que possa ter sido alcançado utilizando mais o método indutivo), é necessário se expor ao método dedutivo, caso contrário estar-se-á fazendo uma coleção de experiências, e não apresentando de maneira ordenada um corpo de conhecimentos.

Abordagens contábeis

Sejam utilizados o método indutivo ou o dedutivo (ou ambos), os pesquisadores podem utilizar vários enfoques (abordagens) para analisar os eventos contábeis.

A Contabilidade, em sua evolução, ora se deixa influenciar mais por um, ora por outro. Entretanto, pode-se dizer que, possivelmente, nenhum deles poderá ser o único a ser utilizado.

Na acumulação, elaboração, interpretação e evidenciação dos dados contábeis, os enfoques analisados, resumidamente, a seguir, estão todos presentes, em maior ou menor grau, embora hoje em dia alguns estejam mais em moda (como a ênfase social – ecológica até – em alguns países).

> **Pausa e Reflexão**
>
> Tente relacionar diversos tipos de pesquisas ou descobertas, indicando se o método é indutivo ou dedutivo.

20.2 Abordagens diversas

Estes são os enfoques principais:

- a abordagem ética;
- a abordagem comportamental pura;
- a abordagem macroeconômica;
- a abordagem social, com as seguintes ramificações:
  - de valor adicionado;
  - social ampla;
  - ambiental; e
- a abordagem sistêmica.

A abordagem ética

Por esta abordagem, a Contabilidade deveria retratar os fatos e eventos relativos à entidade de forma justa, não enviesada. O famoso *"fair and true view"* dos anglo-saxônicos. Tem esse enfoque influenciado bastante a evolução da disciplina, principalmente na Auditoria. Entretanto, Contadores diferentes e circunstâncias diferenciadas podem atribuir ou dar diferentes sentidos ao que seria justo e não enviesado.

Em países sem tradição inflacionária, o custo histórico poderia ser considerado uma mensuração isenta de viés (embora não totalmente). Já em país com inflação, isso nunca poderia ser aceito. Devem-se escolher procedimentos que, à luz da realidade econômica, sejam os mais relevantes e úteis para os agentes decisórios, se não todos, pelo menos os mais importantes.

Pausa e Reflexão

Pode-se dizer que o fato de a maioria dos países não contabilizar o *Leasing* como Ativo contrapõe-se à Abordagem Ética? Por quê?

A abordagem comportamental pura

Denomina-se "Pura", pois todas as demais abordagens têm alguns componentes comportamentais. Segundo essa abordagem pura, as informações contábeis deveriam ser planejadas e colhidas "sob medida", de forma que os usuários reagissem de uma maneira tal, que a decisão correta fosse tomada.

Essa abordagem atinge os campos da Psicologia, da Sociologia, da Economia e da Teoria da Decisão. É atribuída uma grande ênfase à forma pela qual os relatórios contábeis são desenvolvidos e utilizados, mais do que à sequência lógica ou mesmo dedutiva dos princípios que norteiam aquele sistema de informação.

Em outras palavras, é preferível um procedimento experimental que possa levar a tomar decisões corretas, a um procedimento contábil logicamente deduzido que leve a um comportamento inadequado.

Essa abordagem, embora muito interessante, repousa por demais na avaliação do que seria decisão adequada ou não, diante de vários cursos alternativos de ação. Além do mais, fica muito difícil estabelecer a ligação entre o insumo informativo e a decisão adequada.

Talvez seja mais útil acreditar que a melhor informação é a que procura captar, da melhor maneira possível, a essência dos eventos afetos à Entidade e que cabe à Contabilidade mensurar, avaliar e relatar.

> **Pausa e Reflexão**
>
> A ênfase da escola contábil norte-americana em atender exatamente às necessidades dos usuários relaciona-se com esta abordagem? Explique.

A abordagem macroeconômica

A abordagem macroeconômica é um caso específico da aplicação da teoria do comportamento, fixando-se, porém, em objetivos econômicos definidos. É o tipo de abordagem utilizada em países de economia altamente planificada, como a Suécia, por exemplo, na qual o governo pretende incentivar ou desincentivar os investimentos, via práticas contábeis, de forma a atuar de maneira anticíclica.

Seria o caso de permitir depreciações aceleradas de equipamentos, com vantagens fiscais, para tornar mais apetitosa a política de expansão industrial em períodos de recessão econômica.

O inverso poderia ser feito, levando a tomar decisões de diminuir investimentos e consumo, em períodos de exagerada expansão, com repiques inflacionários, por exemplo.

Em países que adotam esta abordagem, ela é muito mais ampla do que apenas via política de depreciações, englobando todas as variáveis contábeis principais. (No Brasil, a política de depreciações aceleradas permitida pelo fisco altera o cálculo do imposto de renda, mas não o resultado contábil: mas outras práticas e interesses fiscais chegam a afetá-lo.) Principalmente nas economias de mercado, esta abordagem pode ser uma limitação e pode transformar-se, se mal utilizada, até numa manipulação contábil de dados.

276 CAPÍTULO 20

> ### Pausa e Reflexão
>
> Considerando a influência que o fisco brasileiro tem sobre a Contabilidade, poder-se-ia dizer que esta abordagem seria perigosa no Brasil?

A abordagem social

Esta abordagem parte da premissa de que os relatórios contábeis interessam não apenas aos gerentes, investidores, organismos financiadores etc., mas sim a toda a sociedade.

Passa por várias etapas ou visões, por assim dizer, iniciando-se por uma visão "econômica" do que seria informação social relevante, a **Abordagem do Valor Adicionado** (ou **Agregado**). Segundo esta visualização, a sociedade em geral teria melhores informações sobre a entidade se, adicionalmente aos relatórios tradicionais, fosse elaborada a **Demonstração do Valor Adicionado**, na qual se calcula o valor adicionado pela entidade sobre os fatores adquiridos externamente e se mostra como esse valor adicionado foi distribuído para os vários fatores de produção: mão de obra, governo, emprestadores de recursos e proprietários.

Esta demonstração, que foi introduzida pela Lei 11.638/07, apenas para as Sociedades Anônimas de Capital Aberto, é mais clara e "explica" melhor à sociedade como a entidade gerou valor e como esse valor foi distribuído. Esta visualização é muito mais completa e didática do que a fornecida pela tradicional Demonstração de Resultados.

Mais abrangente

Já a **Abordagem Social Ampla**, embora incluindo a Demonstração do Valor Adicionado (ou Agregado), é muito mais abrangente, pretendendo divulgar à sociedade dados relativos à força de trabalho da Entidade, tais como: número de empregados no início e no fim do período, remunerações médias, dispensas, admissões, treinamentos, complementos de aposentadoria, assistência médica etc.

Esta abordagem social mais ampla pode ser estendida à consideração de que certas entidades, como uma Universidade, por exemplo, não podem ter seu desempenho financeiro avaliado limitando-se a um confronto entre receitas e despesas da entidade, mas do lado da receita, devendo ser computado o "valor" dos profissionais que a Universidade forma, e assim por diante.

A abordagem social também envolve a dimensão ambiental, porém está se tornando tão importante que vem constituindo-se numa subclassificação à parte. Procura esta variante não apenas apresentar informações sobre o que a entidade está fazendo para manter o equilíbrio ambiental, preservar a natureza da região em que se localiza etc., mas, também, como disciplina autônoma, calcular custos ambientais da exploração inadequada da natureza, flora, fauna etc. e evidenciar os "passivos ambientais" (responsabilidade por gastos futuros de despoluição). Pode-se tornar uma importante especialização contábil, num futuro bem próximo.

Pausa e Reflexão

É correto dizer que o Balanço Social e a Contabilidade Ambiental são as ênfases desta abordagem? Explique.

A abordagem sistêmica (ou da teoria da comunicação)

Embora a abordagem sistêmica possa ser utilizada, como forma de processamento nas várias outras abordagens, esta abordagem pode ser vista como distinta, no sentido de que procura abster-se de prejulgamentos éticos, morais ou sociais e, simplesmente, considera os eventos societários como insumos (*input*) de um processo sistêmico que, após a fase de acumulação, registro, ajuste, vai desembocar (*output*) na edição de demonstrações e relatórios contábeis.

Para isto, deve-se codificar e "captar" todos os eventos que possam vir a afetar o patrimônio (levando em conta as abordagens vistas acima – por exemplo: se prevalecer a social, muito maior número de eventos deverá ser captado e mensurado), e, por meio de agregação, obter as saídas do sistema, que são as demonstrações, os relatórios e as informações contábeis.

A abordagem sistêmica introduz dose de objetividade na apreciação do "trabalho" contábil e permite, ao mesmo tempo, mais liberdade para montar um cadastro geral de informações de natureza bem ampla.

Pausa e Reflexão

A Contabilidade deveria simplificar seus relatórios de maneira que o leigo pudesse interpretá-los?

Leitura Complementar

Pesquisas nas Universidades

(Parte do trabalho apresentado por Márcia Maria Costa Marion na IV Convenção dos Contabilistas de Pernambuco em outubro/98.)

No Brasil, o processo para se obter conhecimento está vinculado com a escola.

Nosso sistema educacional compreende: ensino fundamental ou primeiro grau; segundo grau, ensino médio ou técnico e o terceiro grau ou superior, que tem a função ambígua de profissionalização, além de ter como objetivo a pesquisa, o desenvolvimento das ciências, letras e artes.

A Universidade (ou qualquer instituição de ensino superior) é o local adequado para a construção de conhecimento para a formação da competência humana. É preciso inovar, criar, criticar para atingir esta competência.

O conhecimento, segundo diversos autores, passa por três estágios: o primeiro é a informação. O segundo requer um trabalho com estas informações. Este trabalho tem por objetivo classificar, analisar e contextualizar as informações. O terceiro estágio tem a ver com inteligência, consciência ou sabedoria.

Entende-se por inteligência a arte de vincular o conhecimento de maneira útil e pertinente, produzindo assim formas novas de progresso e desenvolvimento.

Consciência e sabedoria implicam reflexão, que é a capacidade de criar formas novas de existência, de humanização. Aqui, residem as relações entre conhecimento e poder.

Quem tem informação está em vantagem, por isso as sociedades as manipulam e se armam contra quem as possui. Mas esta informação não está distribuída de forma igual a todos. Trabalhando as informações constrói-se inteligência.

A inteligência pode ser cega e manipulada por aqueles que controlam a produção de conhecimento, pois ele não é intrínseco aos que o produzem.

Metodologias e enfoques da pesquisa contábil **279**

O poder flui do conhecimento e não de quem o produz, portanto, não basta produzi-lo, é preciso criar as condições de produção do conhecimento. Conhecer significa estar consciente do poder do conhecimento para a produção da vida material, social e existencial da humanidade.

E de que forma a Universidade trabalha este conhecimento? Ela forma ou informa?

Encontramos nas instituições de Ensino Superior, principalmente na área contábil, verdadeiros centros de treinamento de recursos humanos, oferecendo diplomas de curso superior, atendendo o ego de maior parte da população. Em outras palavras, são feitas cópias do conhecimento alheio na transmissão dos professores para os alunos.

Estas instituições, que deveriam ser usinas geradoras de "desenvolvimento contábil", de conhecimento, de competência contábil e por que não dizer de excelência contábil, por falta de pesquisas que são a alma da Universidade, se transformam em apenas fios condutores de energia gerada; transmitem o conhecimento por meio de mera cópia daquilo que já existe, não criam, não inovam, não ensinam os alunos a construírem conhecimento, somente os expõem aos meios de informação para adquiri-los, não indo além disso.

Ensinando-os a operacionalizar as informações para, a partir delas, chegarem aos conhecimentos, os professores tornam-se mediadores entre a sociedade da informação e os alunos, possibilitando, pelo desenvolvimento da reflexão, o caminho para adquirirem a sabedoria necessária à permanente construção do humano.

Nesse sentido, educação é um processo de humanização com a finalidade de tornar os indivíduos participantes do processo civilizatório e responsáveis por levá-lo adiante. Isso requer preparação científica, técnica e social para que os alunos trabalhem os conhecimentos específicos e tecnológicos, desenvolvendo habilidades para operá-los, revê-los e reconstruí-los com sabedoria; o que implica analisá-los, confrontá-los e contextualizá-los, uma tarefa complexa da universidade e de seus professores.

Em contraposição ao descrito acima, a realidade apresenta nossos poucos cursos de *stricto sensu* preocupados com pesquisas. Mas não temos dúvidas de que qualquer instituição de ensino superior deveria ter o seu núcleo de pesquisa. É difícil pensar num bom professor de Contabilidade que não pesquise (que seja apenas um copiador de conhecimento alheio, ou um bom decifrador de livros-textos). O bom professor não se define apenas pela aula, pela comunicação. Para fazer isto, não precisamos de Universidade, porque o uso inteligente dos meios modernos de comunicação o substitui com grande vantagem.

O desejo e o esforço de pesquisa vão além dos parcos recursos e má vontade das instituições de ensino superior de Contabilidade. Não é uma boa desculpa. Há inúmeras fórmulas de se realizar uma pesquisa, até mesmo em fonte primária, isto é, não se prendendo demasiadamente em livros-textos.

Com a justificativa de que a instituição não estimula a pesquisa, boa parte dos professores torna-se emissora dos conhecimentos alheios para os seus receptores. Assim, ele estimula seus alunos a repetirem várias vezes esses conhecimentos (treinamento) e avalia (por meio de provas) se o aluno fez "igualzinho" àquilo que ele ensinou.

Esta metodologia tradicional, unidirecional, leva o aluno a se tornar mecânico-prático da Contabilidade, sendo treinado para atender à legislação vigente, normas e regulamentos.

O perfil deste aluno (agente passivo do processo ensino/aprendizagem) será de alguém que não sabe encontrar soluções para os novos problemas que surgem diariamente, não tem pensamento crítico, não é criativo, não tem raciocínio contábil e, dificilmente, será um pesquisador. Muito diferente daquele formado por um professor motivado e criativo, preocupado com a reflexão sobre sua prática e, consequentemente, formador de alunos motivados, criativos e reflexivos.

Sempre quando houver uma novidade na Contabilidade, ele terá que consultar pessoas ou empresas para ajudá-lo a entender a mudança. Terá que fazer um curso sobre o assunto para dominá-lo e, novamente, ser treinado para aquela área.

A este processo de ensino não se pode chamar de educação, mas sim, de treinamento. O docente não é um educador, mas um instrutor, treinador, como um técnico de futebol que, na maioria das vezes, fica ensaiando uma jogada.

Independente do estímulo da instituição de ensino para pesquisa, o professor, se quiser ser chamado de educador, deverá pesquisar.

Há hospitais ruins com bons médicos. Profissionais que estudam, pesquisam, avançam para melhor atender o ser humano. Assim deve ser o professor, ainda que a instituição de ensino seja ruim.

Pesquisa significa busca, indagação, investigação. Pesquisar é produzir conhecimento, formar conhecimento.

Nos Estados Unidos se fala hoje em quatro tipos de pesquisa na área contábil:

- *"Discovery"*: descoberta de conhecimentos contábeis originais e inéditos;

- *"Integration"*: integração que ocorre entre conhecimentos contábeis já disponíveis e outros que venham a ser descobertos posteriormente. Pressupõe integração com outras áreas não contábeis;

- *"Service"*: formas de se aplicar na prática os dois tipos de conhecimento acima referidos. Como levar os conhecimentos acima para a prática contábil;

- *"Teaching*: metodologias para se transmitir aos alunos o conhecimento acima. Nas pesquisas acima temos a produção de conhecimento que é disseminado aos alunos por meio do ensino. Mas para disseminar de maneira adequada há necessidade de se buscar (pesquisar) o melhor método.

Este último tipo de pesquisa *teaching,* relativo ao ensino da Contabilidade, é que queremos enfatizar.

Praticamente inexiste este tipo de pesquisa peculiar ao educador contábil. O Departamento de Contabilidade da FEA/USP, que é o que mais pesquisa no Brasil, tem apenas 2,9% de suas pesquisas na área de ensino da Contabilidade.

Em outras palavras 97,1% de novos conhecimentos adquiridos não dispõem de metodologia adequada para serem passados aos estudantes de Contabilidade.

Algumas sugestões de pesquisas *teaching* em que os educadores contábeis deveriam estar atentos poderiam ser destacadas (o trabalho continua destacando diversas sugestões de pesquisas *teaching* dentro da Universidade).

Atividades Práticas

1. Pesquisa

Por meio da Internet ou outros meios, você pode acionar os 19 Mestrados Acadêmicos e Profissionais em Contabilidade existentes no Brasil em 2008. Obtenha em um deles a relação de suas Dissertações e Teses defendidas, e indique o tema mais pesquisado da Instituição escolhida.

2. Questionário – sala de aula ou *Homework*

1. Tente explicar por que Galileu, ao afirmar que o Sol era o centro do sistema e não a Terra, usou o método de análise indutivo.

2. Uma pesquisa na Contabilidade Rural constatou que, na época da inflação galopante, os estoques de animais bovinos vivos contabilizados a valor de custo estavam totalmente defasados, valores muito abaixo do real. Concluiu-se que o melhor método de avaliação do plantel vivo seria a valor de mercado, refletindo um ativo mais real. Esse método de pesquisa foi dedutivo ou indutivo? Explique.

3. Qual abordagem (ética, comportamental, macroeconômica) estaria enfocando a situação da questão anterior (questão 2)?

4. A ênfase para o Balanço Social, principalmente, o valor agregado, está vinculada a qual abordagem? Por quê?

5. Das abordagens tratadas, qual delas se identifica menos com a realidade brasileira?

3. Atividade extrassala de aula (Biblioteca)

1. Procure no dicionário os termos: enviesado, indutivo, dedutivo, ética, *output*, *leasing*, sistêmica.

2. O que significa pesquisa? Faça uma redação sobre esse tema.

3. Responda pelo menos a uma questão referente a este capítulo no livro *Teoria da contabilidade* (Iudícibus/GEN | Atlas).

21

CONTABILIDADE – PERSPECTIVAS

21.1 Tendências para a teoria da contabilidade

Tendências

O ambiente das empresas de competitividade global é internacional, e está colocando, para os contadores e para a Contabilidade, desafios e, ao mesmo tempo, oportunidades de desenvolvimento, que podem marcar uma nova fase na evolução da Teoria da Contabilidade. Eis as principais tendências, que assinalamos:

a) Internacionalização dos mercados, com o processo de harmonização de normas contábeis em nível supranacional, que será comentado ainda neste capítulo.

b) Necessidade de a Teoria da Contabilidade de Custos adequar-se, sem perder suas vantagens comparativas de sistema de baixo custo, às novas filosofias de qualidade total, competitividade e eficiência.

c) Considerando que análises mais recentes têm demonstrado que o modelo decisório e as necessidades informativas, tanto de tomadores de decisões internas à empresa quanto de agentes externos, são basicamente as mesmas, não mais se justifica, em nível

284 CAPÍTULO 21

conceitual, a existência de uma teoria da Contabilidade Financeira (para os usuários externos) e o que se denomina Contabilidade Gerencial, na verdade uma coletânea de tópicos que ainda não ganhou uma estrutura coerente. Esforços terão que ser realizados a fim de estruturar Princípios Fundamentais de Contabilidade e, consequentemente, montar uma teoria que abarque tanto a Contabilidade Gerencial quanto a Financeira (e a de Custos, como parte da Gerencial, é claro).

21.2 O processo de harmonização contábil

A globalização dos mercados vem obrigando os profissionais, pesquisadores e professores de Contabilidade a adaptarem-se às mudanças no seu ambiente profissional, não só em termos de normas e práticas como, também, em termos de conceitos e objetivos.

O processo de Harmonização Contábil foi iniciado na década de 1970, com a criação do *International Accounting Standards Committee* (IASC). Teve grande impulso com a adoção das Normas Contábeis Internacionais (NIC), pelos países integrantes da Comunidade Europeia.

O *International Accounting Standards Board* (IASB), atento a essa demanda, trabalhou durante anos para a convergência dos padrões contábeis no mundo. Essa é uma realidade para empresas com papéis listados nas Bolsas de Valores europeias, que deverão apresentar suas demonstrações no padrão internacional de contabilidade, conforme determinação do Parlamento e Conselho da União Europeia, por meio de *Accounting Regulation* aprovada em junho de 2000, a partir do exercício do ano de 2005. Antes mesmo de 2005, países que não possuíam padrão próprio de Contabilidade, tais como: Armênia, Bahamas, Croácia, República Dominicana, Equador, Egito, Honduras, Líbano etc., já utilizavam os padrões internacionais, mostrando ser este o caminho a seguir para uma convergência dos padrões contábeis internacionais.

Nos Estados Unidos da América (EUA), onde os padrões adotados são determinados pelo *Financial Accounting Standards Board* (FASB), também existe um movimento de convergência dos padrões do FASB com os *International Financial Reporting Standards* (IFRS – padrões internacionais de relatórios financeiros), formalizado por um memorando emitido em outubro de 2002, em que as duas entidades se comprometiam a que, até 2007, tivessem eliminado as maiores diferenças entre os dois padrões. As normas IFRS foram adotadas pelos países da União Europeia a partir de 31 de dezembro de 2005 com o objetivo de harmonizar as demonstrações financeiras consolidadas publicadas pelas empresas abertas europeias.

Vários países têm projetos oficiais de convergência das normas contábeis locais para as normas IFRS. No Brasil, o movimento de convergência foi bastante tímido, limitando-se às discussões acadêmicas e seminários apresentados por empresas de auditoria, pelo Instituto Brasileiro de Auditores Independentes do Brasil (IBRACON), bem como a algumas palestras de professores, ou divulgação de artigos em revistas e congressos. Em 2005, foi criado o Comitê de Pronunciamentos Contábeis (CPC), para liderar o processo de convergência do padrão de Contabilidade brasileiro ao IFRS.

Na área de regulamentação, pouco havia sido feito, com exceção de normas editadas pela Comissão de Valores Mobiliários (CVM), em especial a Instrução CVM 457/07, que determinou a elaboração das demonstrações consolidadas em IFRS até o exercício de 2010, comparativas ao exercício de 2009, e pelas Normas e Procedimentos de Contabilidade (NFCs), editadas pelo IBRACON (2002), que procuram uma maior aproximação com os padrões internacionais. No dia 28-12-2007, foram promulgadas a Lei 11.638, que alterou e revogou a Lei 6.404, de 15-12-76, e a Lei 6.385, de 7-12-76, que estende às sociedades de grande porte disposições relativas à elaboração e divulgação de demonstrações financeiras.

O uso dos padrões internacionais de Contabilidade depende também da existência de profissionais qualificados. Os contadores devem ser qualificados para atuarem dentro de seu país, e, também, aptos a atuarem além de suas fronteiras.

Dessa forma, o próprio ensino da Contabilidade deverá, nos próximos anos, estar adaptando-se às mudanças. Uma fonte importante de referência curricular, que as Instituições de Ensino Superior (IESs) devem considerar na elaboração da grade curricular, é o modelo de currículo de Contabilidade proposto pela Organização das Nações Unidas (ONU), por meio do *Intergovernmental Working Group of Experts on International Standards*

286 CAPÍTULO 21

of Accounting and Reporting (ISAR), que elaborou em 1999 o *Guideline for Global Accounting Curriculum and Other Qualification Requirements*, revisado e detalhado em 2003.

A *United Nations Conference on Trade and Development* (UNCTAD), que faz parte da Organização das Nações Unidas (ONU), é um órgão global atento às necessidades do ambiente econômico cada vez mais globalizado, que decidiu pelo desenvolvimento de um modelo global de currículo de Contabilidade, por meio do grupo de trabalho *Intergovernmental Working Group of Experts on International Standards of Accounting and Reporting* (ISAR).

O objetivo do ISAR é alinhar a profissão contábil no mundo visando a criar um profissional capaz de oferecer seus serviços além das fronteiras de seu país. Para atingir esse objetivo, o ISAR entendeu que era preciso desenvolver um guia para a qualificação do profissional contábil que estabelecesse um ponto de referência para a qualificação do profissional em todos os países, tendo em vista o ambiente econômico globalizado. Esse guia foi elaborado para benefício da comunidade internacional para promover a harmonização das qualificações requeridas do contador, diminuir as diferenças nos sistemas educacionais nacionais e incrementar a prestação de serviços contábeis fora de seu país de origem.

21.3 Necessidades emergentes

Acima de nossas previsões do que possa vir a ser a Contabilidade e, consequentemente, sua teoria, deveremos estar atentos, isto sim, aos desenvolvimentos econômicos e sociais de nossa sociedade e, portanto, às necessidades emergentes de nossos usuários, a fim de supri-los das informações necessárias, sempre mantendo o custo/benefício de nosso sistema de informação o mais competitivo possível.

A informação e sua teoria são os elementos fundamentais da revolução tecnológica que já se iniciou, e que se acentuará nos próximos anos. A Contabilidade é, essencialmente, informação e, em possuindo uma teoria subjacente e forte, terá todas as condições para permanecer em um campo de conhecimento extremamente útil para a sociedade em geral.

Contabilidade – perspectivas **287**

Pausa e Reflexão

Como a teoria moderna pode contribuir para as necessidades emergentes dos usuários?

Leitura Complementar

O Sacristão e o Contador

(Crônica feita por Diva de Moura Borges no Jornal *FENACON* nº 19/97.)

O que um sacristão tem a ver com um contador, ou melhor ainda, com um empresário contábil? O escritor inglês Somerset Maugham responderia a esta indagação já na primeira metade deste século em um de seus conhecidos contos, traduzidos em várias línguas por esse mundo afora. A história se passou numa Londres úmida e fria. Conta que um sacristão, servil e fiel ao pároco, viu ameaçado seu emprego por não saber ler e escrever. Agarrado a esta justificativa, o padre não teve dúvidas; deu-lhe as contas e disse para procurar um emprego que melhor o adequasse.

Triste da vida, o sacristão saiu a caminhar pelas ruas da cidade à procura de um charuto, talvez consolador para o momento. Qual não foi a surpresa ao perceber que tão perto não encontraria o que buscava. E a ideia luminosa lhe veio à cabeça: Com o dinheiro que ganhou do velho padre, montaria naquele bairro uma charutaria. O analfabeto ex-sacristão levou adiante o seu projeto e um sucesso meteórico nos negócios passou a marcar sua vida. Preocupado com as quantias em dinheiro que se avolumavam a cada dia debaixo do colchão, em sua casa, o pequeno comerciante ouviu conselho de amigo e decidiu ir atrás de um contador, um profissional, letrado e entendido da coisa, que lhe ajudaria a planejar melhor seus negócios.

Assustado com a realidade que se lhe avistava ao atender o novo cliente, o contador começa a dar as primeiras orientações ao bem-sucedido comerciante de charutos:

– Assim não pode. Lugar de dinheiro é no banco; não debaixo do colchão.

E assim foram cliente e contador ao banco. Com tudo prontinho, o gerente de súbito pediu ao comerciante aquilo que não poderia dar: a assinatura nos papéis de abertura da conta corrente.

288 CAPÍTULO 21

– Não posso... Ressabiou-se. Não sei escrever, assumia com humilde culpa o charuteiro.

– Mas como, o senhor, um negociante de tal sucesso, não sabe ler e escrever? Desacreditava o contador e gerente que, complementando a indignação arriscou um bem-humorado palpite.

– Se o senhor sem ler e escrever já desfruta de tanto sucesso, que não seria se o soubesse!

– Seria um sacristão, respondeu o empresário.

A história de Maugham – de grandiosidade característica das coisas singelas dessa vida – me faz refletir o papel do empresário de Contabilidade. Leiga que sou (letrada, mas não contadora), pergunto-me às vezes até que ponto um profissional de Contabilidade poderia influenciar no sucesso dos negócios de seus clientes. E a mesma indagação, de modo inverso, me vem à mente: até que ponto o empresário contábil, por meio de estreita relação com os "charuteiros" do mundo, não conseguiria aprender a filosofia de venda de seu serviço e apurar, qualificar aquilo que oferece hoje aos seus clientes?

O leque de clientes de Contabilidade é tão grande e diversificado; empresas de serviço, comércio, indústria, entidades, sociedades sem fins lucrativos, empresas rurais e tantas microempresas, muitas abordadas e outras sem chance de se tornar verdadeiramente empresas e competir nesse mercado globalizado e, quase sempre, desumanizado.

Onde estão os acertos? Onde estão as falhas? Sim, porque com os erros dos outros também se aprende. Apenas nesse imenso Brasil temos mais de 55 mil empresas contábeis que atendem em média 70 clientes cada. São 4,0 milhões de micro, pequenas e médias empresas de todos os segmentos econômicos. O que o empresário contábil deveria dizer ao idealista que hoje quer abrir uma empresa? Que conselhos lhe daria? Ele presta atenção nas tendências de mercado, nas transformações econômicas mundiais, na política econômica do Governo, enfim, o contador poderia evitar fracassos e estimular o crescimento nas organizações empresariais, além de contabilizar seus números, atender à burocracia governamental e emitir documentos de recolhimento de impostos?

Há que se pensar a respeito disso.

Atividades Práticas

1. Pesquisa

Busque saber quais empresas já implantaram o IFRS no Brasil. Se possível, tente descobrir quais as dificuldades que enfrentaram para tal.

2. Questionário – sala de aula ou *Homework*

1. Comente o que tem ouvido falar a respeito do processo de harmonização contábil no mundo.

2. Cite as tendências modernas da Teoria da Contabilidade.

3. O que é IFRS?

3. Atividade extrassala de aula (Biblioteca)

1. Quais os órgãos no Brasil que são componentes do Comitê de Pronunciamentos Contábeis (CPC)?

2. Quais pronunciamentos já foram emitidos pelo CPC e sobre quais assuntos?

3. Quais as qualificações requeridas do contador, em nível internacional, na visão do ISAR?

BIBLIOGRAFIA

AMERICAN ACCOUNTING ASSOCIATION. A Statement of Basic Accounting Theory, 1966.

_____. Report of the committee on accounting theory construction and verification. *The Accounting Review* – Supplement, v. XLVI.

AMERICAN INSTITUTE OF CERTIFIED PUBLIC ACCOUNTANTS. Statement nº 4. New York, AICPA/APB, 1973.

ANEFAC – Associação Nacional dos Executivos de Finanças, Administração e Contabilidade. Prêmio Transparência ANEFAC-FIPECAFI-SERASA. Disponível em: <http://www.anefac.com.br/transparencia/perfil.htm>. Acesso em: 15 out. 2008.

ARTHUR ANDERSEN & CO. *Objects of Financial Statements for Business Enterprises*, Chicago, 1972.

BERNSTEIN, Peter L. *Desafio aos deuses*. 2. ed. Rio de Janeiro: Campus, 1997.

BLECHER, Nelson; MARTINS, J. R. *O império das marcas*: como alavancar o maior patrimônio da economia global. São Paulo: Marcos Cobra, 1996.

BRASIL. Lei 6.404/76. Dispõe sobre as Sociedades por Ações.

_____. Lei 11.638/07. Altera e revoga dispositivos das Leis nº 6.404/76 e nº 6.385/76, e estende às sociedades de grande porte disposições relativas à elaboração e divulgação de demonstrações financeiras.

CAETANO, José Roberto. Sua empresa cria ou destrói riqueza? *Exame*, São Paulo: Abril, nº 19, 1998.

CHAMBERS, R. J. Towards a general theory of accounting. The Australian Society of Accountants Annual Lecture. Austrália, 1961.

D'ÁURIA, Francisco. *Primeiros princípios de contabilidade pura*. São Paulo: Nacional, 1959.

Bibliografia

DE LUCA, Márcia Martins Mendes. *Demonstração do valor adicionado*: do cálculo da riqueza criada pela empresa ao valor do PIB. São Paulo: Atlas, 1998.

EDVINSSON, Leif; MALONE, Michael S. *Capital Intelectual*. São Paulo: Makron Books, 1998.

EDWARDS, Edgard O.; BELL, Phillip W. *The Theory and Measurement of Business Income*. Berkeley and Los Angeles, University of California Press, 1961.

FIPECAFI. *Introdução à teoria da contabilidade* – Texto Inédito cuja minuta foi redigida por Sérgio Iudícibus, revisado por Eliseu Martins, escrito para um convênio Fipecafi/CFC.

_____. *Manual de contabilidade das sociedades por ações*. 7. ed. São Paulo: Atlas, 2007.

_____. *Manual de contabilidade das sociedades por ações* – Suplemento. São Paulo: Atlas, 2008.

HENDRIKSEN, Eldon S. *Accounting theory*. Homewood: Richard D. Irwin, 1971 e 1977.

HORNGREN, Charles T. *Contabilidade de custos*. São Paulo: Atlas, 1978.

IBRACON – Instituto Brasileiro de Contadores – *Princípios Contábeis. Normas e procedimentos de auditoria*. São Paulo: Atlas, 1988.

IUDÍCIBUS, Sérgio de. *Contribuição à avaliação de estoques a preços correntes*. 1968. Tese (Livre-Docência) – FEA, Universidade de São Paulo, São Paulo.

IUDÍCIBUS, Sérgio de et al. *Manual de contabilidade das sociedades por ações*. 7. ed. São Paulo: Atlas, 2008.

_____. *Contribuição à teoria dos ajustamentos contábeis*. 1966. Tese (Doutorado em Controladoria e Contabilidade) – FEA, Universidade de São Paulo, São Paulo.

_____. *Teoria da contabilidade*. 8. ed. São Paulo: Atlas, 2007.

JUCA, Michele. O valor de uma empresa. *Revista Trevisan* nº 127, São Paulo, 1998.

LEONE, George S. G. *Custos*: um enfoque administrativo. 9. ed. Rio de Janeiro: Fundação Getulio Vargas, 1987.

MARION, José Carlos. *O ensino da contabilidade*. 2. ed. São Paulo: Atlas, 2000.

_____. *Contabilidade empresarial*. 17. ed. São Paulo: Atlas, 2015.

MARTINS, Eliseu. *Contabilidade de custos*. 9. ed. São Paulo: Atlas, 2003.

_____. *Contribuição à avaliação do ativo intangível*. 1972. Tese (Doutorado em

Controladoria e Contabilidade) – FEA, Universidade de São Paulo, São Paulo.

MATTESSICH, Richard. *Accounting and analytical methods*. Homewood: Richard D. Irwin, 1964.

MELIS, Frederigo. *Storia della ragioneria*. Bologna: Dou, Cesare Zuffi, 1950.

MOONITZ, Maurice. *The basic postulates of accounting*. New York: AICPA, 1961.

MOST, Kenneth S. *Accounting theory*. Columbus: Grid, 1977.

SANTOS, Ariovaldo dos. *Demonstração do valor adicionado*: como elaborar e analisar DVA. São Paulo: Atlas, 2003.

SPROUSE, Robert T.; MOONITZ, Maurice. *A tentative set of broad accounting principles for business enterprises*. New York: AICPA, 1962.

STERLING, Robert R. *Theory of the measurement of enterprise income*. Lawrence: University Press of Kansas, 1970.

THOMAS, Arthur L. *The allocation problem in financial accounting*. AAA Studies in Accounting Research, nº 3. Evanston: American Accounting Association, 1969.